ip리스크
억만장자선물옵션

글로벌

발간에 즈음하여

누구나 억만장자되기를 꿈꾸다 이론상 억만장자 인데 억만장자 되기가어렵게 힘난할까? 필자는 이론도중요하지만 본질적으로 시스템의 문제가 도사라고 있다.

ip 리스크란 본인계좌를 증권사 관리직원이 만지면 마치 본인이 거래한것처럼 ip가 동일하다. 당황스런일이 발생하면 어떻게 대비하는냐가 중요하다. 심지어 날짜조작도 이루어진다 어떻게 대비할까?

추가증거금이 장중에 발생하여 오버된다면 야간장에 즉각 반대매매가 이루어지는 것이 현실이다.

다음날이 아니다 즉각 반대매매가이루어져 망연자실한다. 부분청산해서 증거금을 바로 잡을수있는데 전산을 막아버린다.

이것이 현실이다.

그리고 만져진 계좌는 항의하면 귀하가 만져서 반대매매가 들어갔다고 한다. 매수는 당장 돈이 나가고 매도는 다음날 돈이 들어와 다음날도 추가증거금이라 뜬다.

그때도 재차 반대매매가 나가 가장불리한 가격으로 체결되어 계좌가 완전망가진다.

필자는 이러한 경험을 수없이 했기에 초기입문자는 절대로 계약수를 많이하면 0원이되어 ip 리스크가 존재하니 반드시 카메라에 사진을 찍으라 신신당부한다.

이도서는 45가지 기초연습을 강화하고 기초체력을 단련시키고 언제 닥칠지모르는 ip리스크위험을 명심하여야한다. 선물옵션으로 자살자의 심정을 경험으로 이해할수있었다.

지금도 본인계좌를 증권사의 관리자가 만지면 다르게 나온다하는데 절대로 아니다.

야간에 해외선물을 거래하면 이상한 점을 많이 발견할 수 있다.

실시간 데이터와 증권사 서버담당이 조작하여 가격이 다르게 나오는경우가있다.

여러분이 증권사를 사기성있는 증권사를 배제하는것도 투자방법이다. 알아도 뒷다마로 돈을 날리는경우가 많다. 본도서는 45가지전략을 잘활용하여 수익을 내는 피나는 연습을 해야하고 사기성 증권사를 배제해야한다고 주장한다.

우리가 돈벌려고해서 사기판에 잘유념해야 지속가능하다.

이도서는 선물옵션으로 자살하신분의 영혼을 달래고 처음입문하신분에게 각별히 유의하라 집필하였다.

2025년 11월22일
저자 김정수 배상

목 차

제1편 이론

제1장 선물옵션 개요

1-1 버터풀라이응용 ··· 13
1-2 콘돌(중방 상방 하방전환) ·· 15
1-3 양매수 ··· 17
1-4 해외선물응용 ··· 18
2-1 문제점 ··· 21

제2장 그림으로 풀어보는 선물옵션 도해

2-1 선물매수 ·· 21
2-2 선물매도 ··22
2-3 옵션매수 ·· 24
2-4 옵션매도 ·· 25
2-5 선물매수+옵션매수 ·· 26
2-6 선물매도+옵션매도 ·· 27
2-7 옵션매도+옵션매도 (양매도) ·· 28
2-8 옵션매수+옵션매수 (양매수) ··29
2-9 미니옵션매수+미니선물매도 (근월물+원월물) ················· 30
2-10 선물매도+미니선물매수 (비율스프레드) ························ 32
2-11 미니선물매수+미니선물옵션매도 ···································· 34
2-12 미니선물옵션매도+미니선물옵션매수 ···························· 35
2-13 버터풀라이(미니선물옵션) ·· 36
2-14 버터풀라이(선물옵션)-콜버터 ··· 37
2-15 방향성버터풀라이 (상방) ·· 38
2-16 방향성버터풀라이 (하방) ··39

2-17 콘돌 ·· 41
2-18 방향성콘돌(상방) ·· 42
2-19 방향성콘돌(하방) ·· 44
2-20 백스프레드 ··· 45
2-21 백스프레드(상방형) ·· 46
2-22 백스프레드(하방형) ·· 47
2-23 합성선물매수 ··· 48
2-24 합성선물매도 ··· 49
2-25 합성선물매수+선물매도 ·· 50
2-26 합성선물매도+선물매수 ·· 51
2-27 미니합성선물매수+미니선물매도 ·· 52
2-28 미니합성선물매도+미니선물매수 ·· 53
2-29 근월물합성선물+원월물합성선물 ·· 55
2-30 합성선물+위클리옵션 ·· 56
2-31 동월물선물 +동월물미니선물(차익거래) ··· 57
2-32 미니선물매도+원월물매수 ··· 58
2-33 합성선물매도 +위클리합성선물매수 ··· 59
2-34 미니선물매수+합성선물매도(스텐다드) ·· 60
2-35 선물매수+합성선물매도 ·· 61
2-36 11월합성선물 +9월물선물 ··· 62
2-37 행사가330행사가350 합성선물매수매도 ···63
2-38 330행사가 합성선물+350행사가합성선물 ··· 64
2-39 양매도후 종가매수 ··· 65
2-40 양매도(세타큰 것)후 종가매수 ·· 66
2-41 양매도등가 종가차월매수 ·· 67
2-42 양매도후 외가 차월매수 ··· 68
2-43 양월매수차월매도 ··· 69
2-44 콜근월매수+차월매도(세타+) ··· 70
2-45 콜풋근월매수 차월매도 세타+ ·· 71
3 각상품별증거금 ··· 72

제3장 억만장자선물옵션 도해

1. 억만장자선물옵션 ·· 75
2. 해선 ·· 92
3. 시장분석 ··· 96
4. 해선 실습 ··· 101
5. 해외선물옵션 ··· 109
6. 지메일 구글 동기화 ·· 116

제2편 선물옵션 이론

제1장 선물옵션 총론

1. 선도거래 ··· 120
2. 선물 ··· 122
3. 옵션 ··· 123

1-1 선물거래

1. 경제적 기능 ··· 125
2. 선물거래의 특징 ··· 125
3. 균형선물가격의 결정 ·· 126
4. 선물시장의 기본적인 이용전략 ·· 127

1-2 옵션 거래

1. 기본관계식 ··· 132
2. 옵션을 이용한 각종 스프레드 전략 ··· 134
3. 옵션가격결정이론 ··· 144
4. 옵션포지션분석 : 델타(Δ), 감마(Γ), 쎄타(Θ), 베가(v), 로(ρ) ················ 148

1-3 금리선물거래전략

1. 금리선물의 의의 ··· 152
2. 단기금리선물 ··· 152
3. 장기금리선물거래전략 ·· 155

제2장 선물옵션 이해

1. 옵션(options)의 이해 ··· 158
2. 옵션시장의 발전역사 ··· 158
3. 옵션의 종류 ··· 159
4. 콜옵션(call options) ··· 159
5. 풋옵션(put options) ··· 160
5. 풋옵션(put options) ··· 160
7. 유럽형 옵션(European options) ································· 160
8. 주식옵션(stock options : SO) ···································· 160
9. 인센티브주식옵션 ··· 161
110. 주가지수옵션 ·· 161
111. 한국의 주가지수(KOSPI 200)옵션 ···························· 161
12. 주가지표의 산정방법 ··· 162
13. 채권옵션(bond options : BO) ··································· 167
14. 통화옵션(currency options : CO) ······························ 167
15. 선물옵션(options on futures : OF) ···························· 168
16. 스왑션(swaptions : options on swaps) ······················ 168
17. 스왑(swaps) ··· 168
18. 옵션관련용어 ·· 168
19. 등가격(at-the money) ·· 169
20. 내가격(in-the money) ·· 169
21. 외가격(out-of-the money) ······································ 169
22. 옵션의 기능 ·· 170
23. 주식투자의 레버리지효과 : 콜옵션의 경우 ················· 170
24. 공매에 대한 제약회피가능 : 풋옵션의 경우 ················ 171
25. 콜옵션의 이익의 행태(profits profile) ························ 171
26. 콜옵션 가치의 행태(value profile) ····························· 172
27. 미국형 콜옵션 가치의 행태 ······································ 172
28. 유럽형 콜옵션의 가치의 행태 ··································· 173
29. 콜옵션의 시간가치의 행태 ······································· 173
30. 풋옵션 이익의 행태(profits profile) ··························· 174
31. 풋옵션 가치의 행태(value profile) ····························· 174
32. 미국형 풋옵션 가치의 행태 ······································ 175
33. 유럽형 풋옵션 가치의 행태 ······································ 175
34. 콜옵션(call options)의 가격결정요인 ························· 176
35. 기초자산가격과의 관계 ·· 176
36. 행사가격과의 관계 ·· 177

37. 만기까지의 기관과의 관계 ·· 177
38. 기초자산가격의 일별 분산 ··· 178
39. 시장이자율 ·· 178
40. 기초자산의 현금배당률 ·· 178
41. 콜옵션(call options)의 가격결정요인 ································· 178
42. 기초자산가격과의 관계 ··· 179
43. 기초자산가격과의 관계 ··· 179
44. 행사가격과의 관계 ··· 180
45. 만기까지의 기간과의 관계 ··· 180
46. 기초자산가격의 일별 분산 ··· 181
47. 풋옵션(put options)의 가격결정요인 ································· 182
48. 옵션가격결정요인과 옵션가격과의 관계 ··························· 182
49. 증권거래의 유형 ··· 183
50. 주식거래의 손익 ··· 184
51. 채권거래의 손익 ··· 184
52. 콜옵션거래의 손익 ··· 184
53. 풋옵션거래의 손익 ··· 185
54. 헷지포지션(hedge position)거래 ·· 185
55. 커버된 콜옵션(covoered call options) ································· 185
56. 커버된 콜옵션거래의 손익 ··· 186
57. 보호적 풋옵션(protective put options) ······························· 186
58. 보호적 풋옵셔거래의 손익 ··· 187
59. 스프레드(spreads)거래 ·· 187
60. 콜옵션을 이용한 수평스프레드 ··· 188
61. 풋옵션을 이용한 수평스프레드 ··· 189
62. 수직스프레드와 그 유형 ··· 189
63. 수직강세 콜스프레드 (Bull call money spreads) ············ 190
64. 수직강세 콜스프레드의 손익 ··· 190
65. 수직강세 풋스프레드 (Bull put noney spreads) ············· 191
66. 수직강세 풋스프레드의 손익 ··· 191
67. 수직약세 콜스프레드 (Bear call money spreads) ··········· 192
68. 수직약세 콜스프레드의 손익 ··· 192
69. 수직약세 풋스프레드 (Bear put money spreads) ··········· 193
70. 수직약세 풋스프레드의 손익 ··· 193
71. 나비스프레드(Butterfly spreads) ··· 194
72. 나비스프레드의 손익 ··· 194
73. 샌드위치스프레드(Sandwich spreads) ··································· 195
74. 샌드위치스프레드의 손익 ··· 196

75. 비율스프레드(ratio spreads) ·· 196
76. 콜옵션 비율스프레드(call options ratio spreads) ···································· 197
77. 콜옵션 비율백스프레드(call options ratio back spreads) ···················· 197
78. 풋옵션 비율스프레드(put options ratio spreads) ·································· 198
79. 풋옵션 비율백스프레드(put options ratio back spreads) ···················· 199
80. 컴비네이션(combination)거래 ·· 199
81. 컴비네이션거래의 유형 ·· 200
82. 스트래들(straddles) ·· 200
83. 스트랩(straps) ··· 201
84. 스트립(strips) ·· 203
85. 스트랭글(Strangles) ·· 204
86. 콘도르(Condor) ·· 206
87. 박스스프레드(Box spreads) ·· 208
88. 합성포지션(synthetic position)거래 ··· 208
89. 합성포지션거래의 유형 ·· 209
90. 합성콜옵션(synthetic call options) ··· 209
91. 합성풋옵션(synthetic put options) ·· 210
92. 합성선물(synthetic futures)매입 ·· 210
93. 합성선물(synthetic furures)매도 ·· 211
94. 컴포지션(composition) ·· 212
95. 리버설(reversal) ·· 212
96. 옵션가격결정모형(options pricing model) ··· 213
97. 이항분포모형 ·· 213
98. 무위험 헷지포트폴리오 ·· 214
99. 헤지비율(hedge ratio) ·· 214
100. 콜옵션의 균형가격결정 ·· 215
101. 이항분포모형 ·· 216
102. 무위험 헷지포트폴리오 ·· 217
103. 콜옵션의 균형가격결정식 ·· 218
104. 풋-콜 등가(put-call parity)식 ·· 218
105. 블랙-숄져 옵션가격결정모형(Black-Scholes options pricing model) ········ 220
106. 블랙-숄져 옵션가격결정모형의 도출(Black-Scholes options pricing model) 220
107. 블랙-숄져 옵션가격결정모형: 풋-콜 등가(put-call parity)식 ············ 222
108. 풋옵션가격결정모형(OPM) ··· 222
109. 유럽형 풋옵션의 가격결정모형 ·· 223
110. 미국형 풋옵션의 가격결정모형 ·· 224
111. 옵션을 이용한 위험 헷지비율(hedge ratios) ······································ 226
112. 이항분포모형을 이용하는 경우 ·· 226

113. 블랙-숄저모형을 이용하는 경우 ··· 227
114. 옵션을 이용한 헷지비율(hedge ratios) ··· 229
115. 콜옵션의 베타(Beta) ··· 229
116. 미국형 콜옵션의 조기행사여부 ··· 230
117. 미국형 콜옵션의 조기행사여부 : 배당이 없는 경우 ································· 230
118. 미국형 콜옵션의 조기행사여부 : 배당이 있는 경우 ································· 232
119. 미국형 풋옵션의 조기행사여부 : 배당이 없는 경우 ································· 233
120. 미국형 풋옵션의 조기행사여부 : 배당이 있는 경우 ································· 234
121. 옵션의 가격결정요인과 민감도 ··· 234
122. 옵션의 가격결정요인과 민감도 : 델타(Δ) ··· 235
123. 옵션의 가격결정요인과 민감도 : 감마(Γ) ··· 236
124. 옵션의 가격결정요인과 민감도 : 쎄타(Θ) ··· 237
125. 옵션의 가격견정요인과 민감도 : 베가(v, 시그마, 카파, 람다) ············· 238
126. 옵션의 가격결정요인과 민감도 : 로우(ρ) ·· 238
127. 옵션을 응용한 금융상품 ··· 239
128. 이자율옵션 ·· 239
129. 수의상환사채(callable bond) ··· 245
130. 상환청구권부사채(puttable bond) ··· 246
131. 전환사채(convertible bond) ·· 247
132. 신주인수권부사채(bond with warrants) ·· 249

제3장 선물옵션 연습

1. 매일 풀러스 수익내는 방법 ·· 253
2. 즐기면서 매매하는 방법 ··· 257
3. 분산투자의 위력 ··· 257
4. 주요 단타 전략 ··· 258
5. 수평은 불규칙 수직은 규칙적 ·· 259
6. 단순한 전략매매 ··· 262
7. 억만장자선물옵션 ··· 263
8. 실전핵심 ·· 263

제1편 이론

제1장 선물옵션 개요
제2장 그림으로 풀어보는 선물옵션 도해
제3장 억만장선물옵션

제1장 선물옵션개요

024년 10월 24일 현재 1당 25만 원이고 선지가 360 이면 1계약당 9000만 원이다.

옵션도 1당 1포인트 12만 5천 원 움직이므로 선물 1포인트당 등가 옵션 2개가 해지이다.

옵션은 향합 25만 원이며 콜 행사가 풋 행사가 2.5포인트 차이 수십만 명 개인투자자는 외국인 포지션을 참조하되 믿지 말아라.

개인도 외국인이고 외국이도 개인이다.

항상 패턴이 변하므로 맹종하면 실패한다.

국내는 코스콤에서 데이터가 나오며 해선은 각 거래소 시카고 등에서 거래 데이터가 나온다.

위클리 옵션만기는 매주 원목이며 코스피선물옵션은 매달 2번째 목요일이다주요전략

1-1 버터풀라이응용

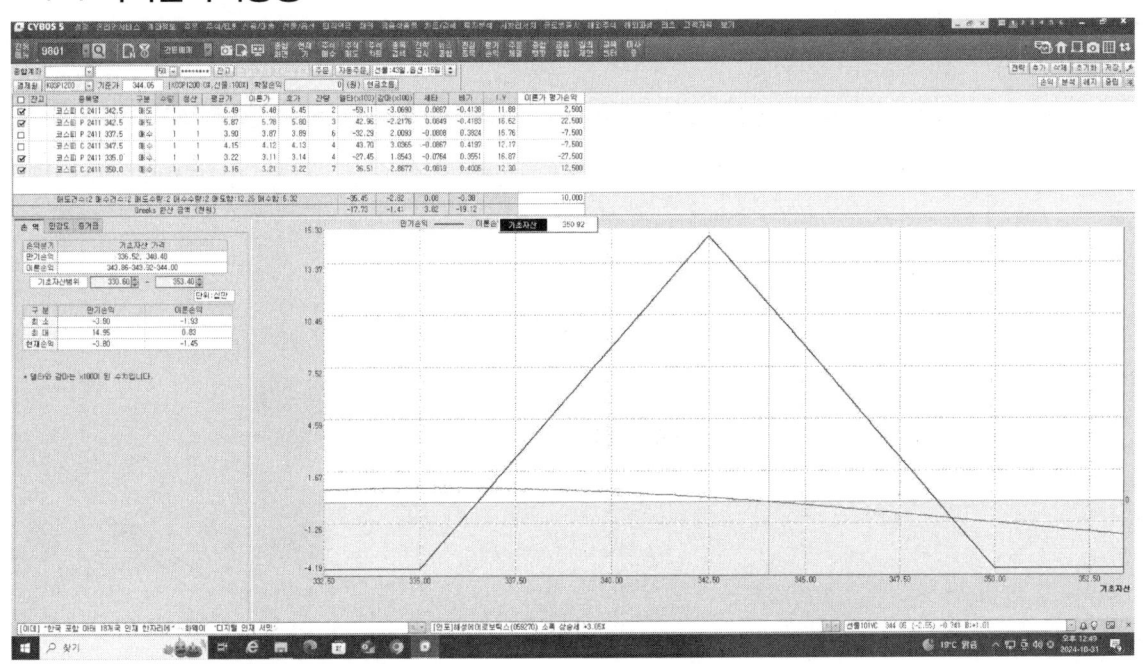

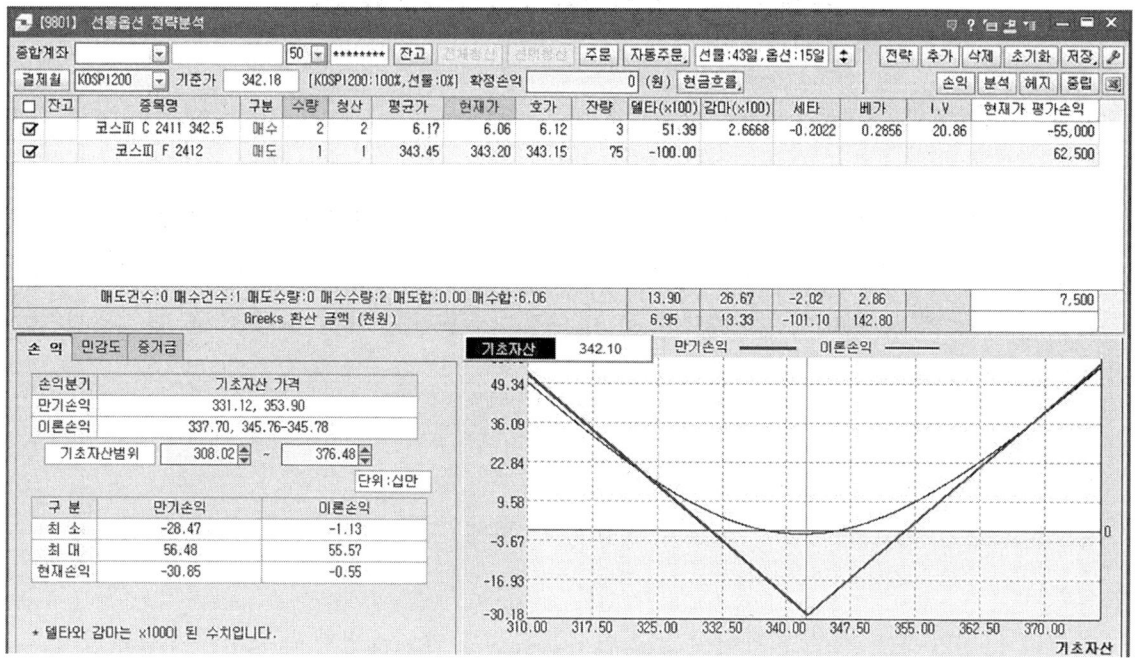

상방전환

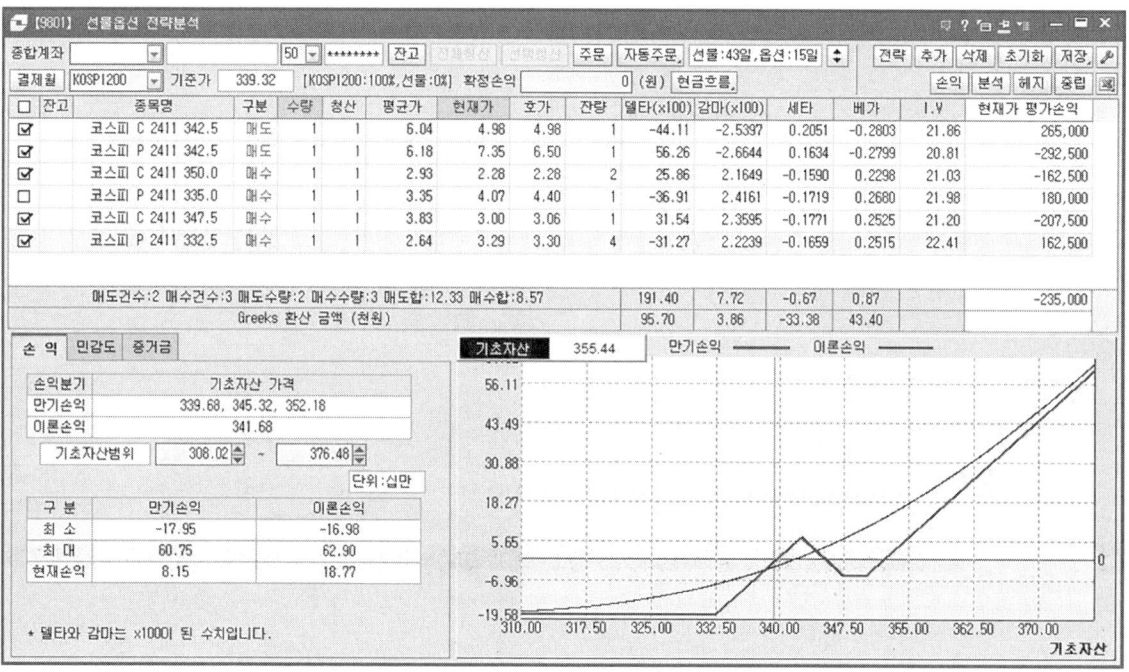

하방전환

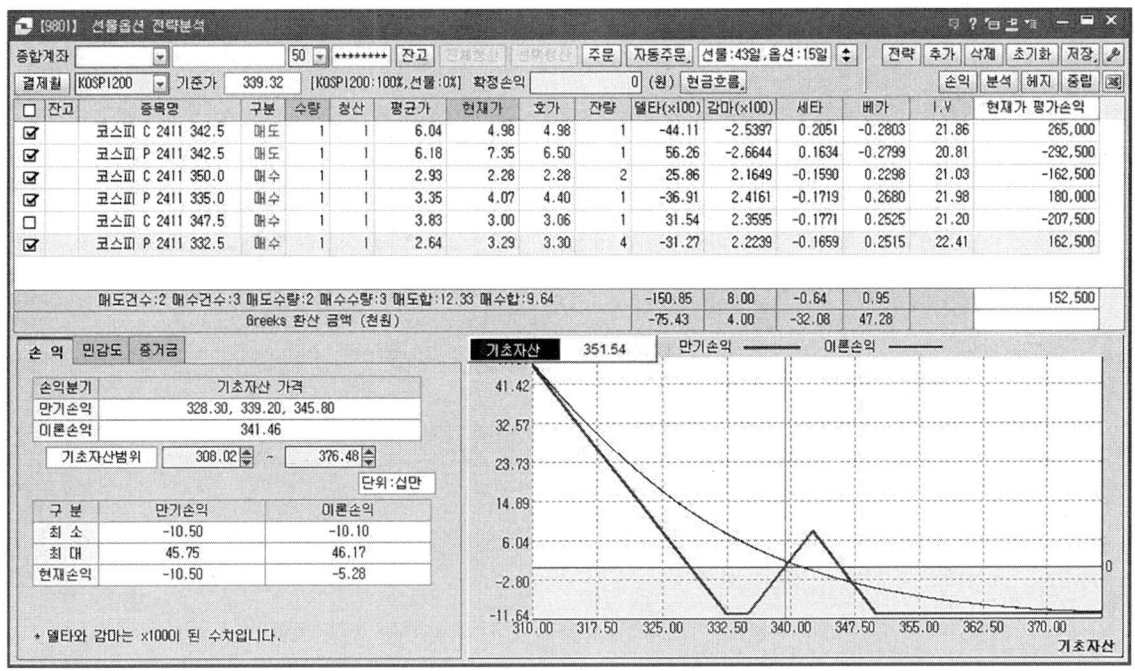

1-2 콘돌(중방 상방 하방전환)

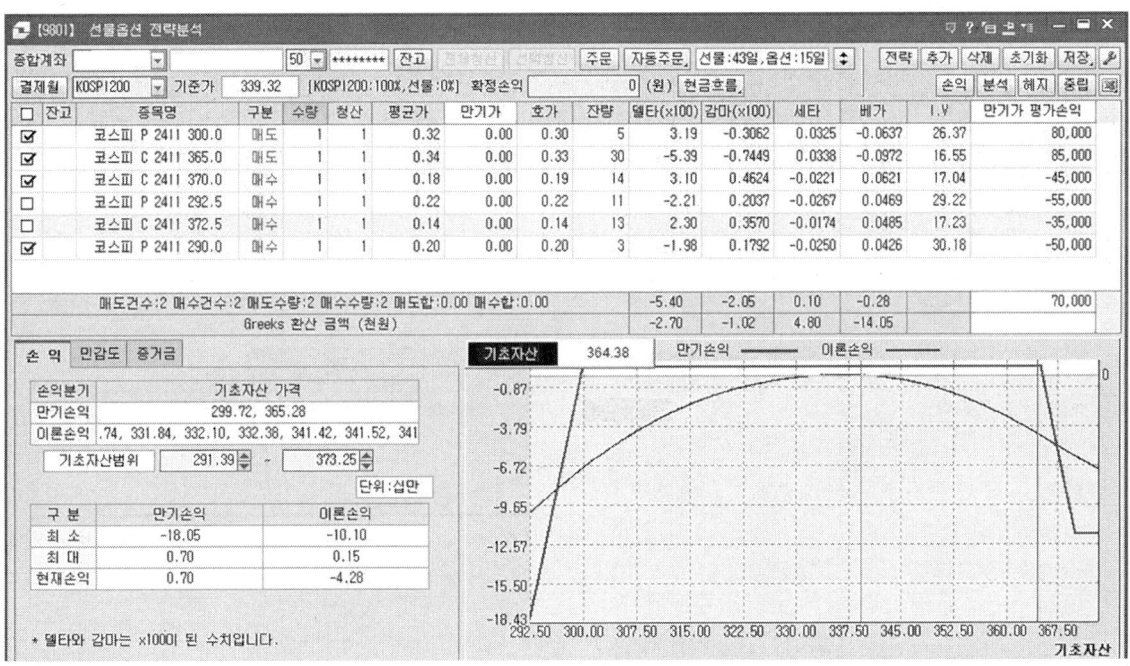

1-2-1 상방콘돌

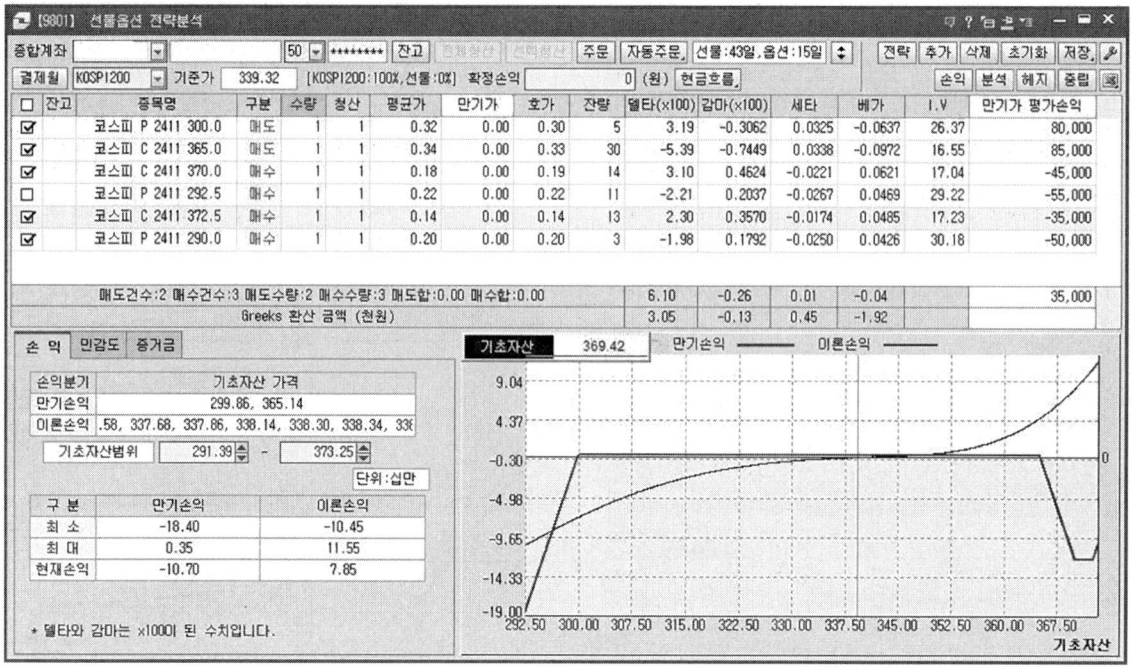

1-2-2 하방콘돌

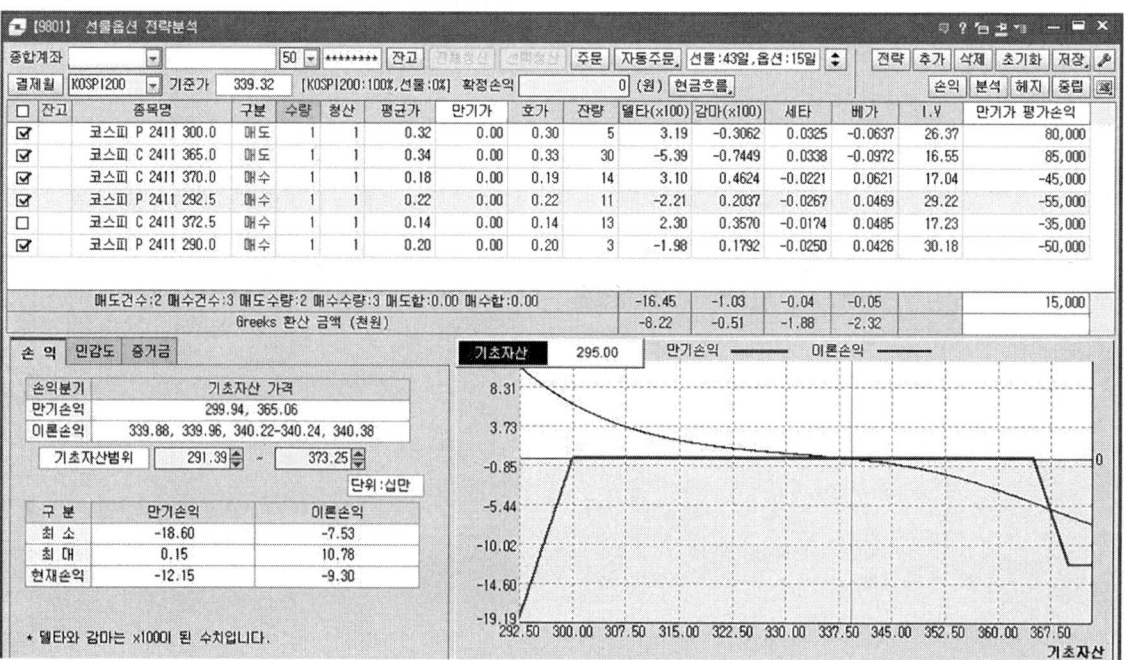

1-3 양매수

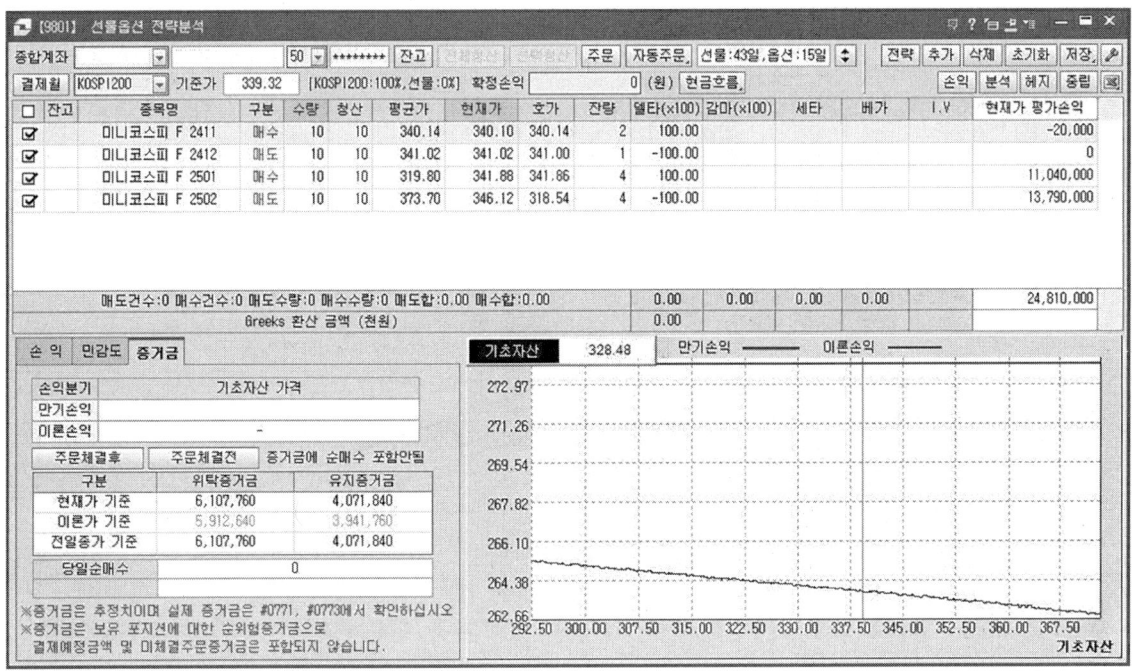

1-3-1 상방

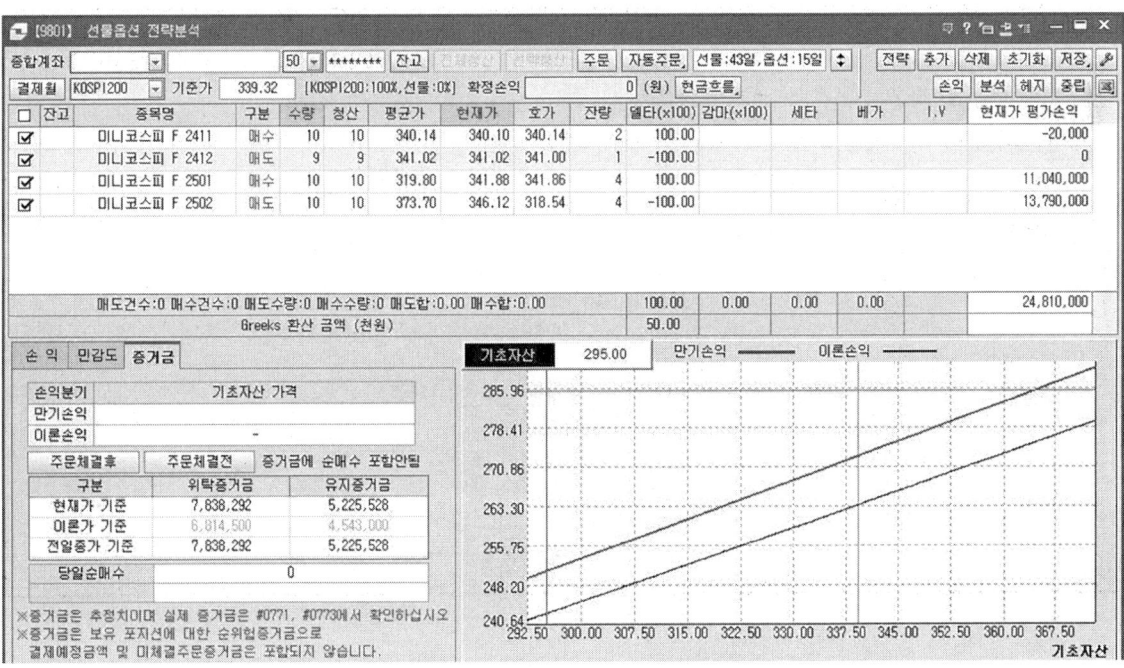

1-3-2 20계약 하방

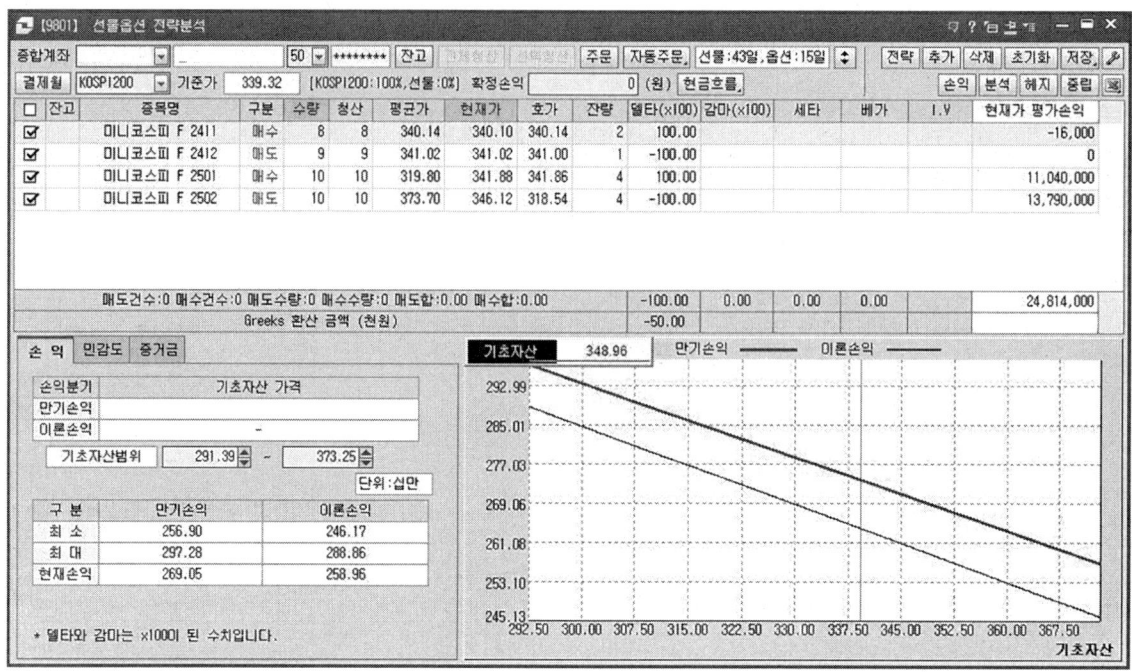

1-4 해외선물응용

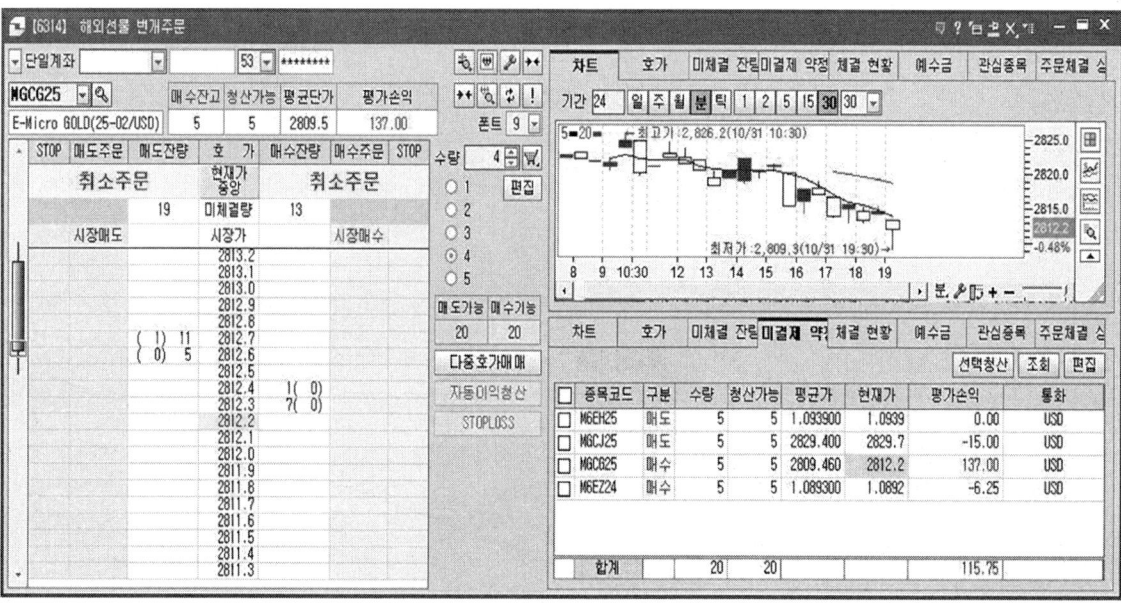

1-4-1 마이크로골드 근월물 원월물 양매수

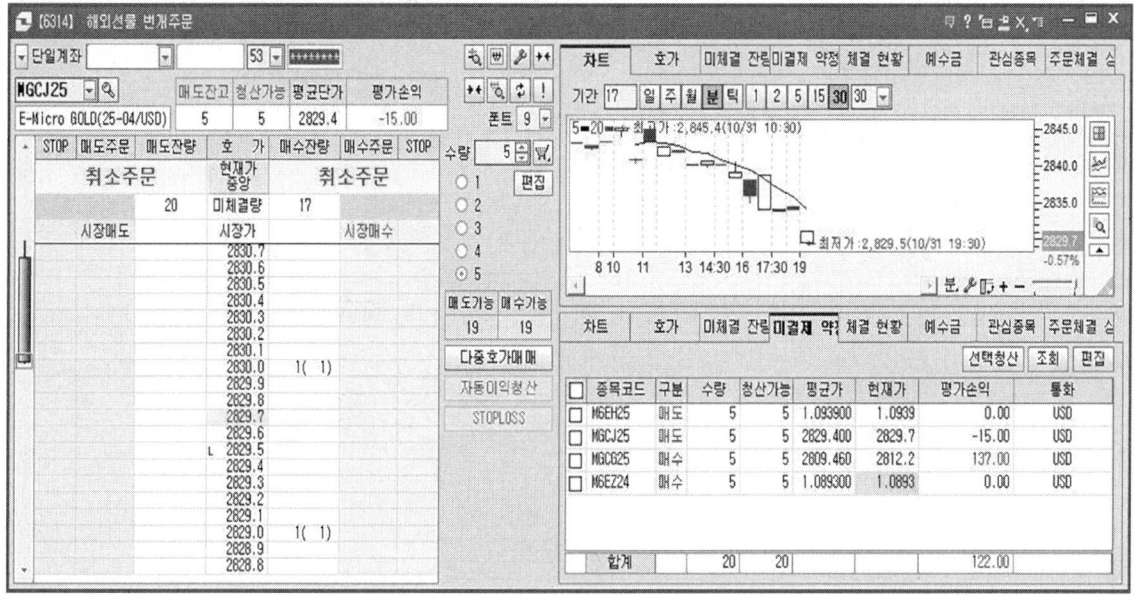

1-4-2 마이크로유로 근월물 원월물 양매수

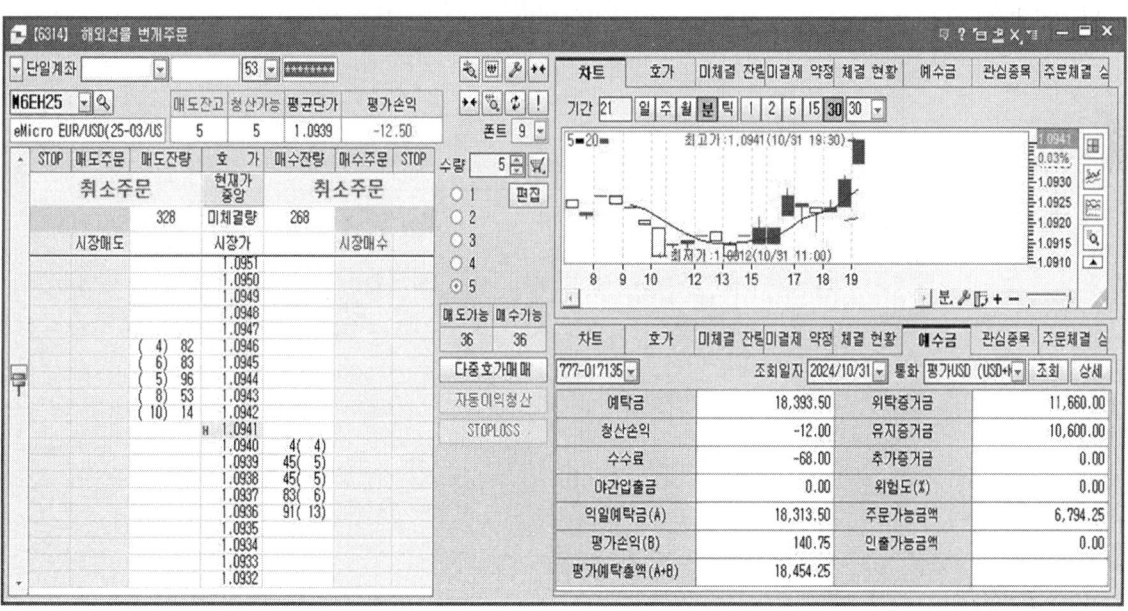

1-4-3 마이크로나스닥 근월물원월물양매

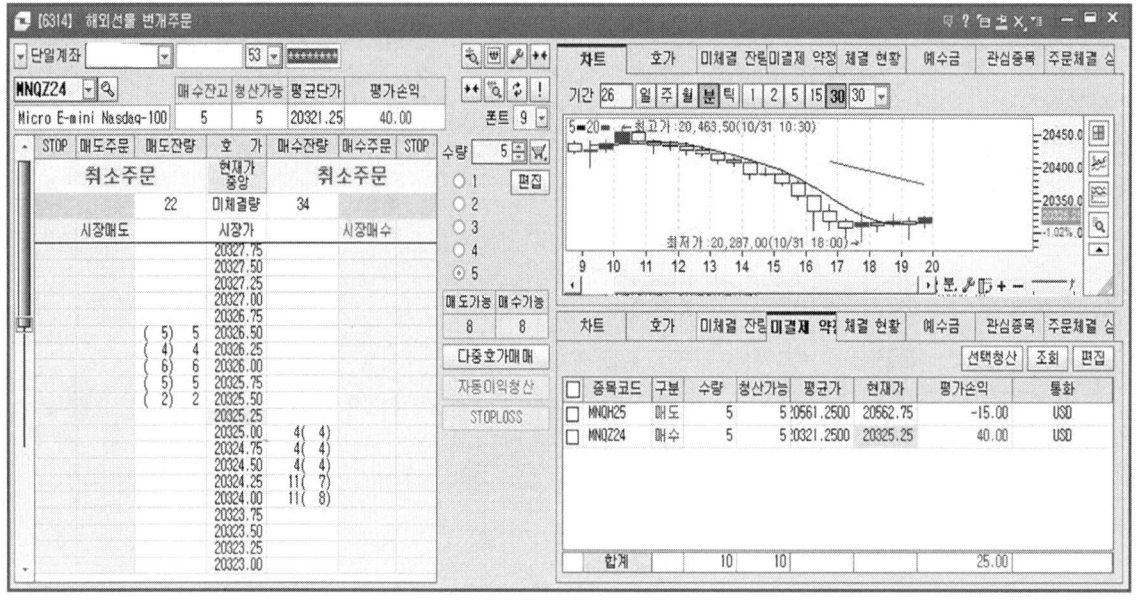

1-4-4

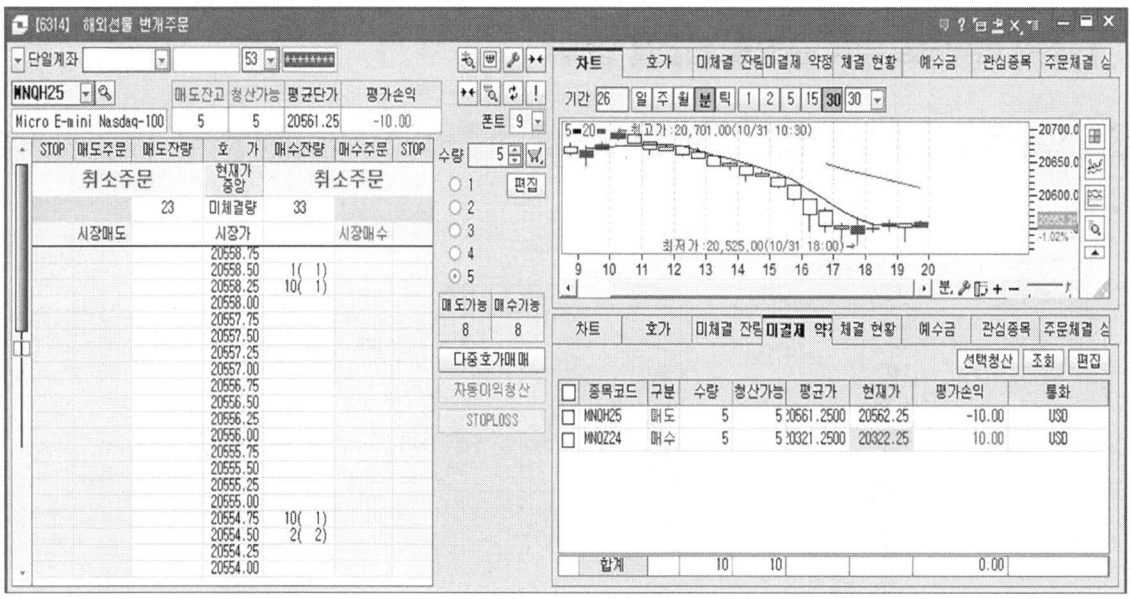

2-1 문제점

관리자가 본인계좌를 만졌을 때 마치 본인이 만진것처럼 IP 가 동일하다는 것이다.

만약 이의제기시 본인계좌 카메라로 사진을 찍어 항의자료를 보관해야한다.

필자는 실제 피해를 격어본 사람으로서 이점 명심하자.

제2장 그림으로 풀어보는 선물옵션 도해

2-1 선물매수

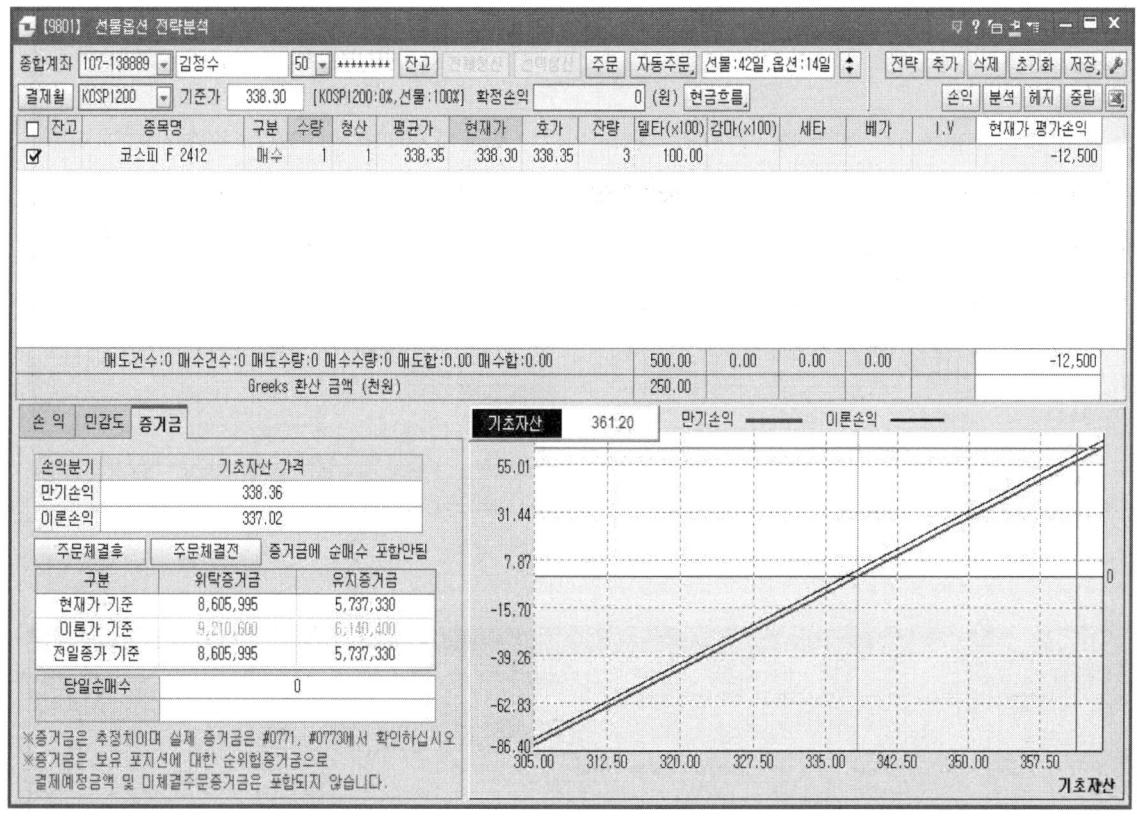

종합지수/7.57=코스피현물지수

코스피선물지수*25만 = 위탁증거금

위탁증거금 곱하기 0.66= 유지증거금

선물상한가10프로 변화지수 곱하기 25만원을 위탁증거금으로

책정 유지증거금 미만시 추가증거금발생

다음날 위탁증거금을 채워야햇으나 요즘은 즉시 채워야한다

즉시 반대매매 기본예탁금 개시증거금이 1500만원이다

코스피200선물옵션은 1990년 코스피200종목시가총액 기준 현재 코스피200선물옵션종목 시가총액 곱하기 100 이다

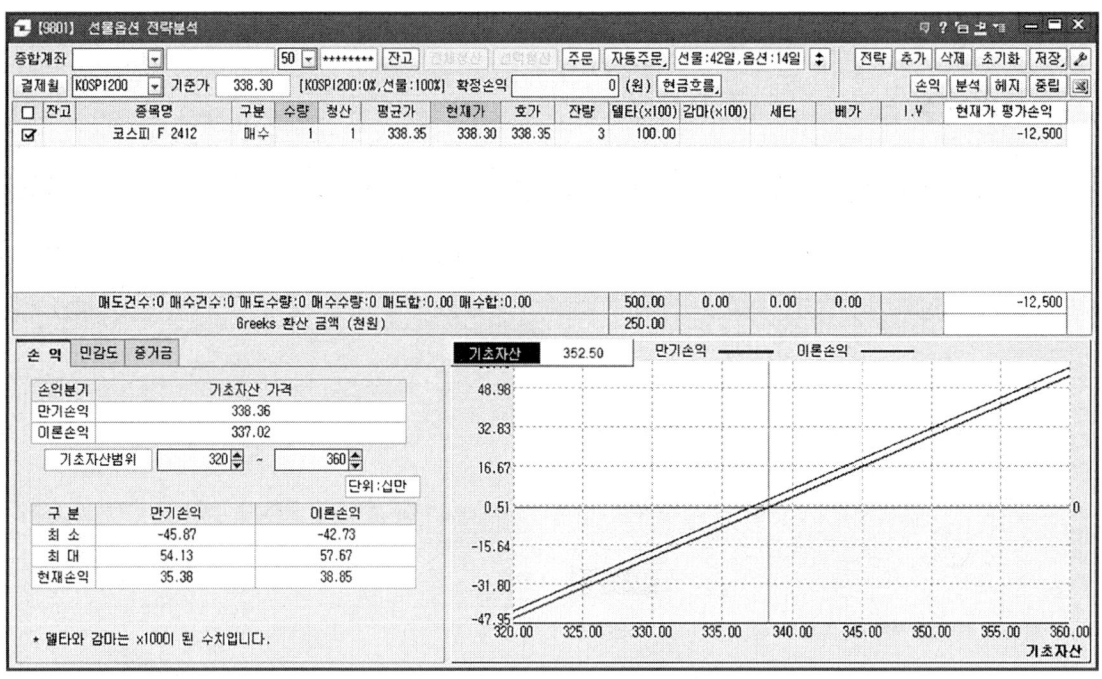

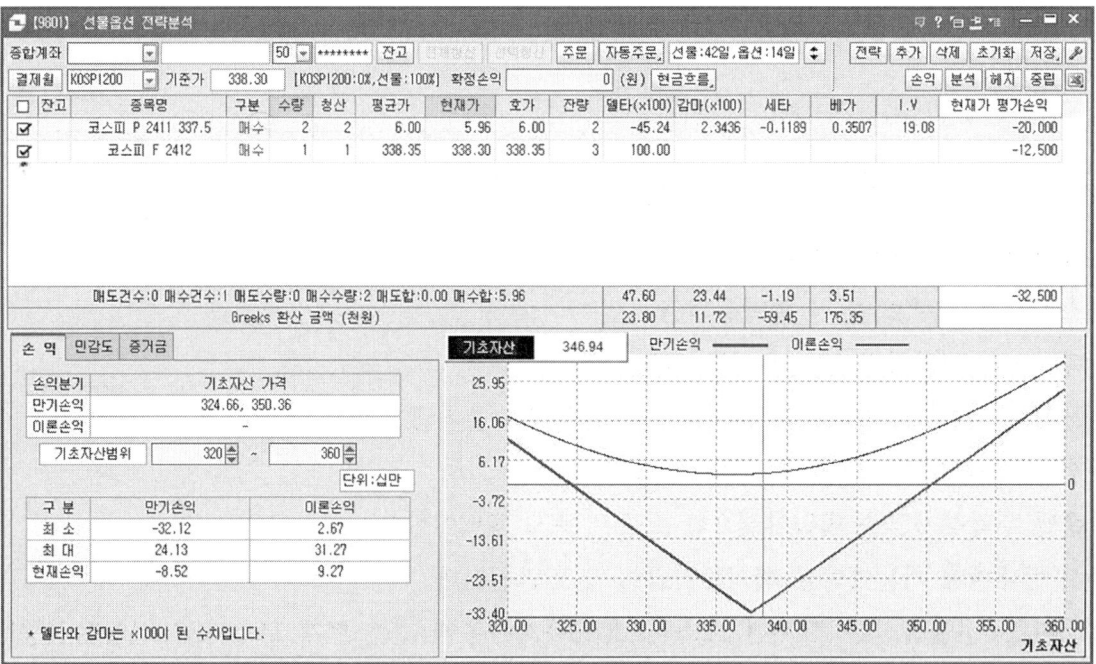

2-2 선물매도

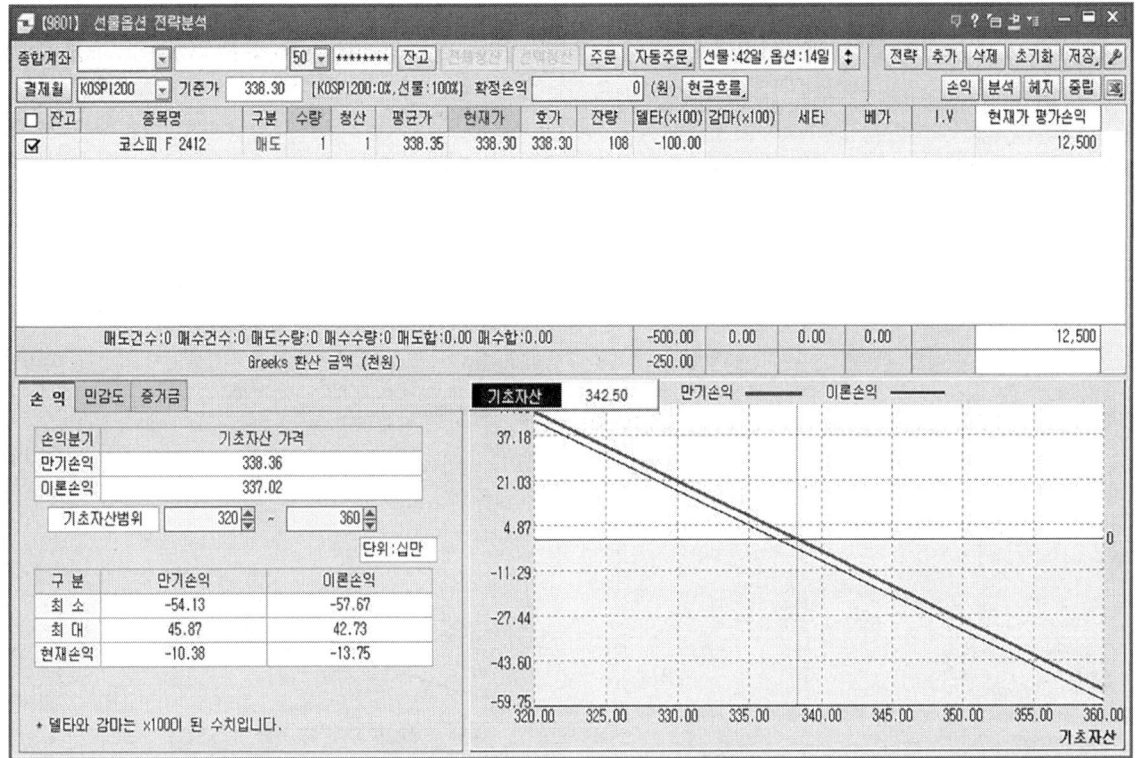

종합지수/7.57=코스피현물지수

코스피선물지수*25만 = 위탁증거금

위탁증거금 곱하기 0.66= 유지증거금

선물하한가10프로 변화지수 곱하기 25만원을 위탁증거금으로 책정 유지증거금 미만시 추가증거금발생

다음날 위탁증거금을 채워야햇으나 요즘은 즉시 채워야한다

즉시 반대매매

기본예탁금 개시증거금이 1500만원이다

코스피200선물옵션은 1990년 코스피200종목시가총액 기준 현재 코스피200선물옵션종목 시가총액 곱하기 100 이다

2-3 옵션매수

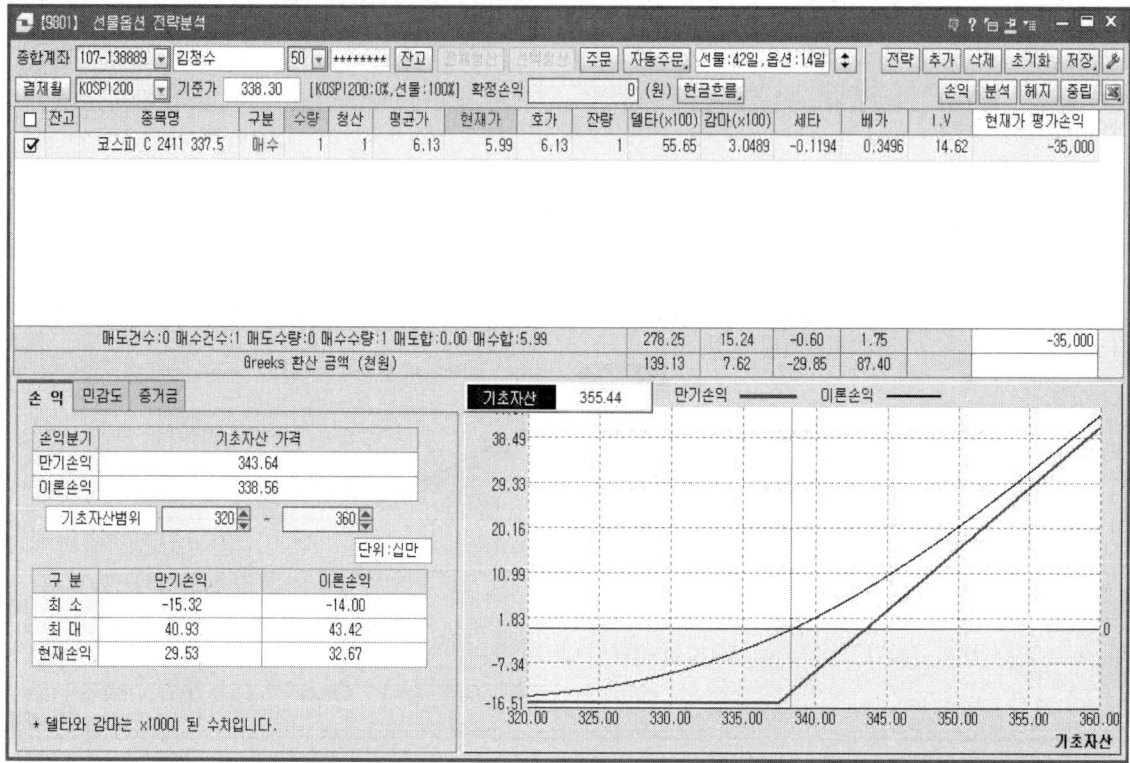

차이가 양옵션 2.5차이 콜이 2면 풋이 0.5 콜이 1이면 풋이 1.5차이가나 항상 2.5 차이 옵션1당 10만원이므로 25만원값을 유지한다 규칙적 ox 이론이다.
저평가 고평가 콘텡고 백워데이션이 따라 옵션가가 움직이지만 관계없이 일정한값을 유지한다.
일단옵션은 장중에 선물지수에따라 움직이다 만기일결제는 코스피200현물지수로 결제된다.

2-4 옵션매도

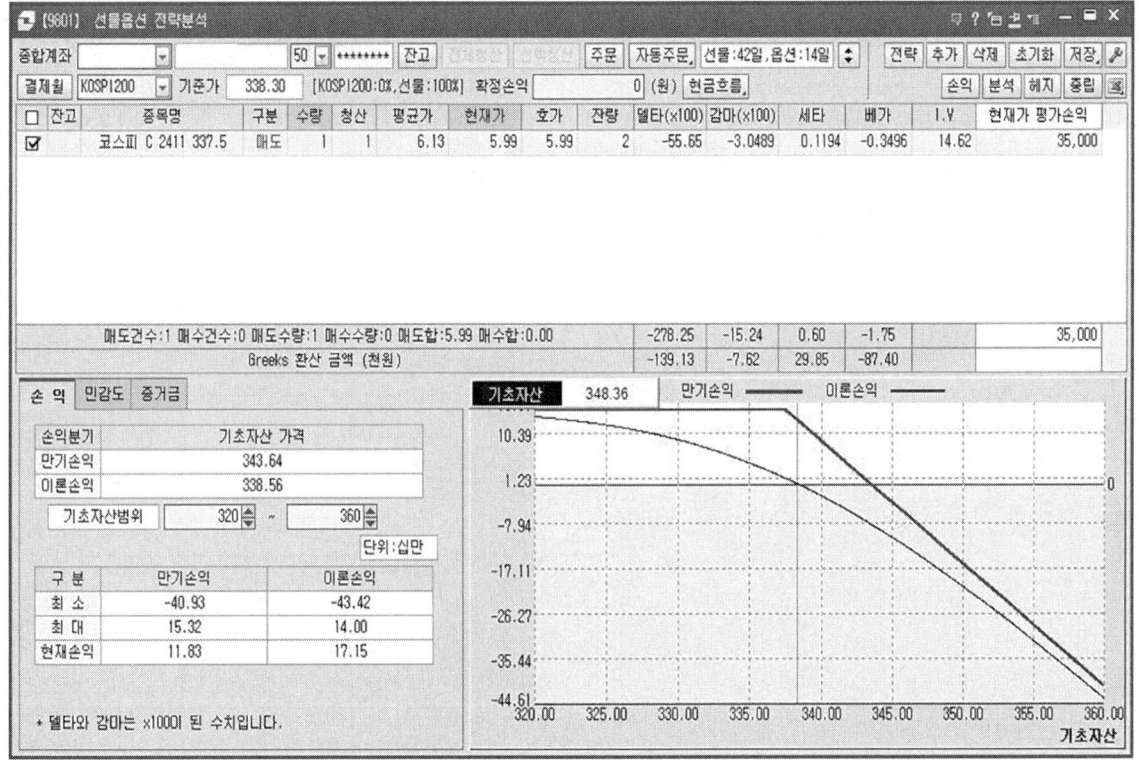

옵션은 행사가 별로 값이다르다 1당10만원이며 즉 3.5라하면 35만원이다.
미니는 5배 레버리지이므로 1당 2만 3.5 면 7만원이다.
옵션등가가 제일먼저산출되는데 선물지수에서 1당25만원 345면 8625만원인데 1달이자률 변동성 고려 산출 3프로이자/12 + 변동성 하면 4에서 6 에 만기다음날상장 시간이 감에 따라 값이 적어지는데 현재 등가에따르는 선물지수임을 가정해서고 등가양합이 10에서 만기에는 3 애서 1 로 적어진다.옵션은 변동성함수로 적용되어 값이 변하므로 시장상황에따라 값이변한다
등가가만들어지면 로그정규분포로 각행사가 옵션가격이 자동산출된다.

옵션을 아파트값으로 이해하는 습관을 가져야한다
아파트를 싸게 샀으면 행사가가 적어야하므로 적은 것이 인더머니라하고 행사가가 큰 것은 비싸게 샀다 가장하므로 돈이 않된다하여 아웃오브머니라 한다

2-5 선물매수+옵션매수

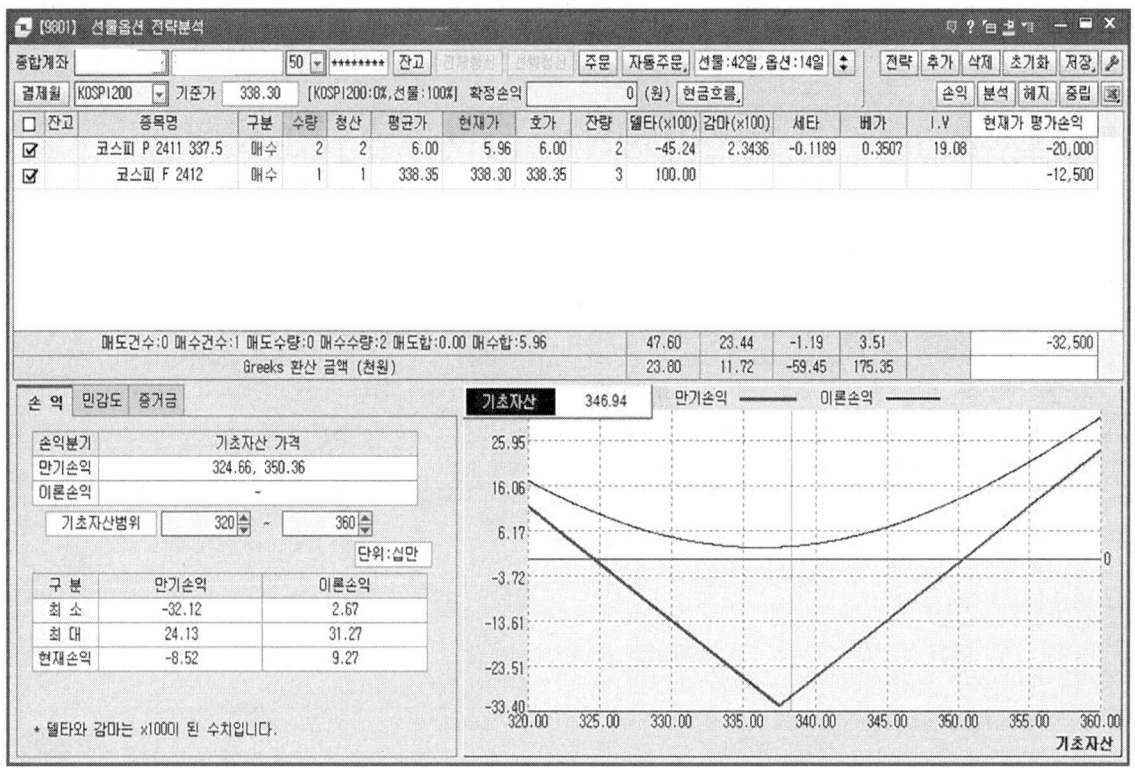

델타 중립형이다 선물은 델타 1이고 옵션등가는 델타가 0.5
선물1개와 옵션2개가 중립형을 이루는데 세타가 마이너스면 점차 지수가 고정되면 가라앉는 포지션이다

2-6 선물매도+옵션매도

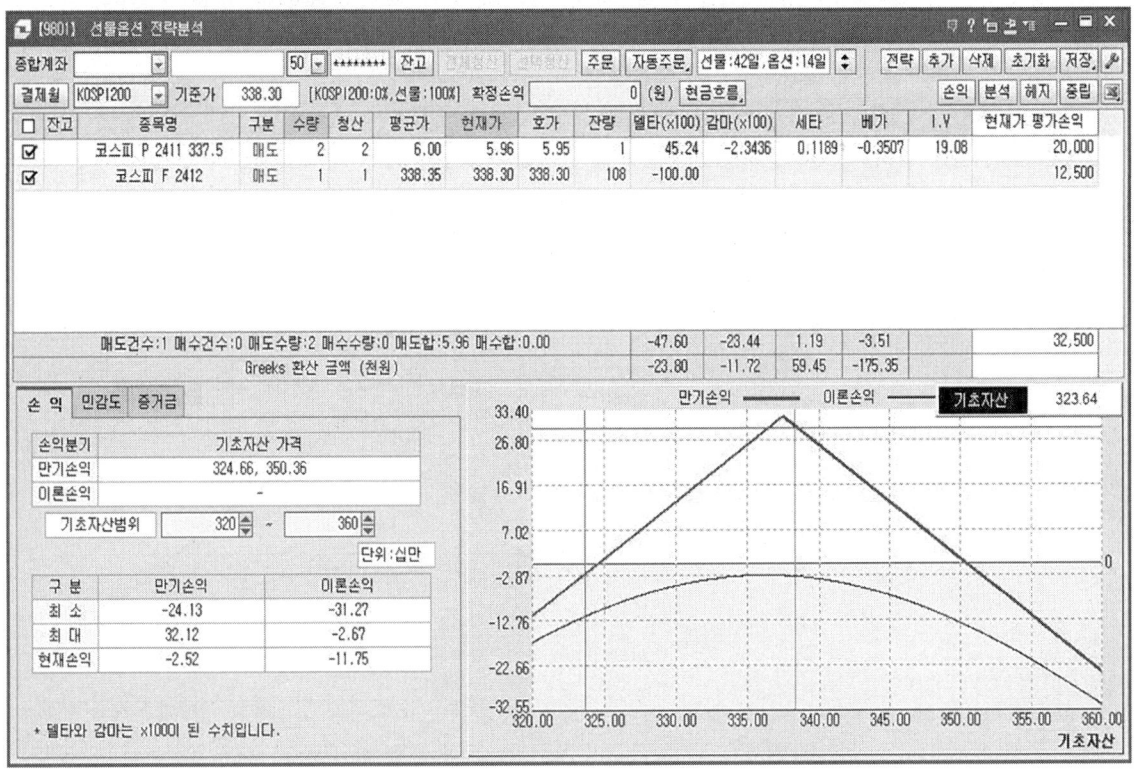

2-7 옵션매도+옵션매도 (양매도)

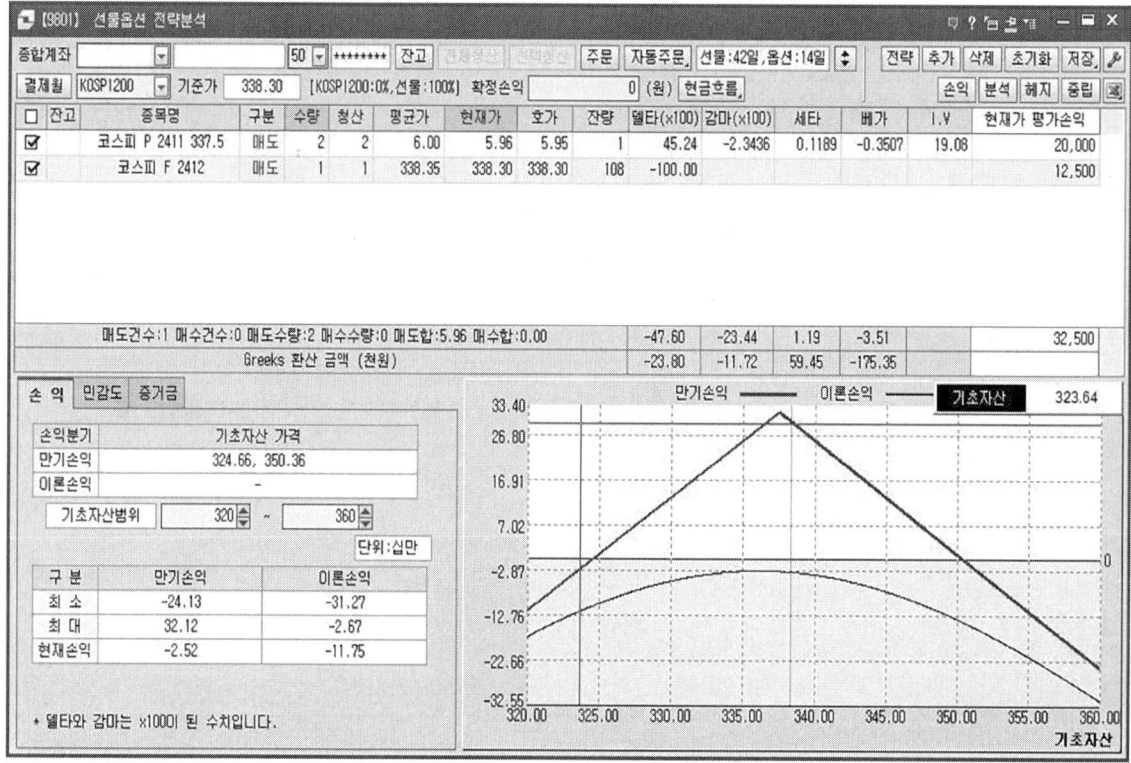

세타 + 여서 지수가 고정되면 + 이나 지수가급격히 변하면 불리하다

2-8 옵션매수+옵션매수 (양매수)

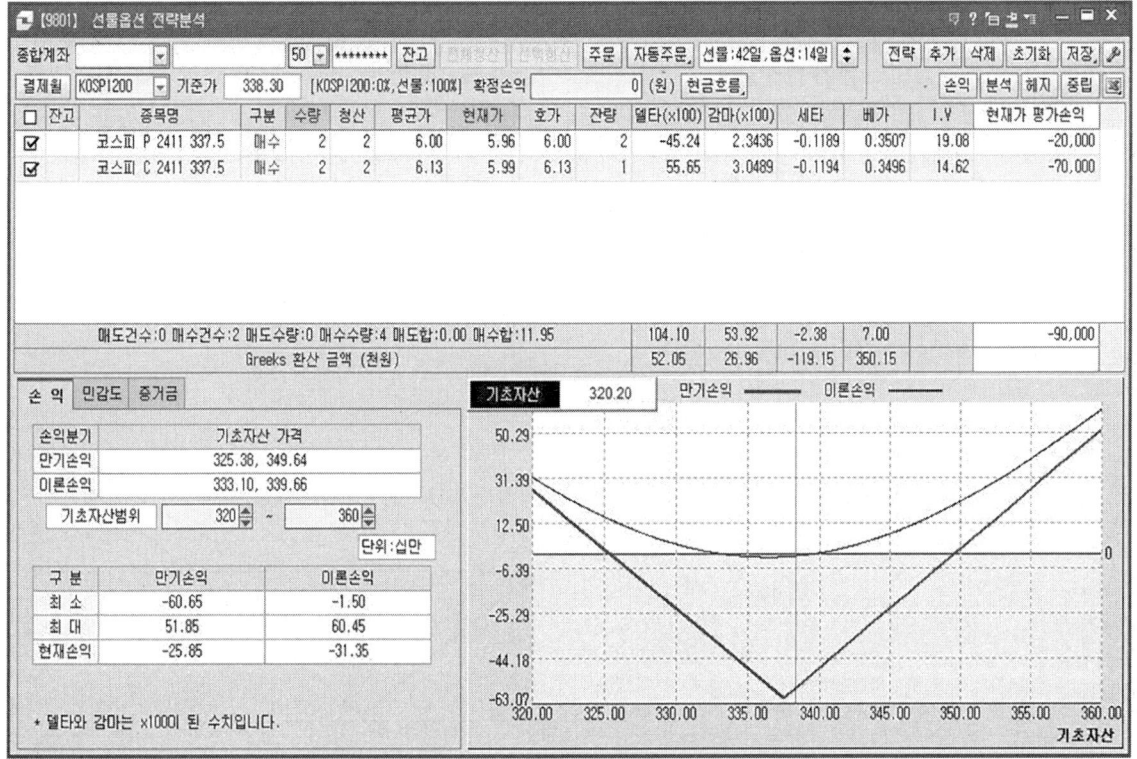

세타 + 여서 지수가 고정되면 - 여서지수가급격히 변하지않으면 불리하다

2-9 미니옵션매수+미니선물매도 (근월물+원월물)

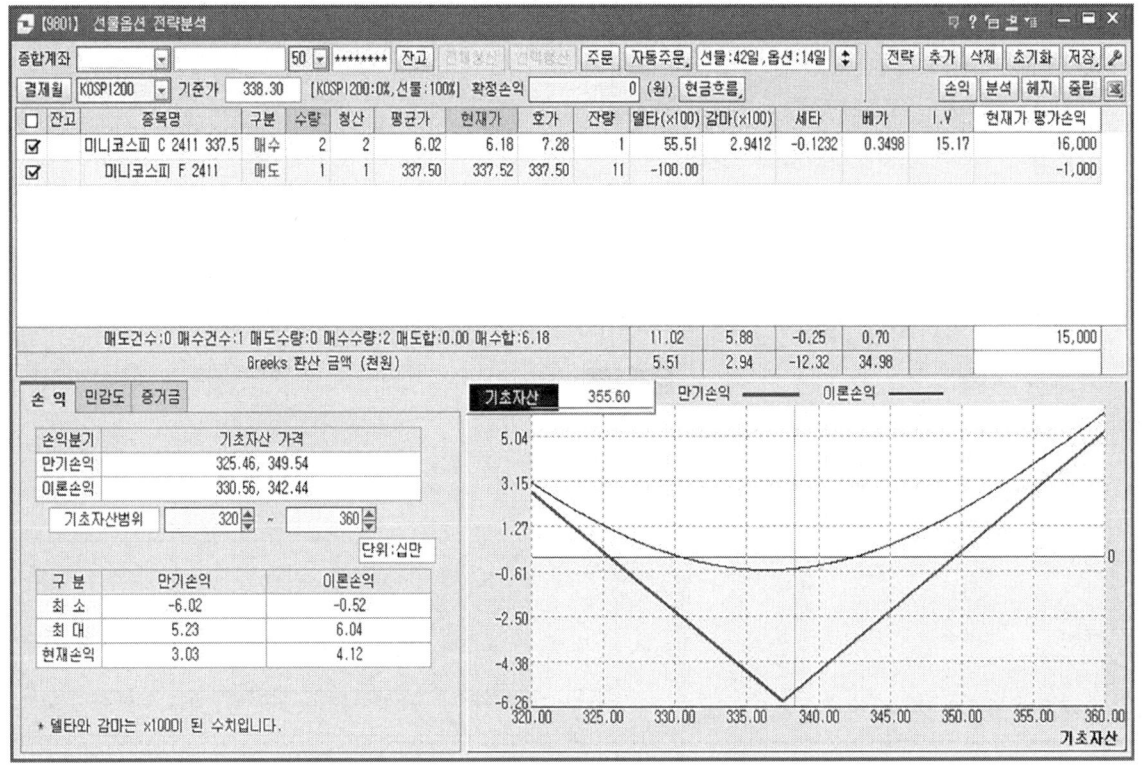

델타 중립형으로 옵션위치를 변동시켜 방향을 조절할수있다

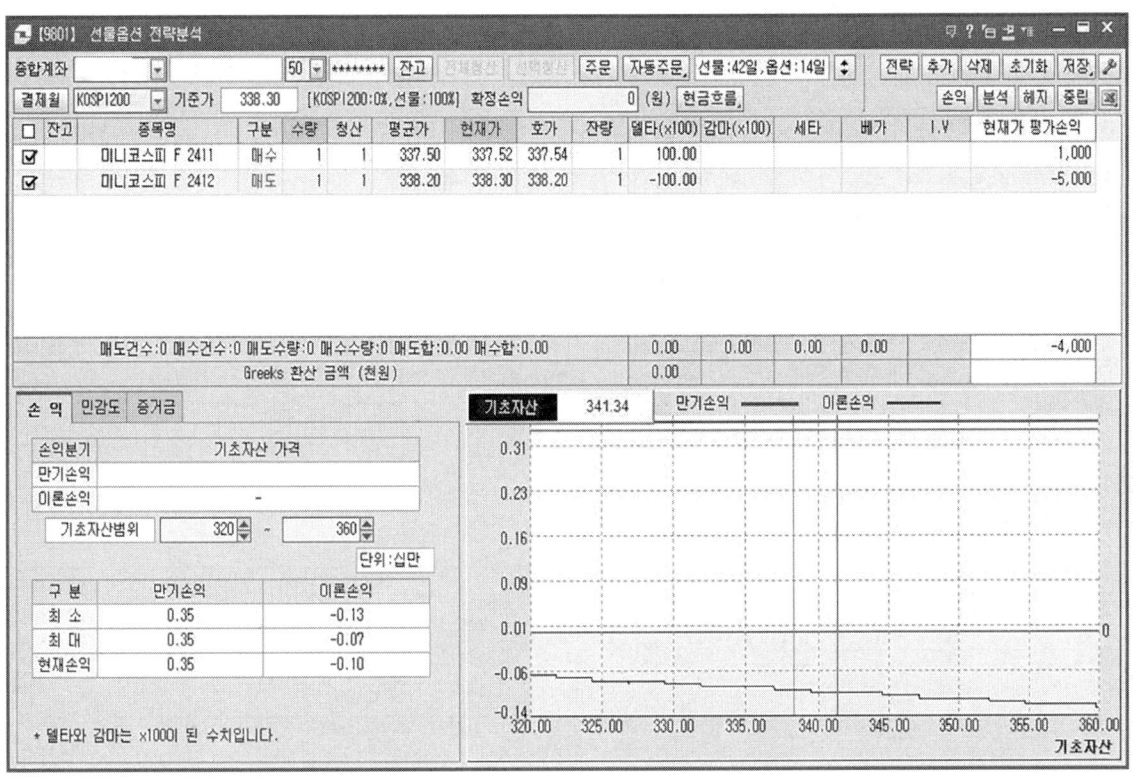

2-10 선물매도+미니선물매수 (비율스프레드)

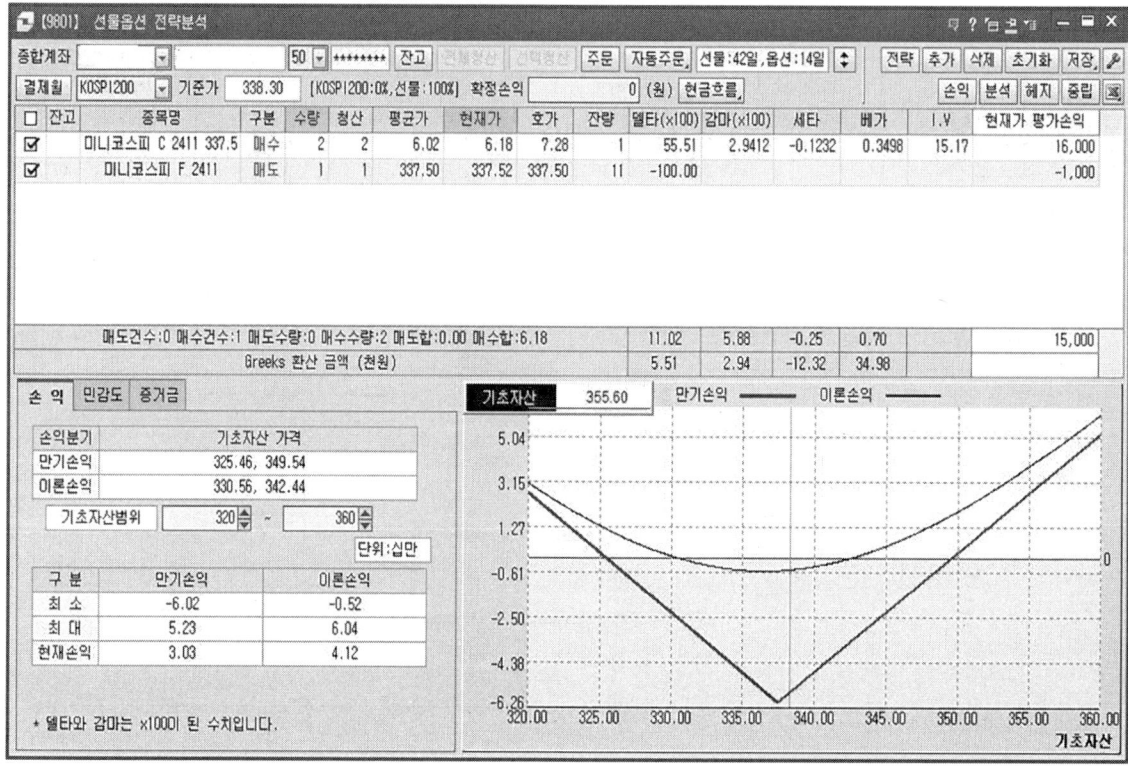

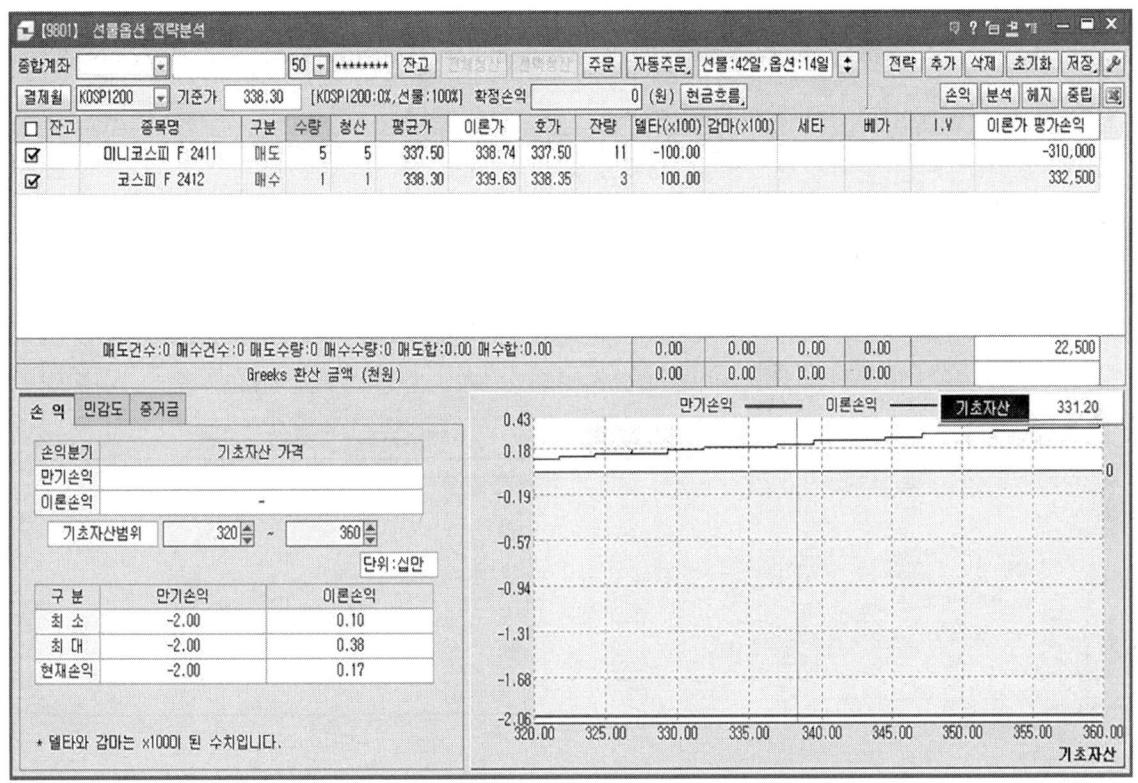

스텐다드선물과 미니선물 델타중립형이다

2-11 미니선물매수+미니선물옵션매도

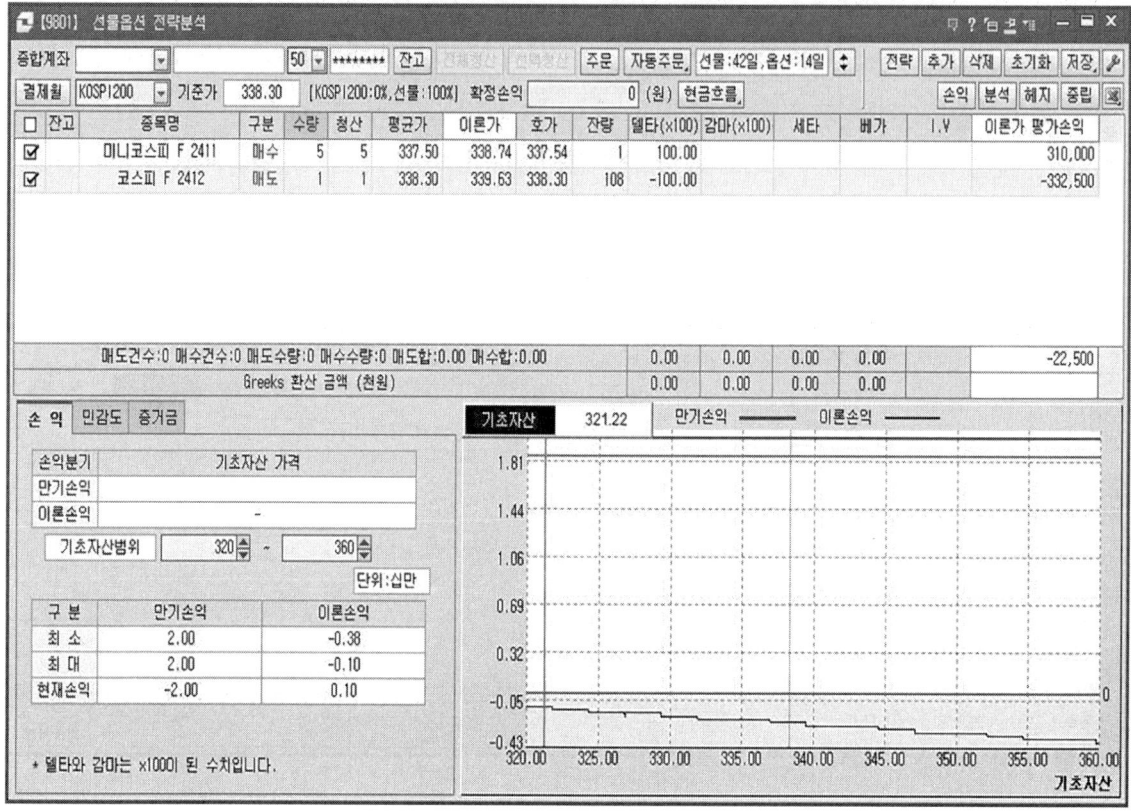

2-12 미니선물옵션매도+미니선물옵션매수

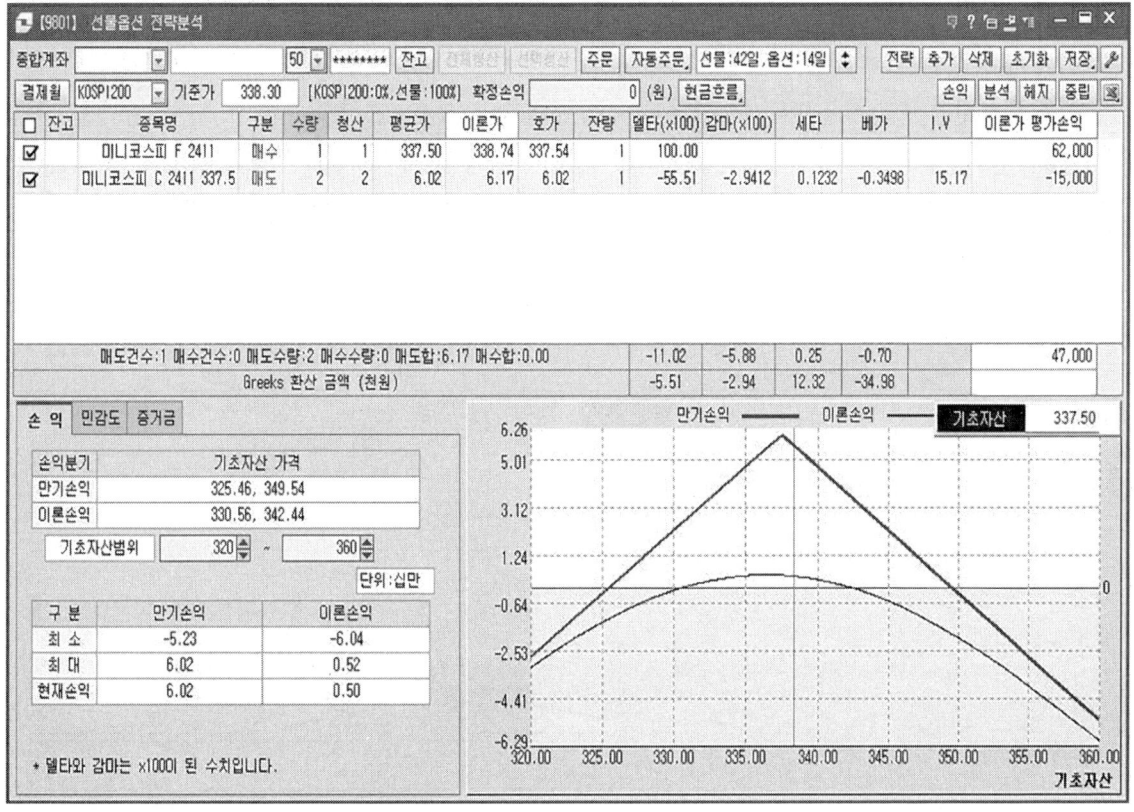

2-13 버터풀라이(미니선물옵션)

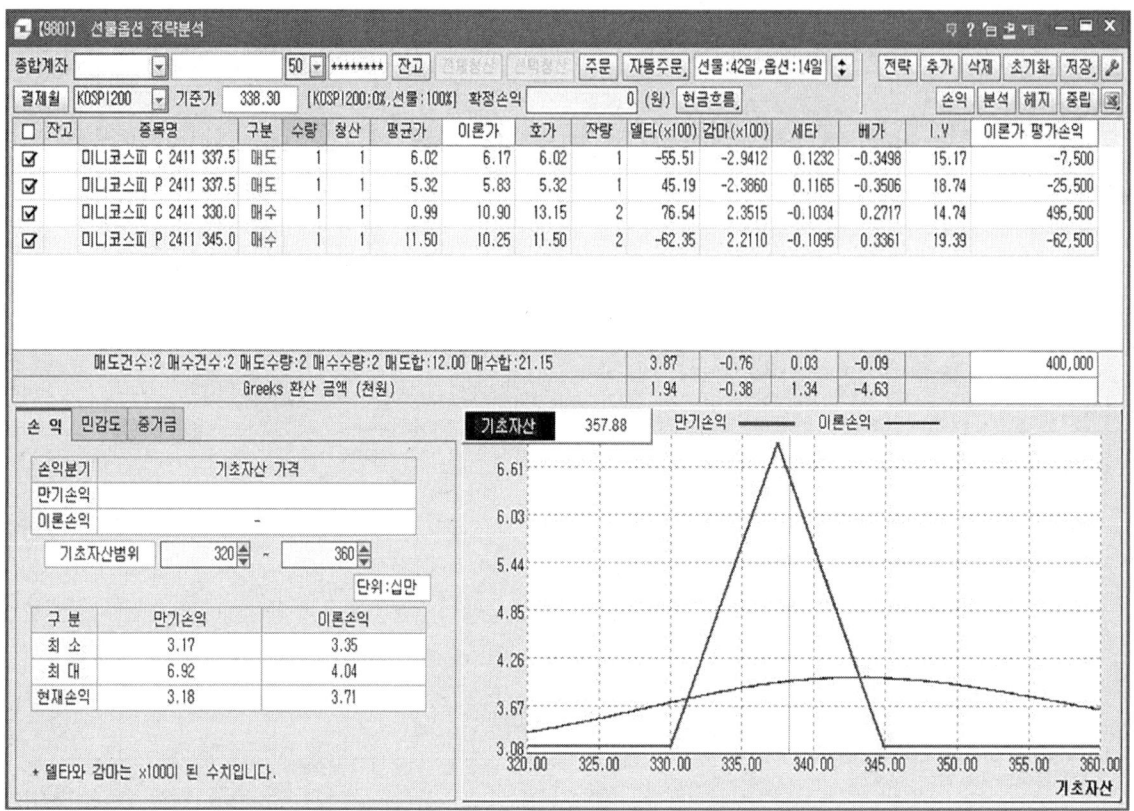

안정감있는포지션으로 시간이 흘러가면 330에서 345 사이
수익를 기대해볼수있다

2-14 버터플라이(선물옵션)-콜버터

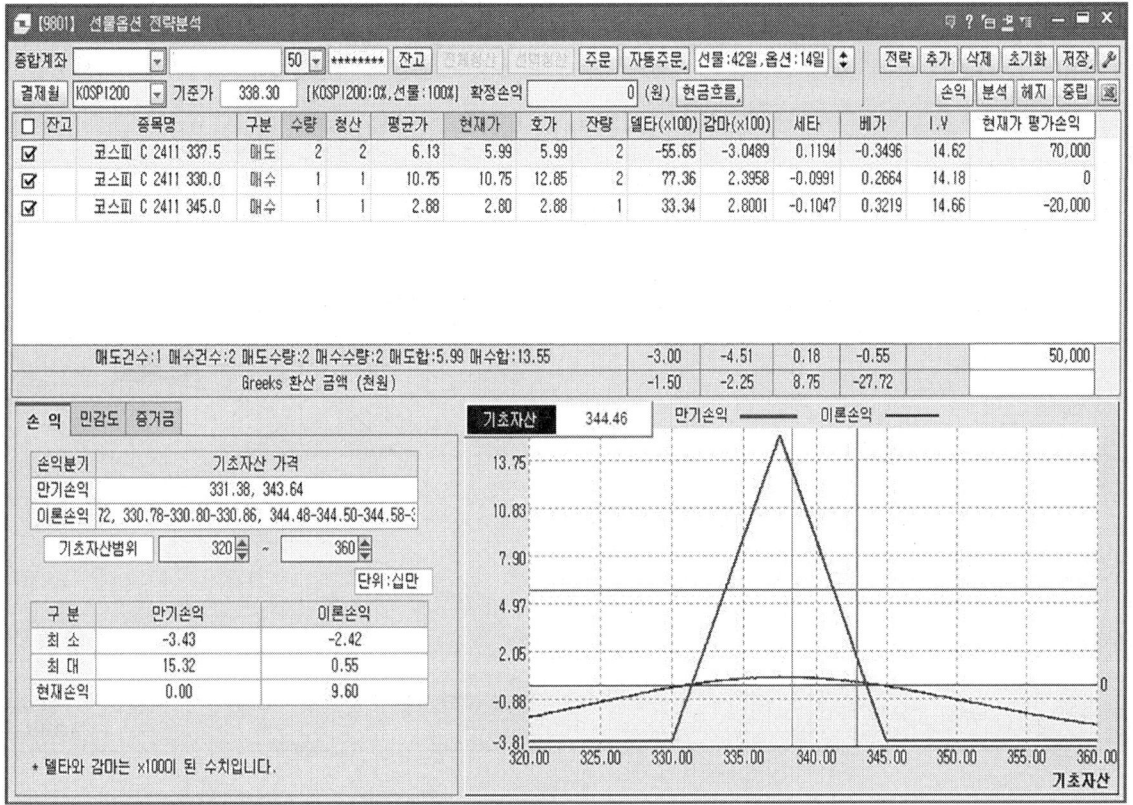

콜만가지고 버터형을 구축한모형이다

동일 행사가에서 시간가치가 동일하다는원리이다

2-15 방향성버터플라이 (상방)

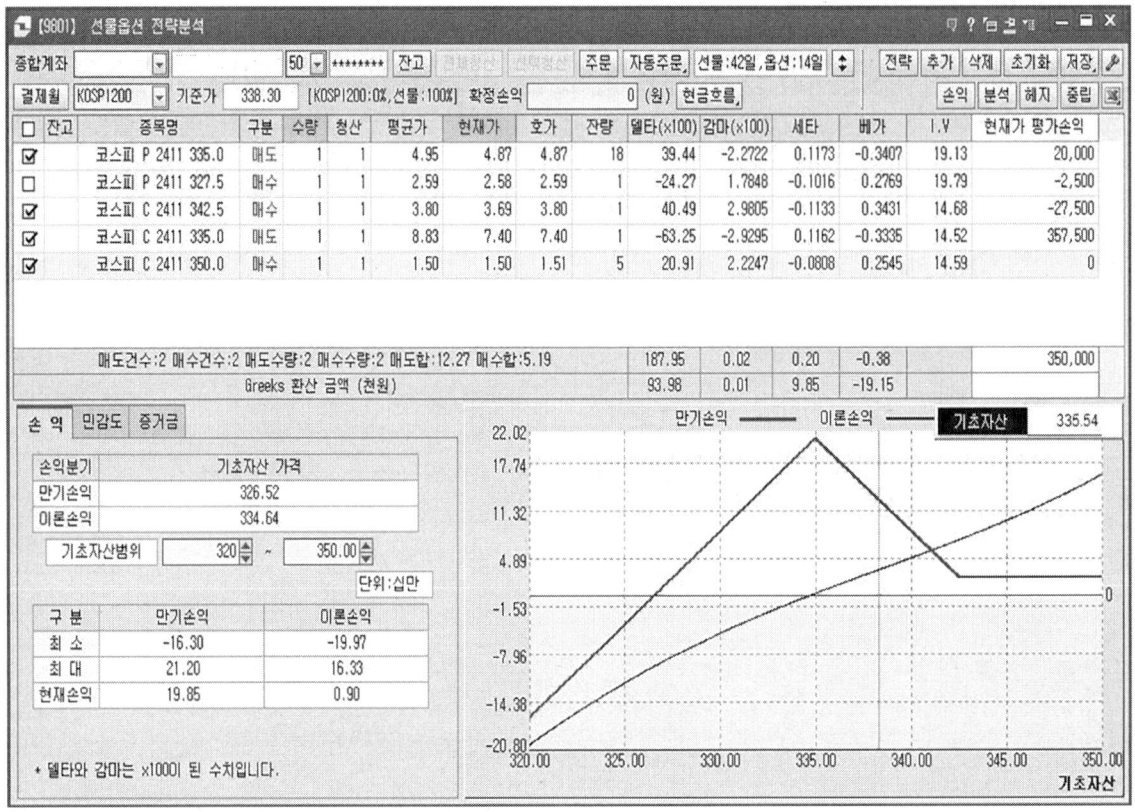

버터형에서 상방으로 전환모델이다

2-16 방향성버터플라이 (하방)

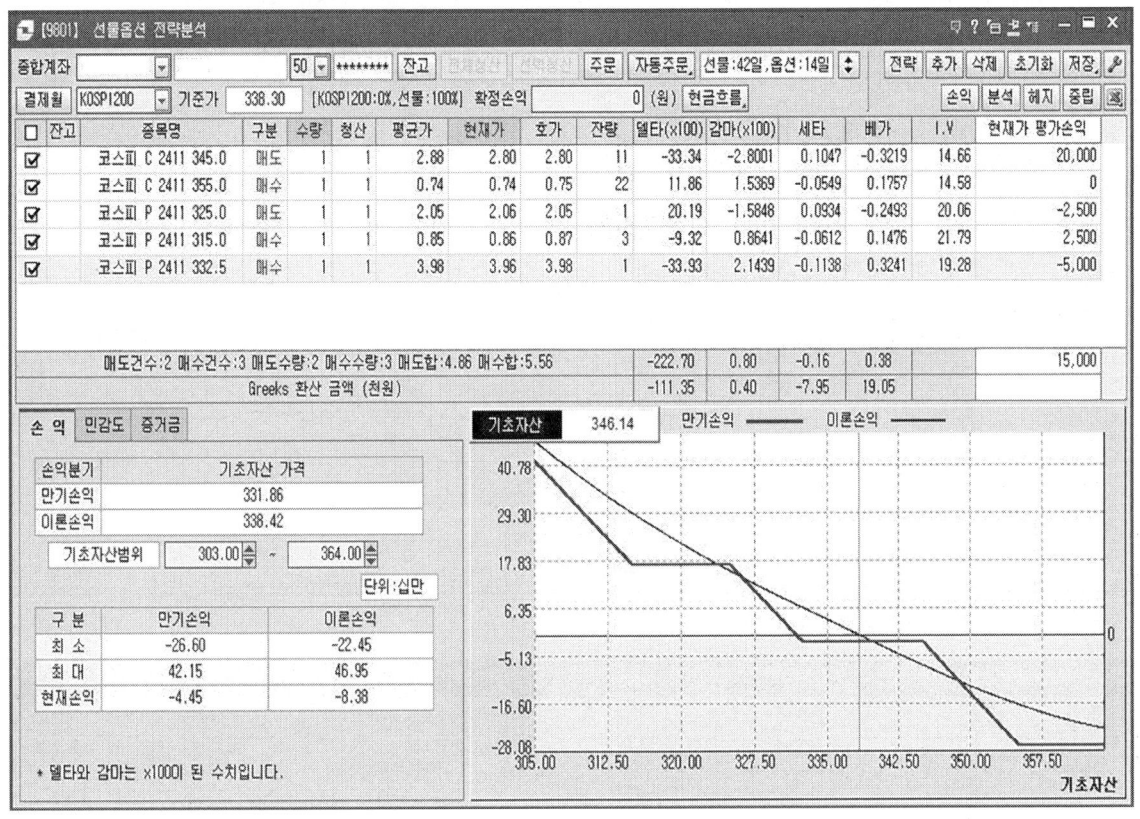

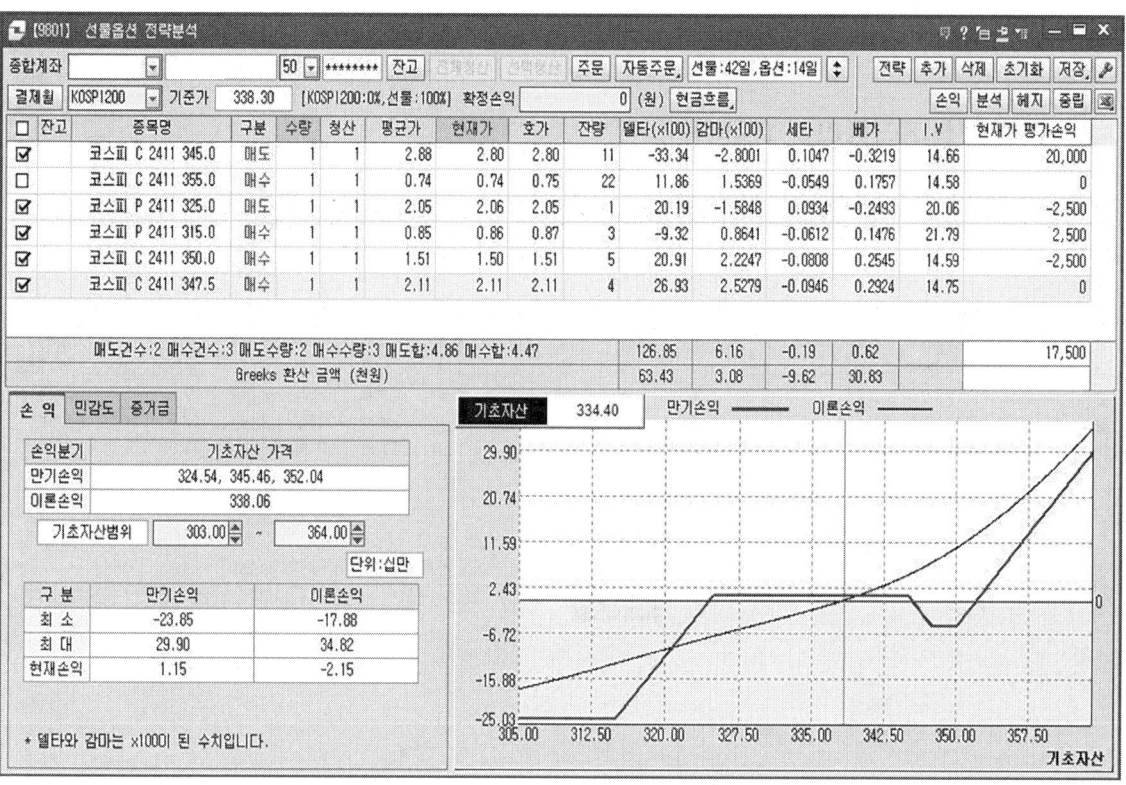

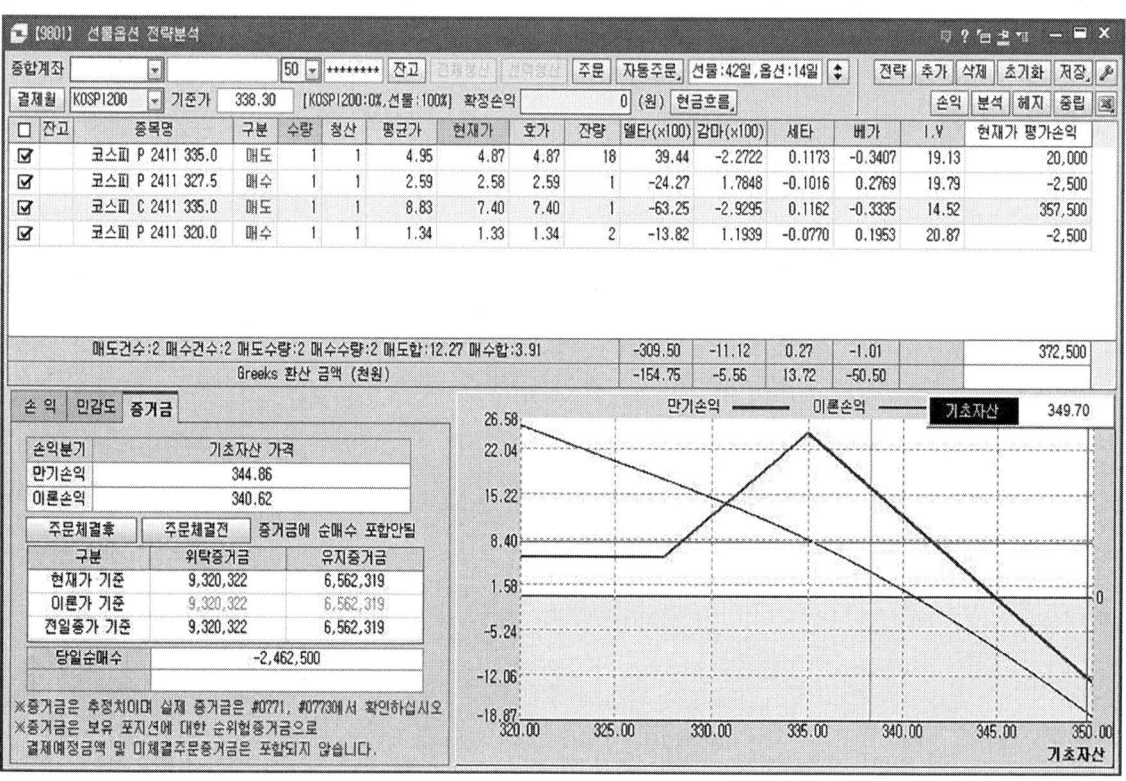

버터에서 하방으로 전환모델이다

2-17 콘돌

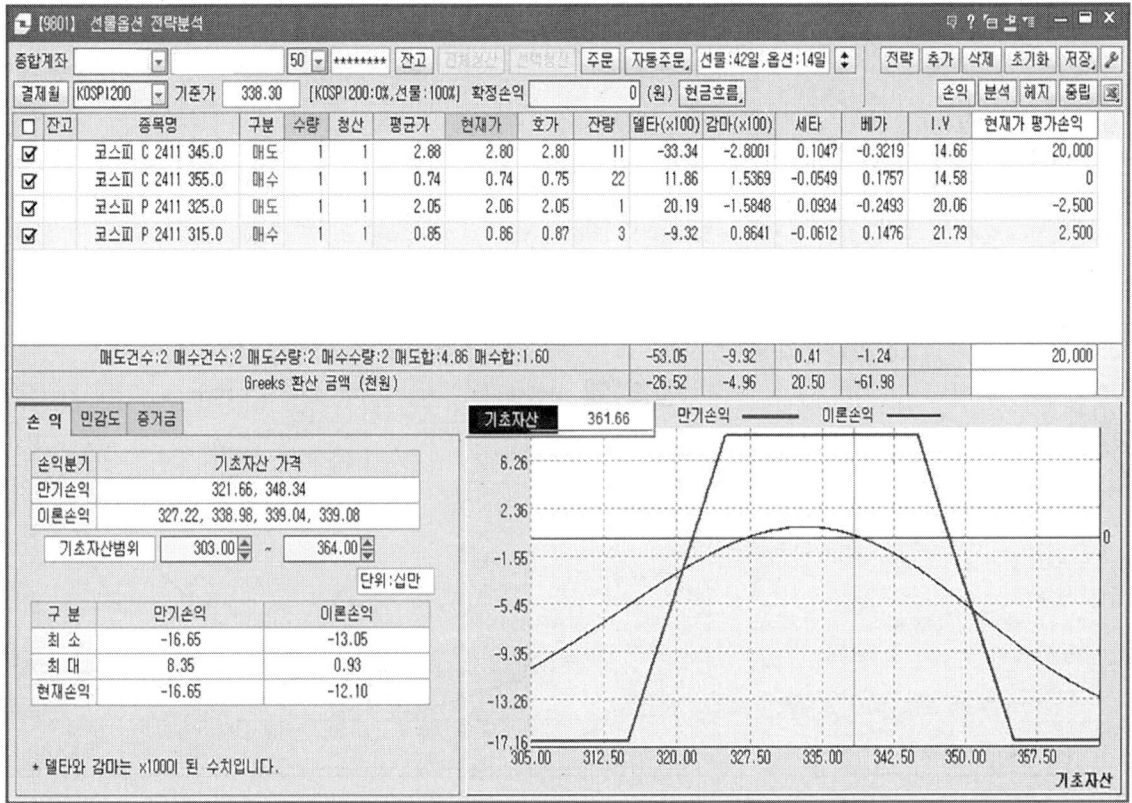

버터형에서 행사가 범위가 넓은 버터형이라 보면됨
수직스프레드 상방형과 하방형의 결합모델

2-18 방향성콘돌(상방)

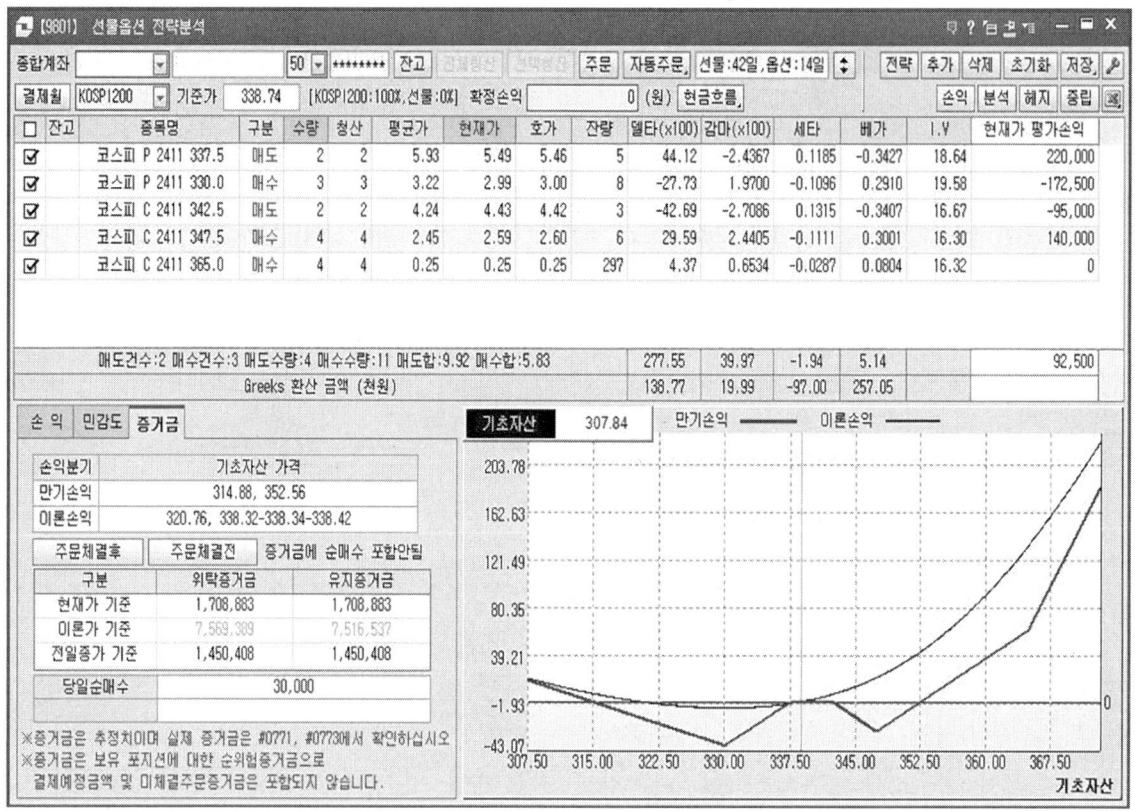

손실을 최소화한 방향성모델

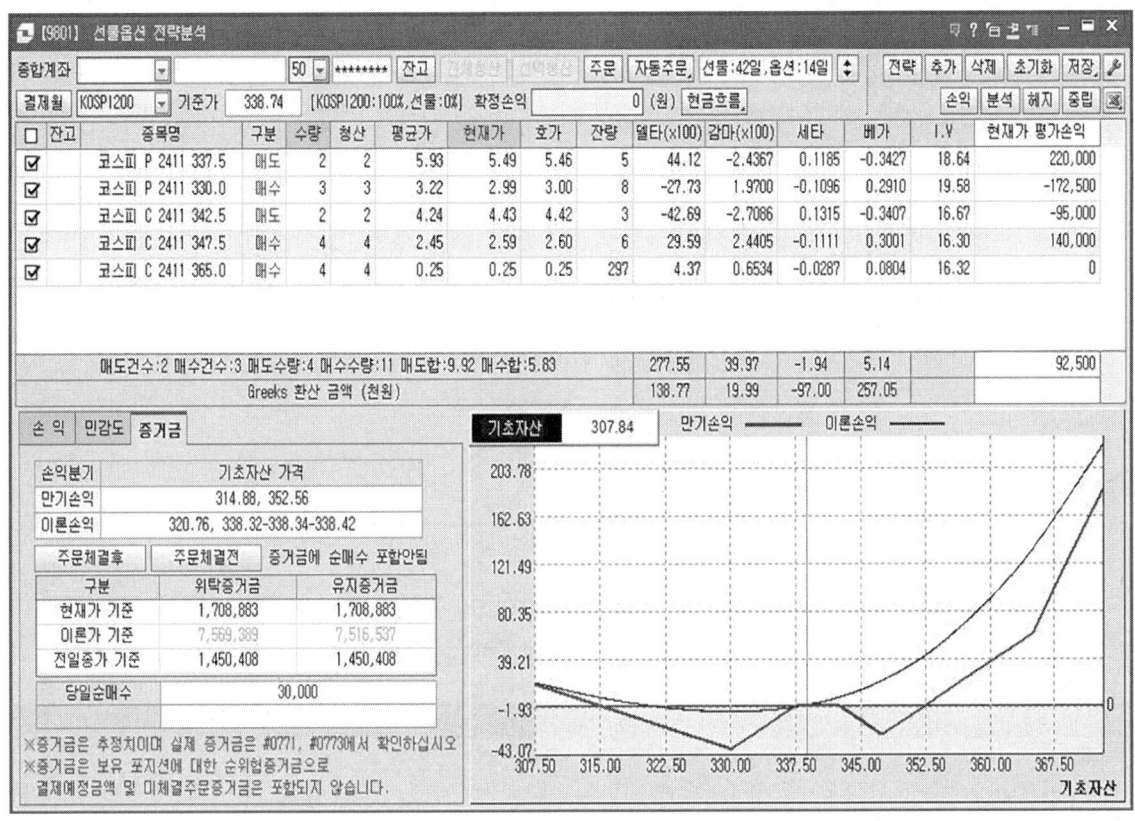

2-19 방향성콘돌(하방)

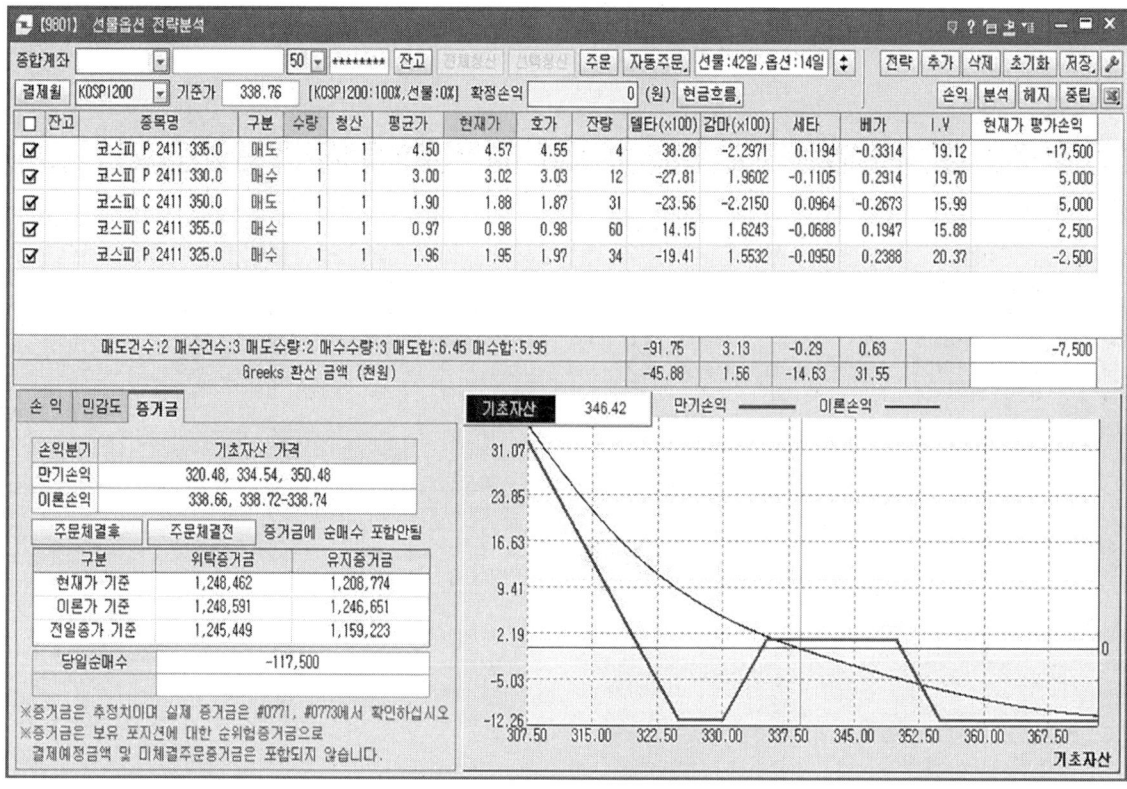

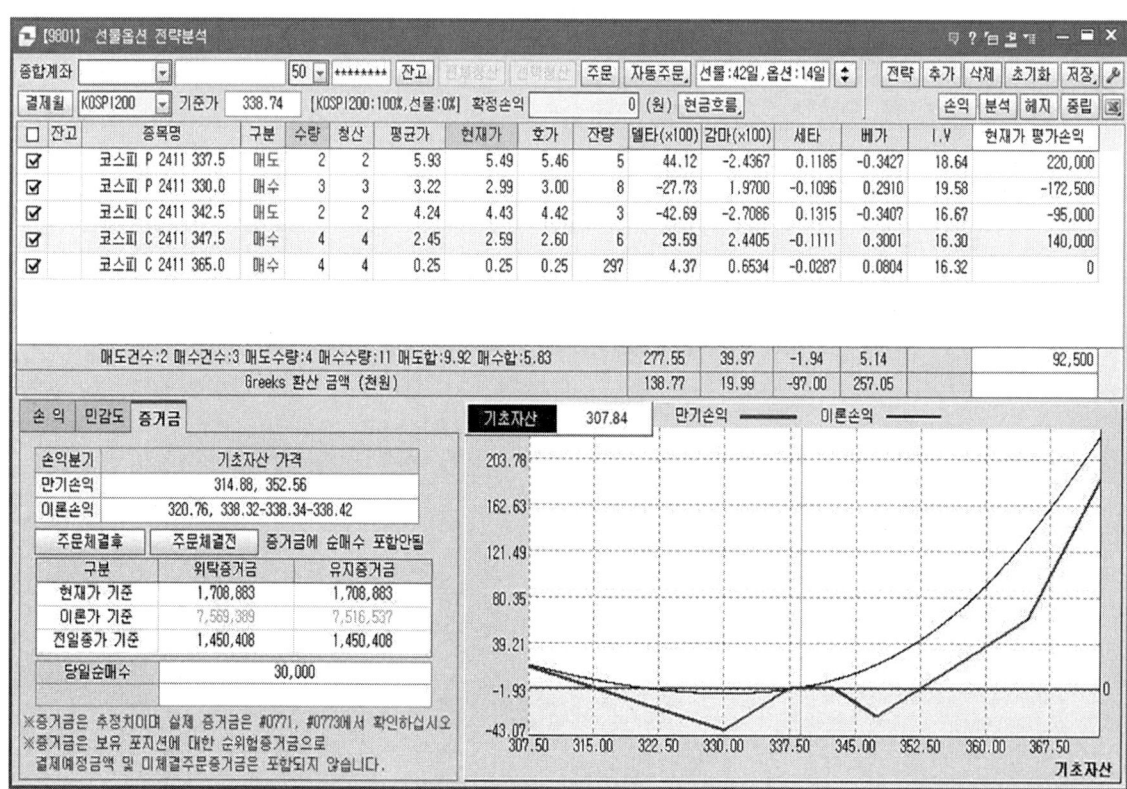

2-20 백스프레드

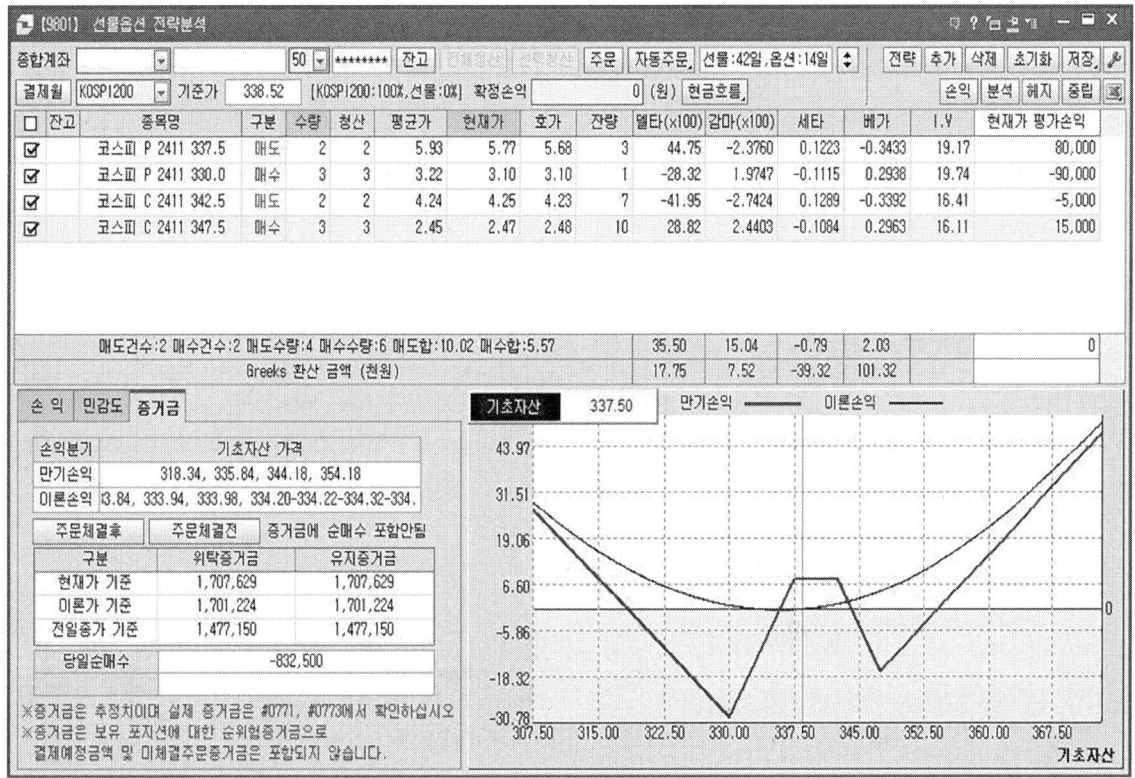

콘돌양매수모델

2-21 백스프레드(상방형)

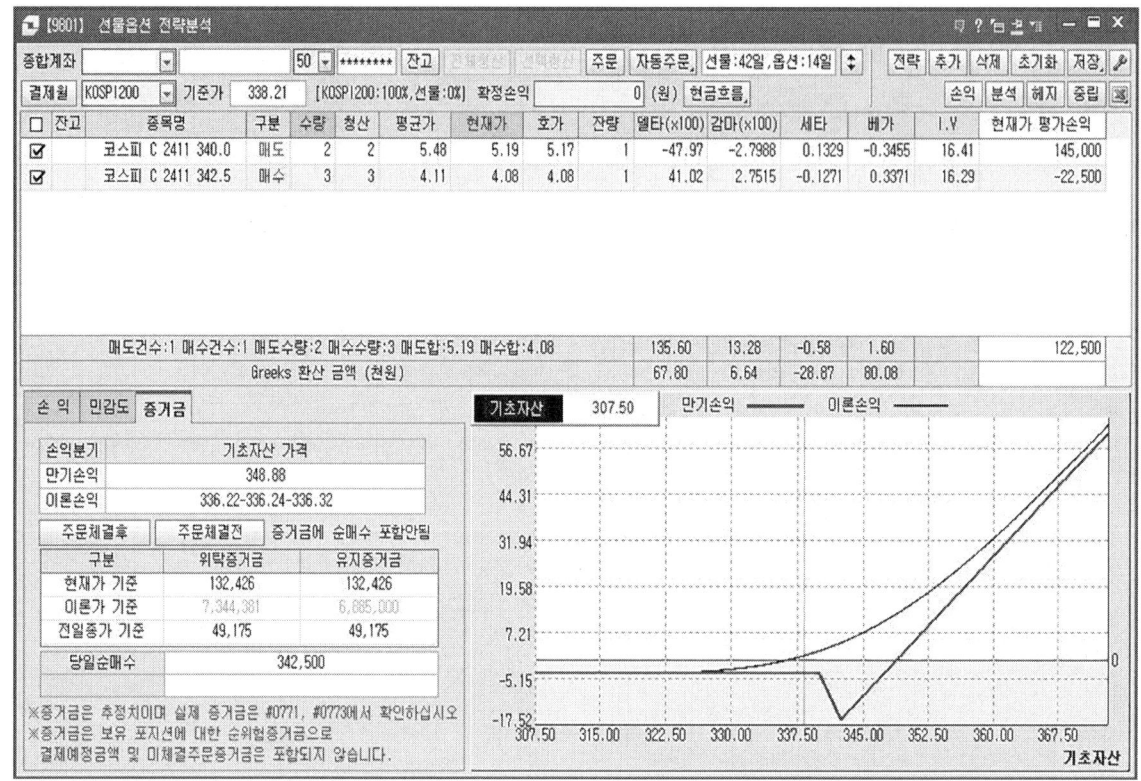

올초에 큰수익을 가져다준모델

만기가 5주만기형일 때 위아래로 큰변동성있는경향이있다

2-22 백스프레드(하방형)

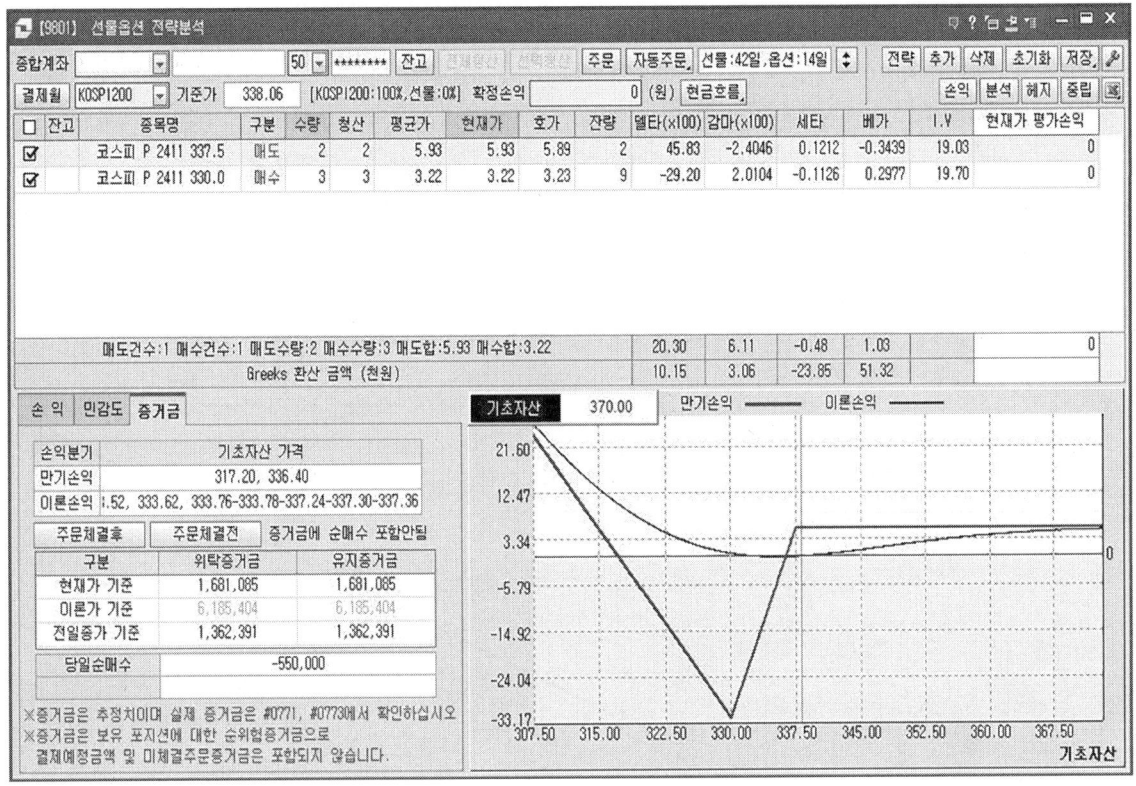

2-23 합성선물매수

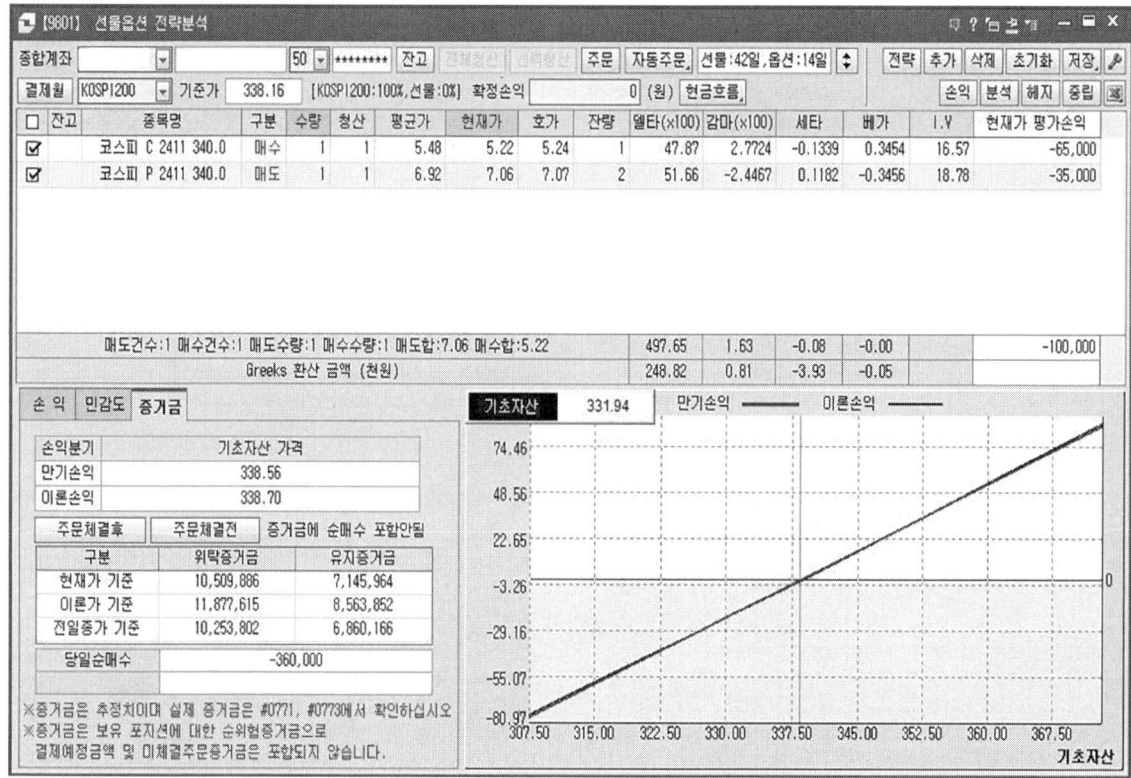

옵션으로 선물포지션취하는모델이다

2-24 합성선물매도

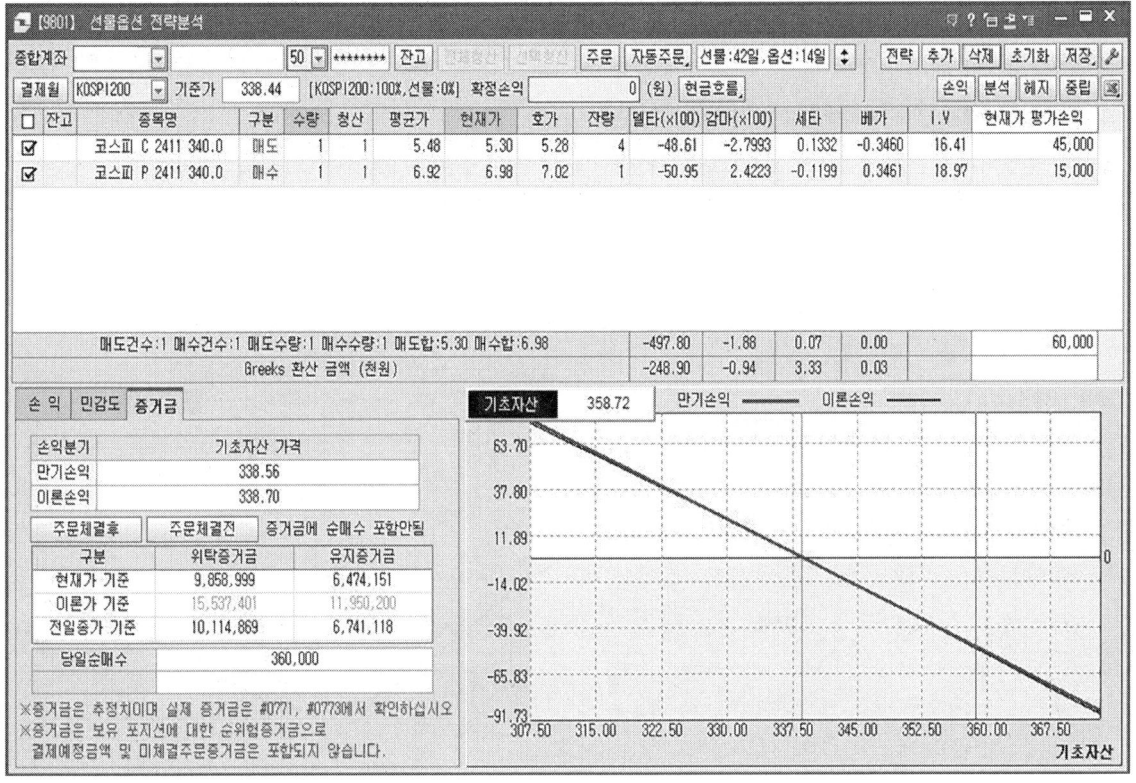

2-25 합성선물매수+선물매도

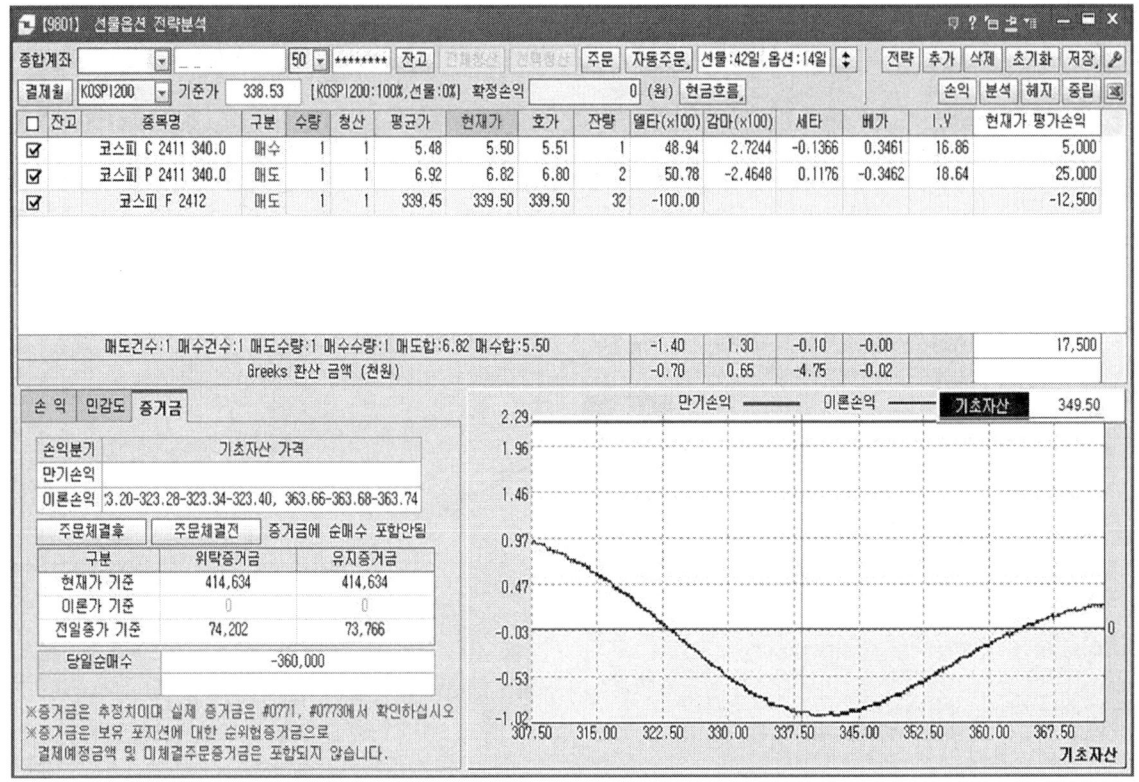

옵션선물과 선물과 결합 중립형을 취한다

2-26 합성선물매도+선물매수

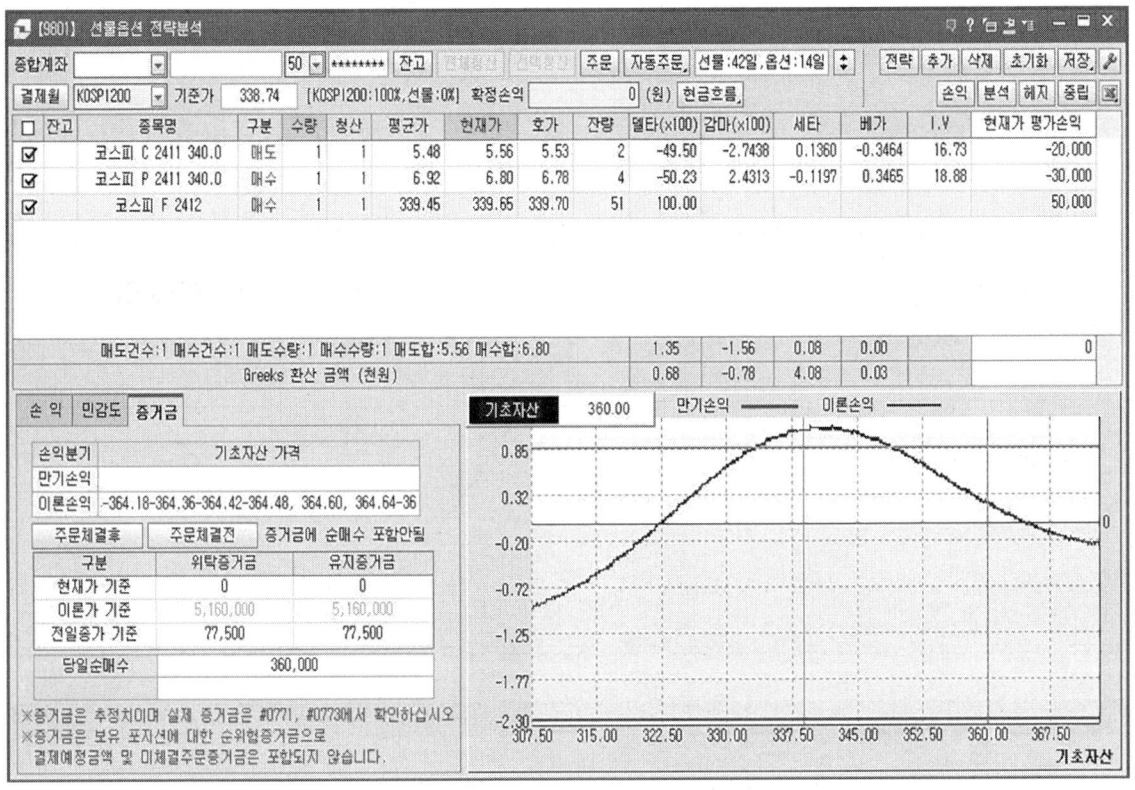

2-27 미니합성선물매수+미니선물매도

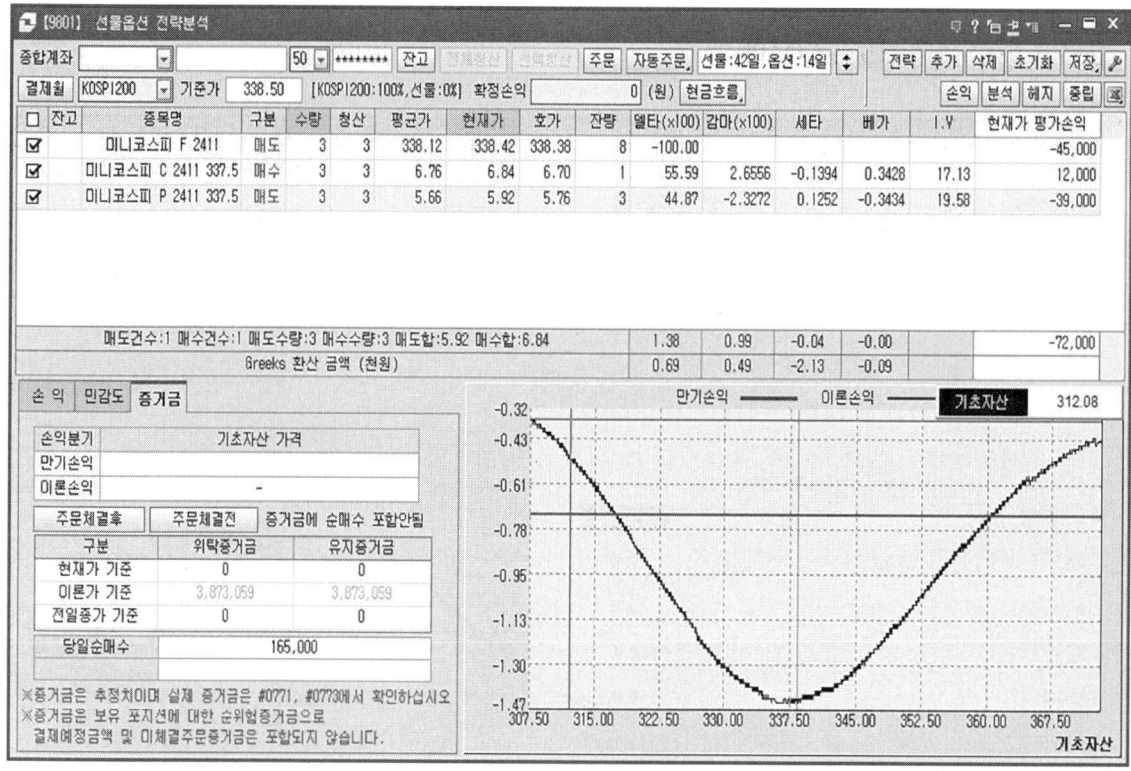

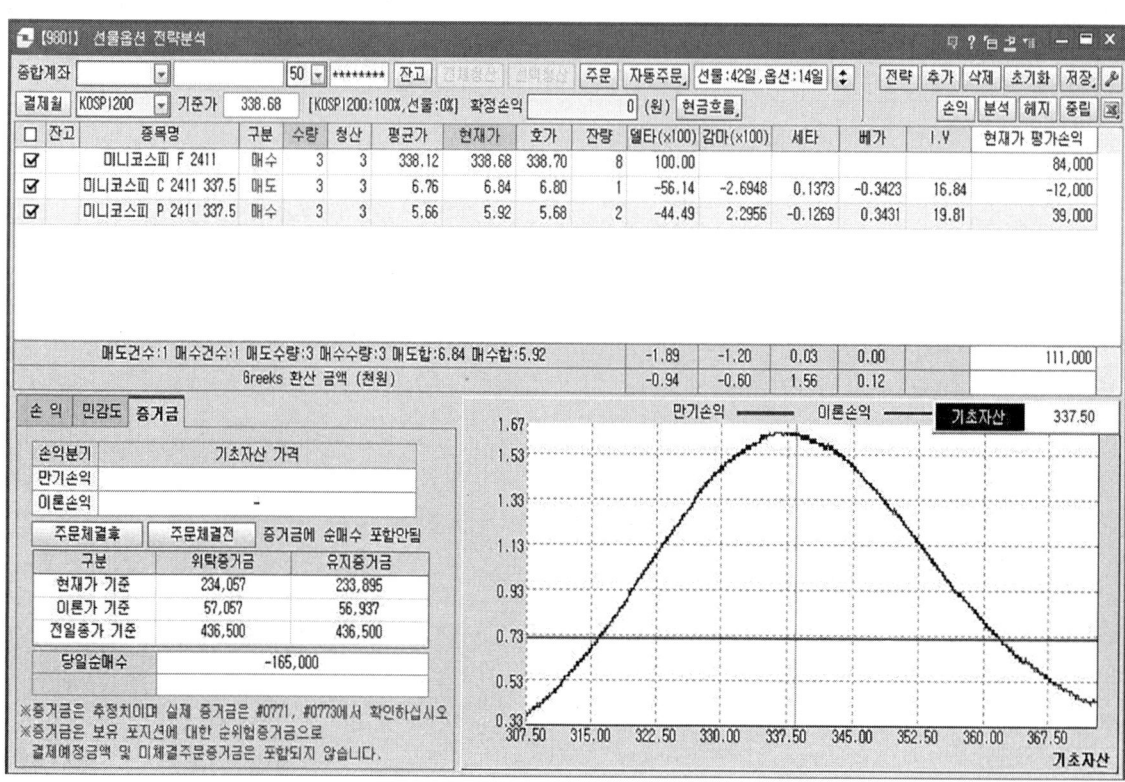

2-28 미니합성선물매도+미니선물매수

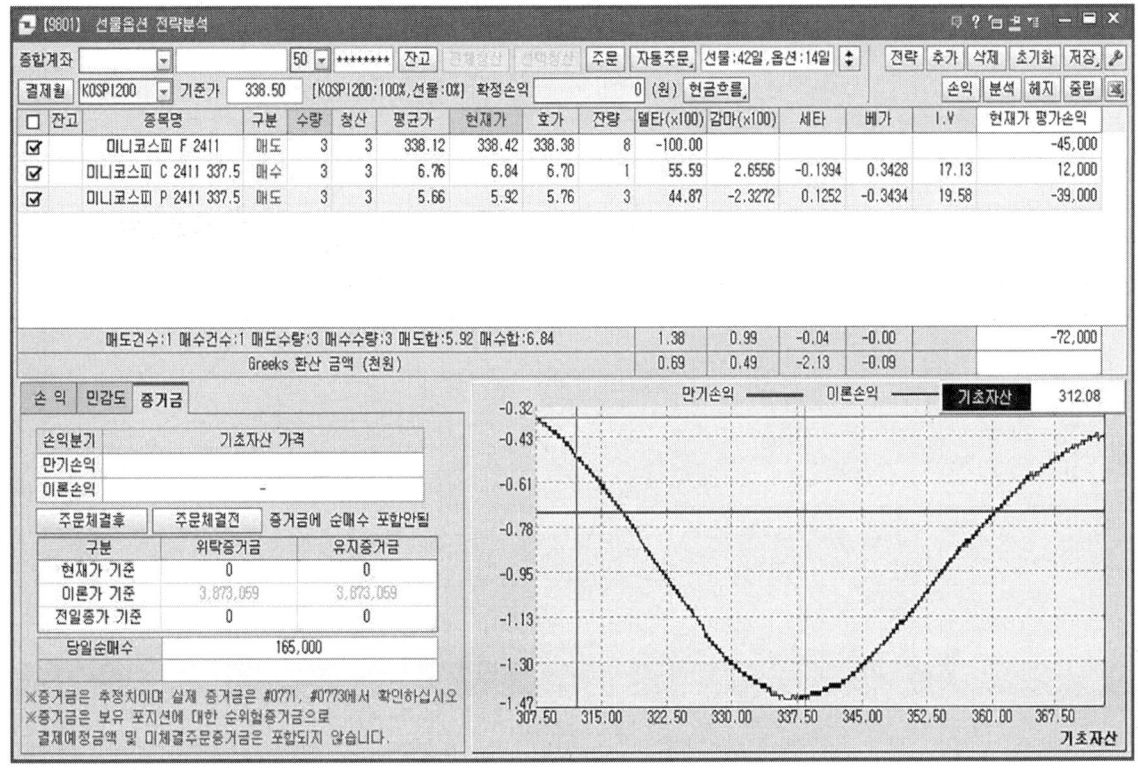

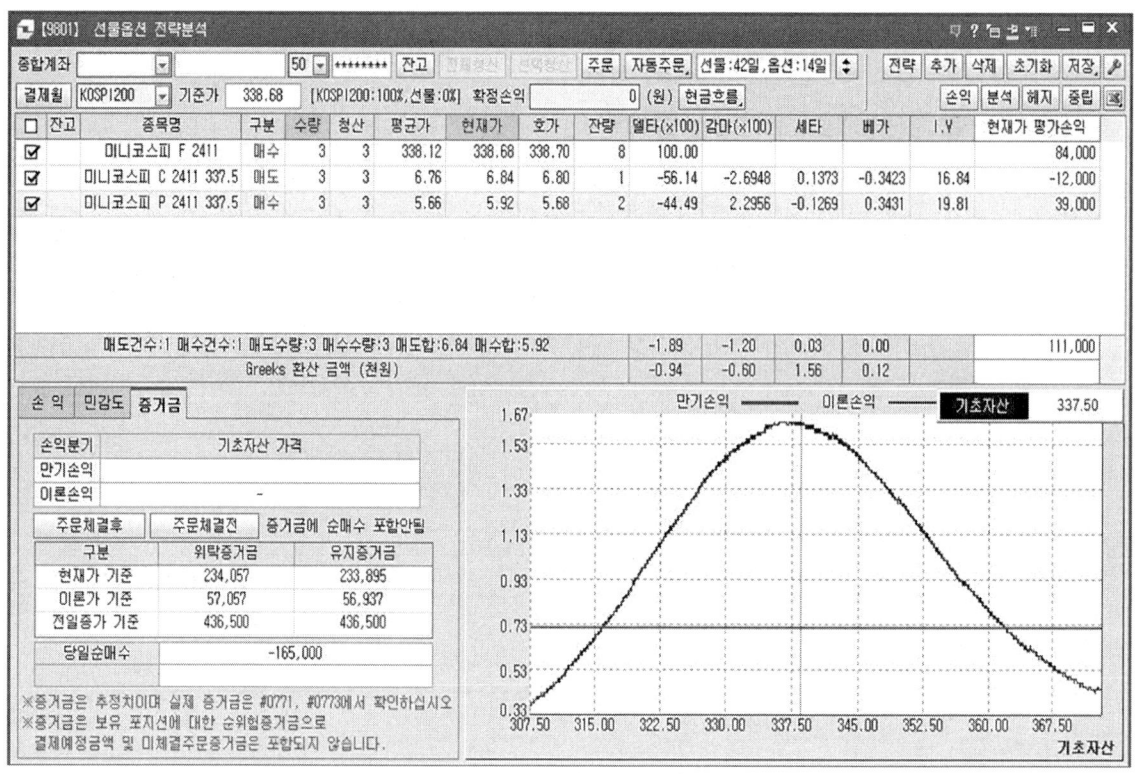
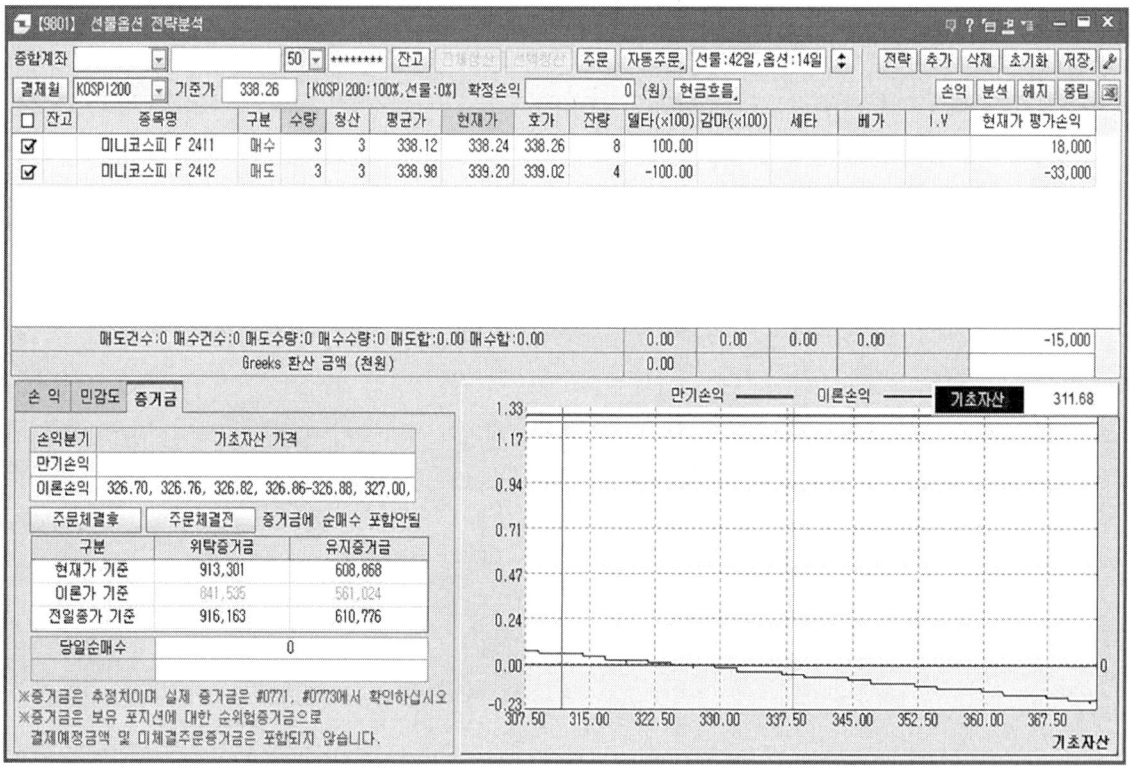

2-29 근월물합성선물+원월물합성선물

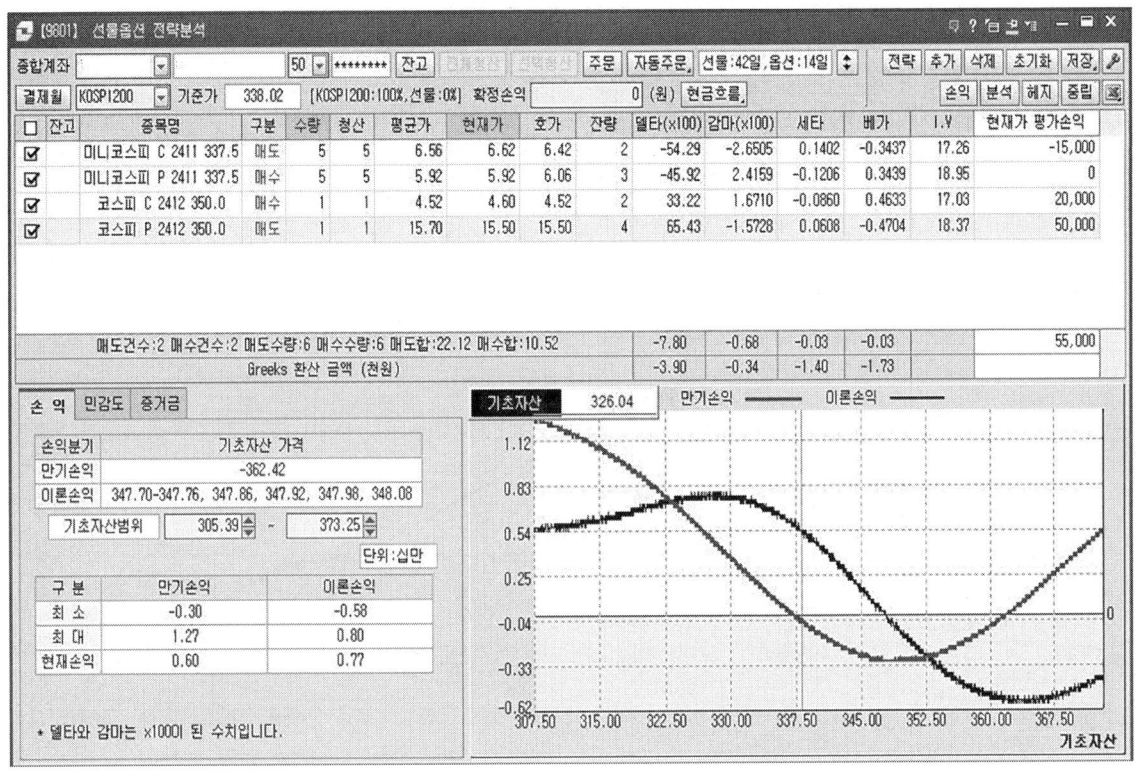

2-30 합성선물+위클리옵션

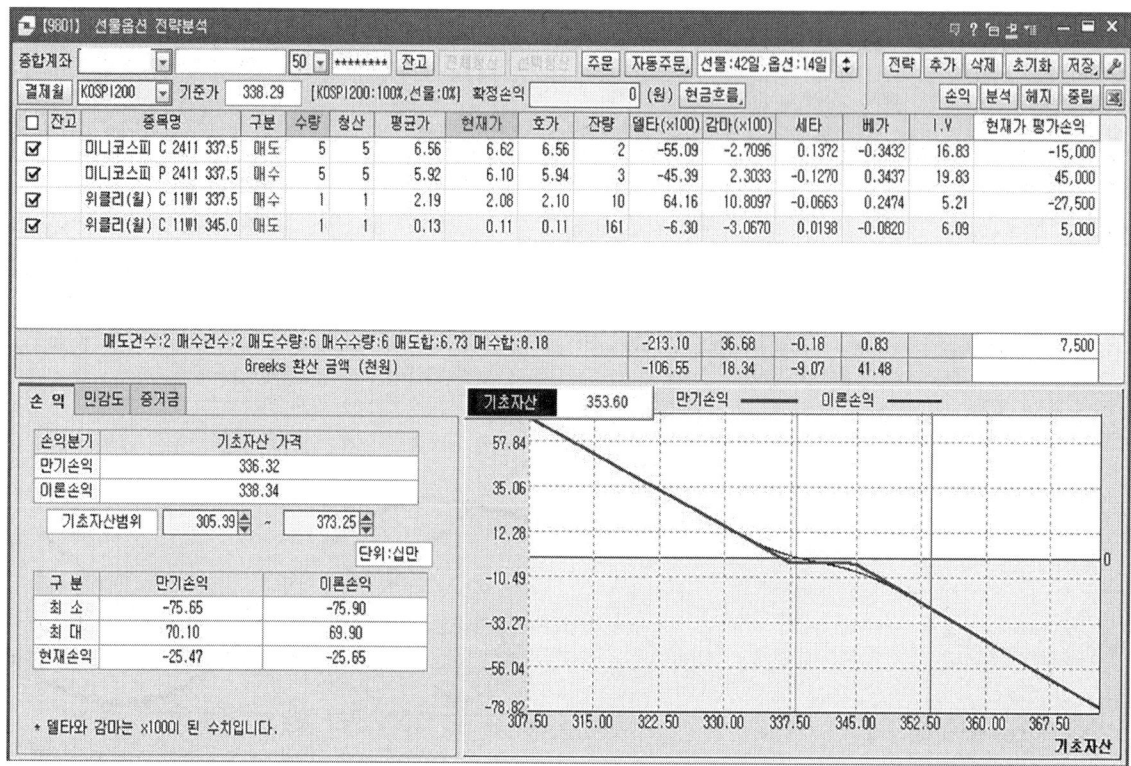

위클리만기가 월요일 목요일 바로직전 월요일 만기는 금요일종가 목요일 바로직전 수요일 종가 양매수로 수익을 올해 많이주었다

2-31 동월물선물 +동월물미니선물(차익거래)

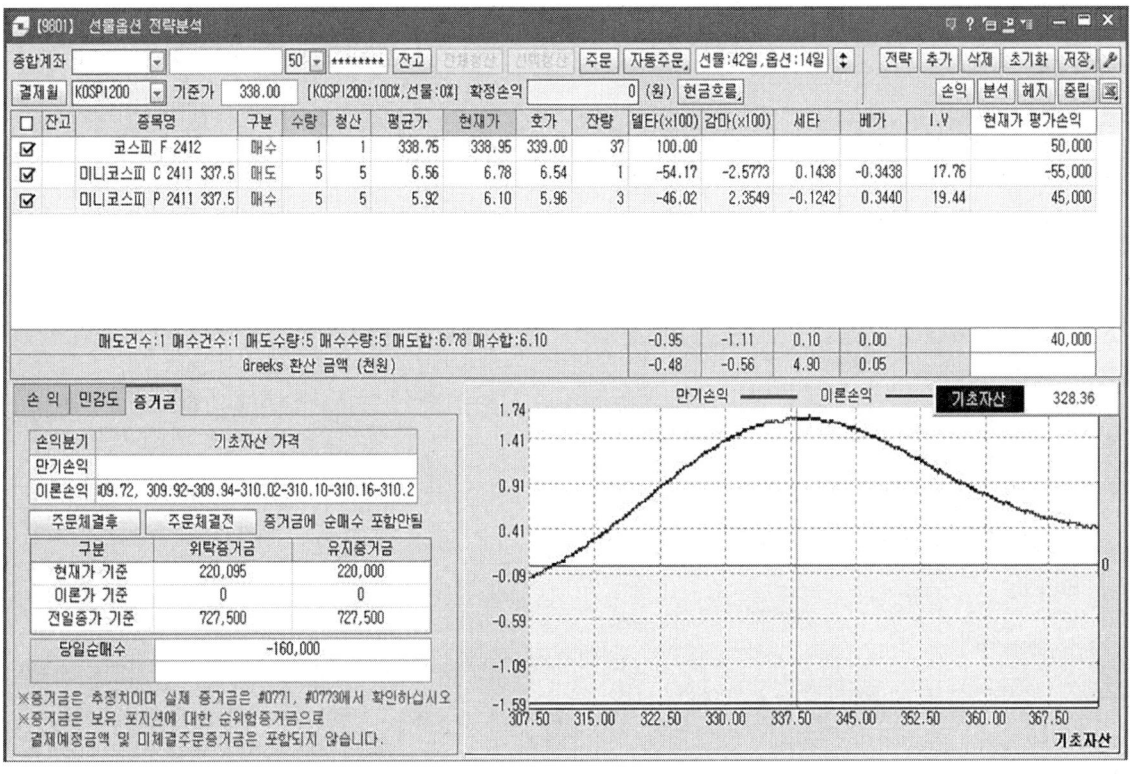

2-32 미니선물매도+원월물매수

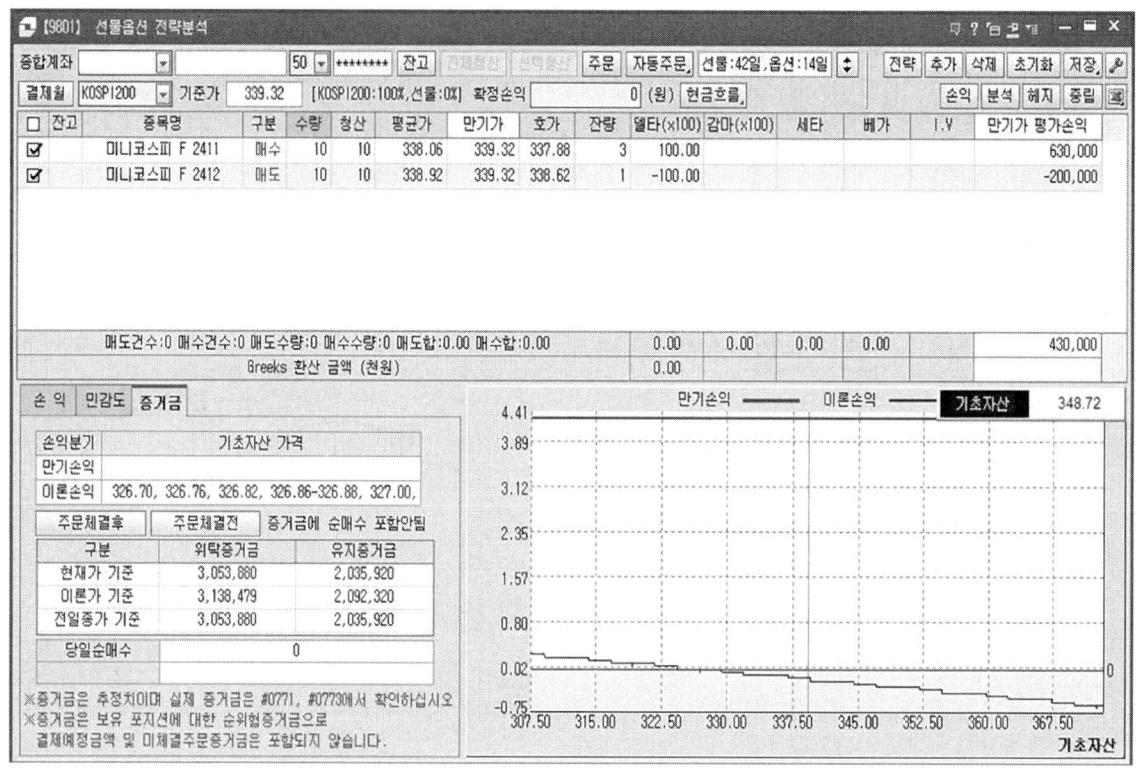

2-33 합성선물매도 +위클리합성선물매수

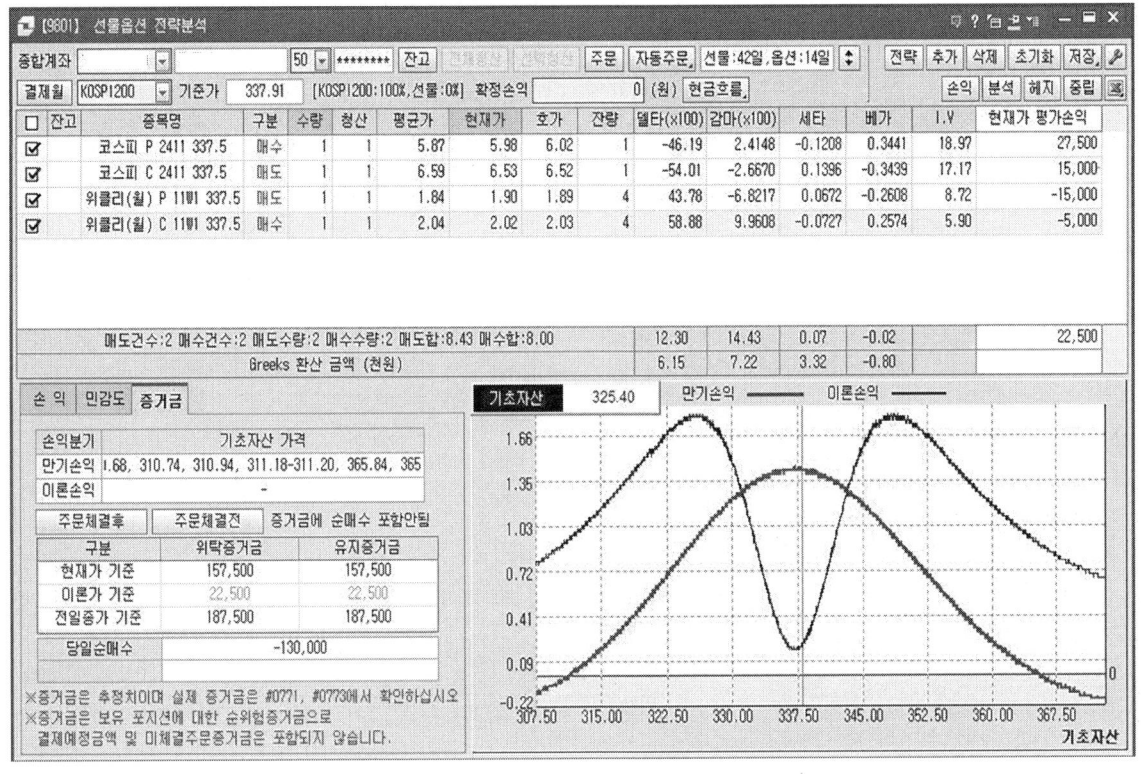

2-34 미니선물매수+합성선물매도(스텐다드)

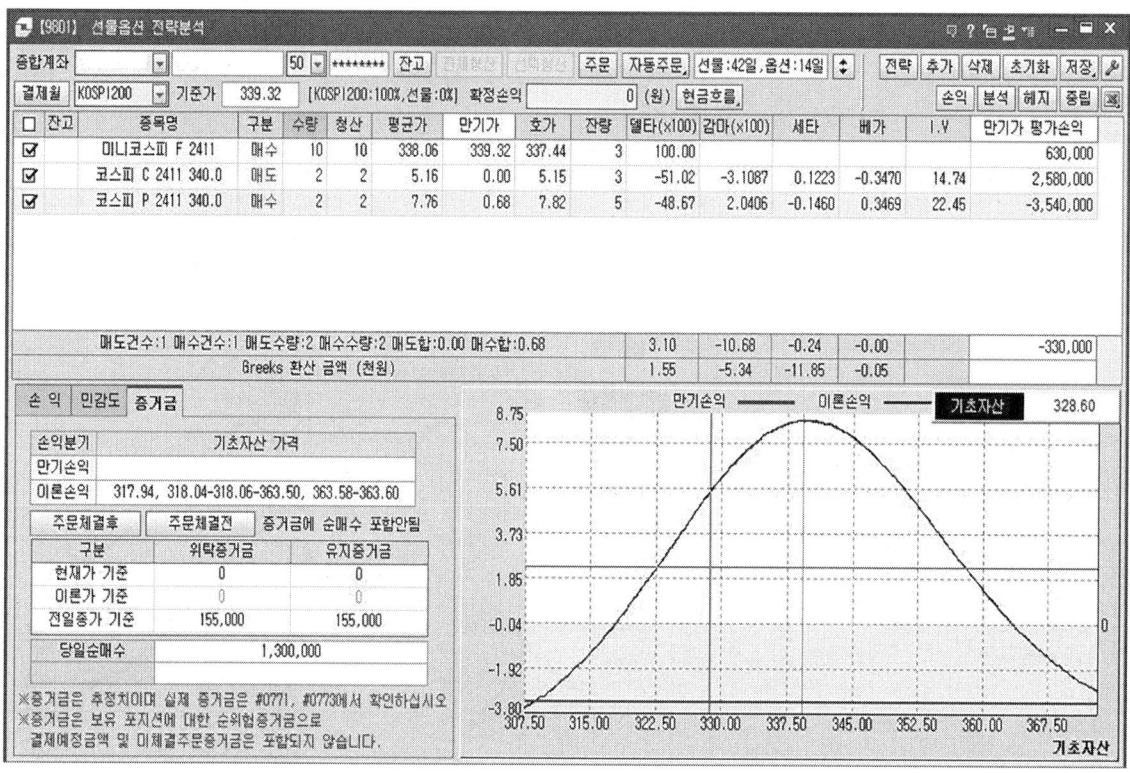

2-35 선물매수+합성선물매도

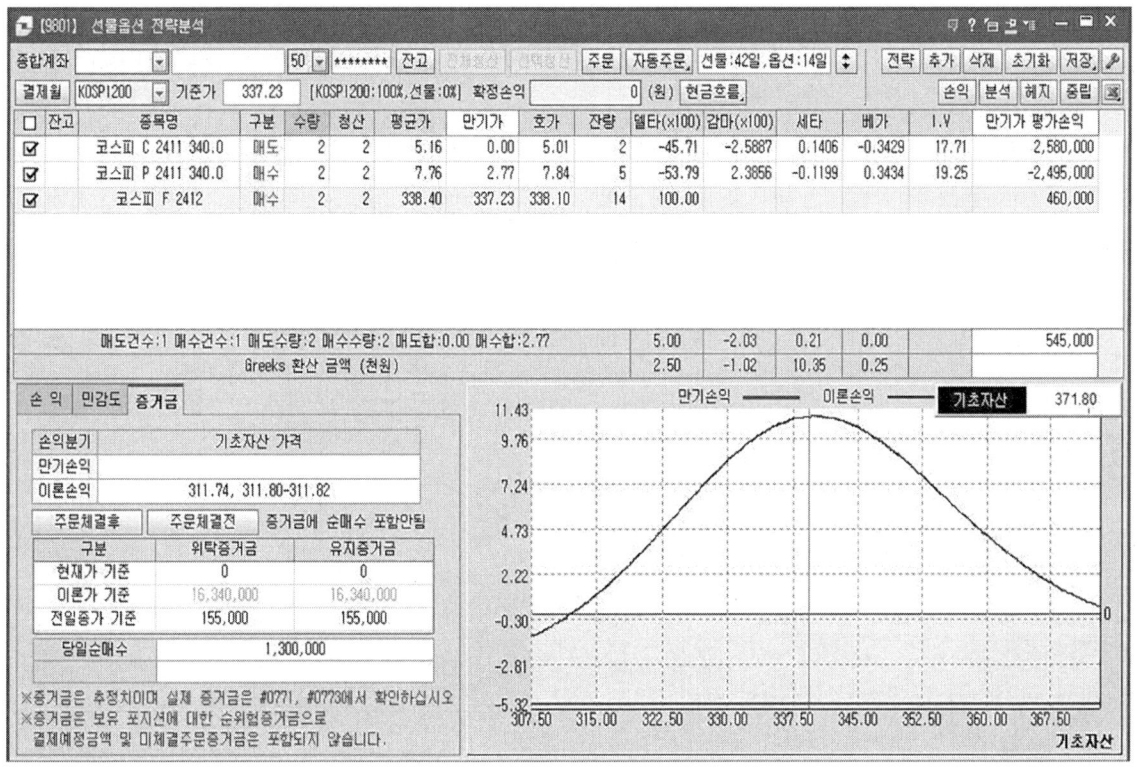

2-36 11월합성선물 +9월물선물

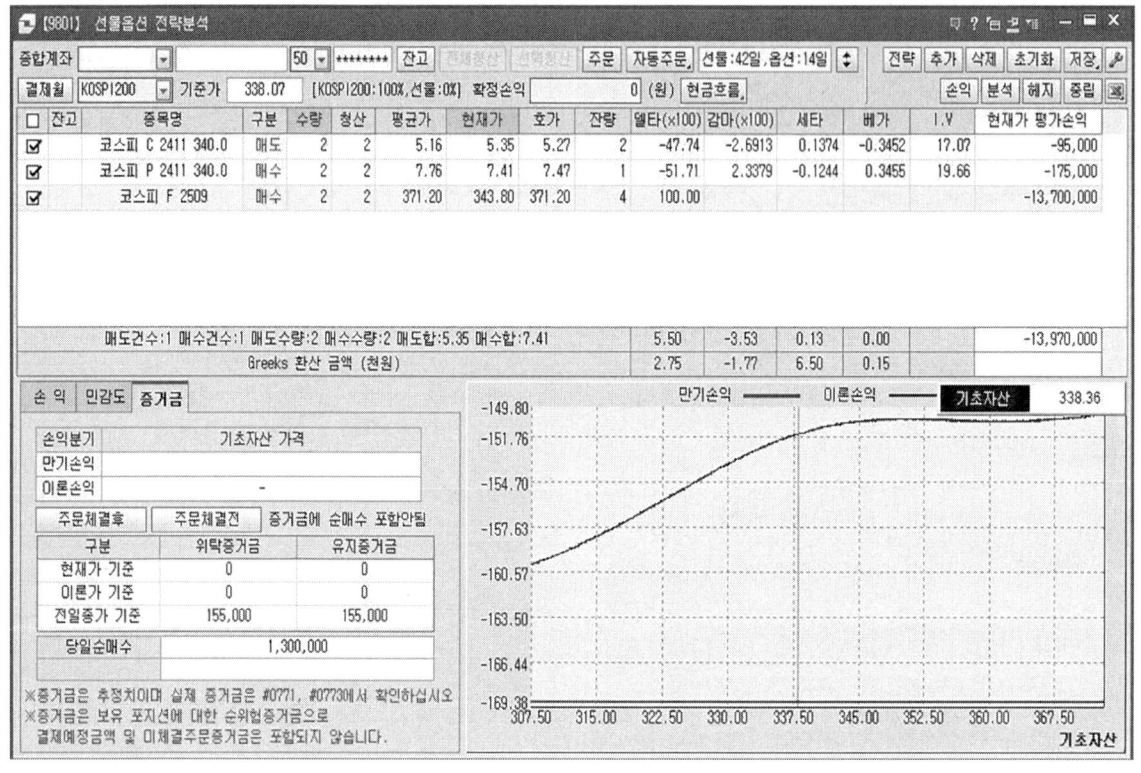

2-37 행사가330행사가350 합성선물매수매도

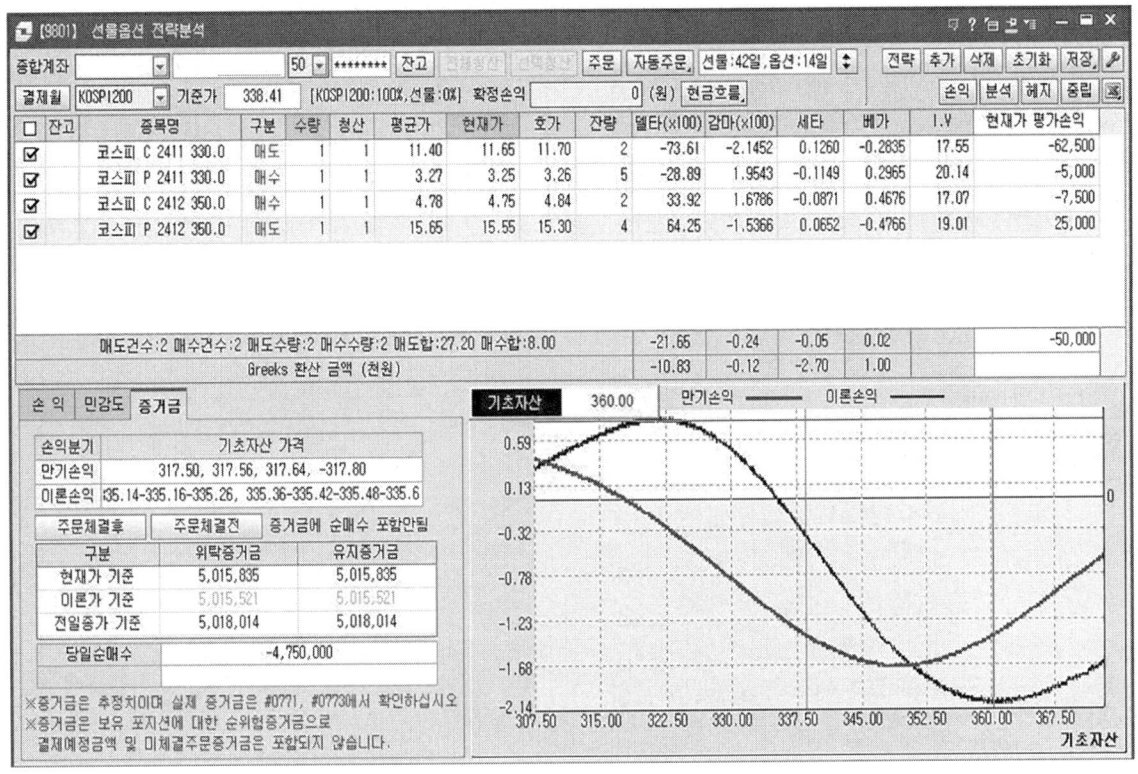

2-38 330행사가 합성선물+350행사가합성선물

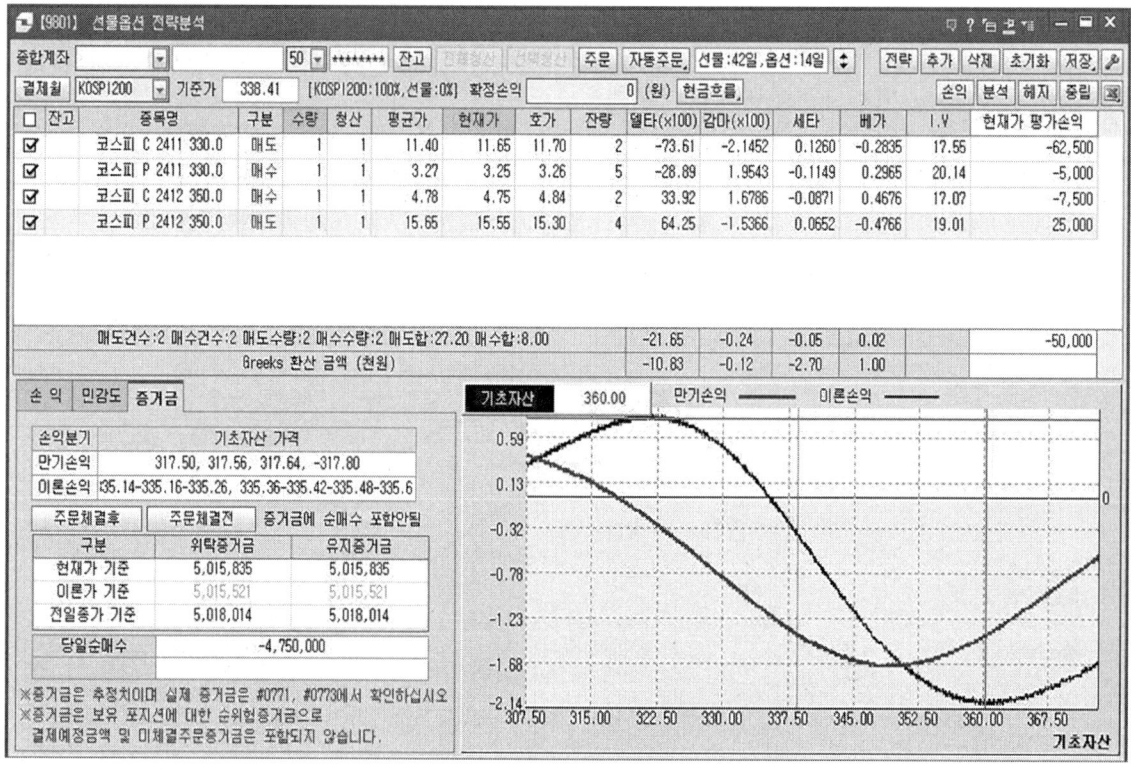

2-39 양매도후 종가매수

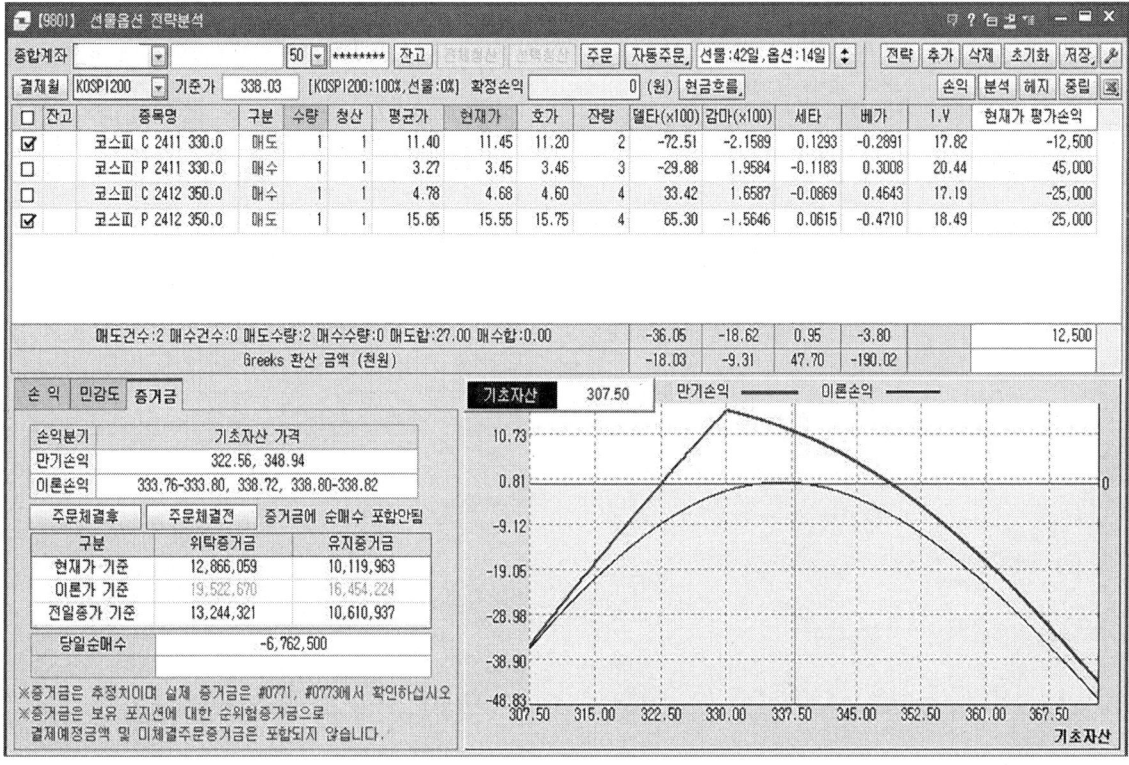

2-40 양매도(세타큰 것)후 종가매수

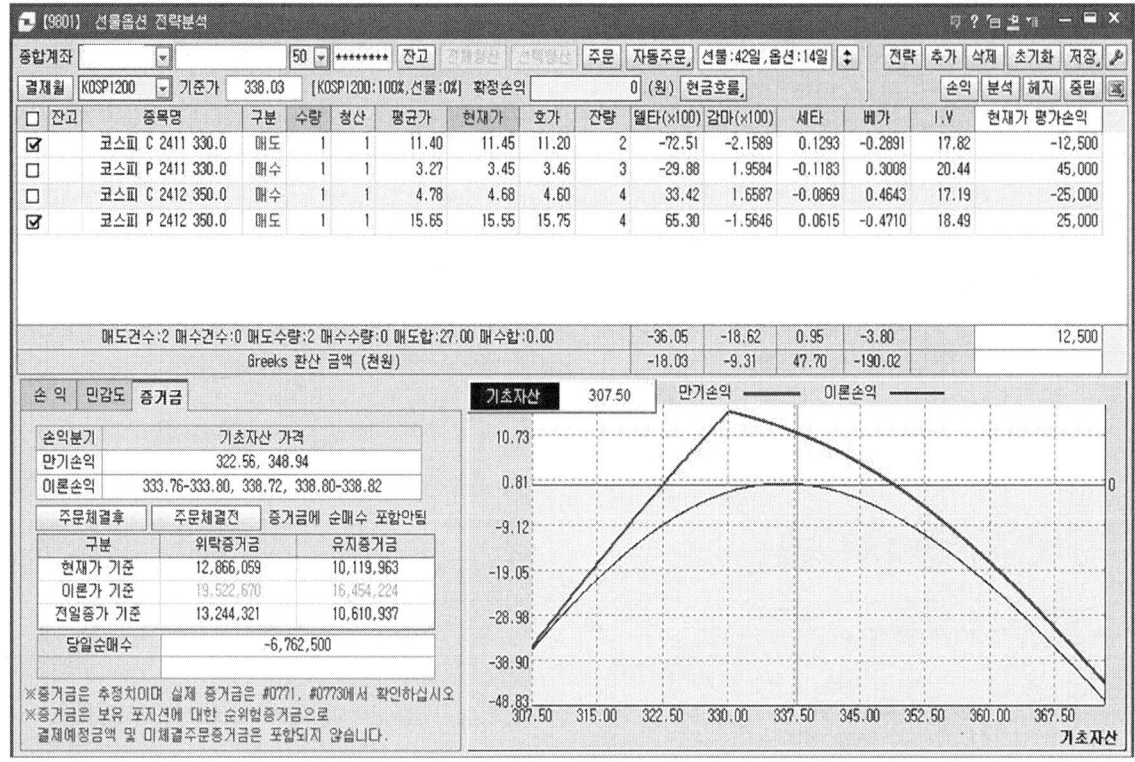

2-41 양매도등가 종가차월매수

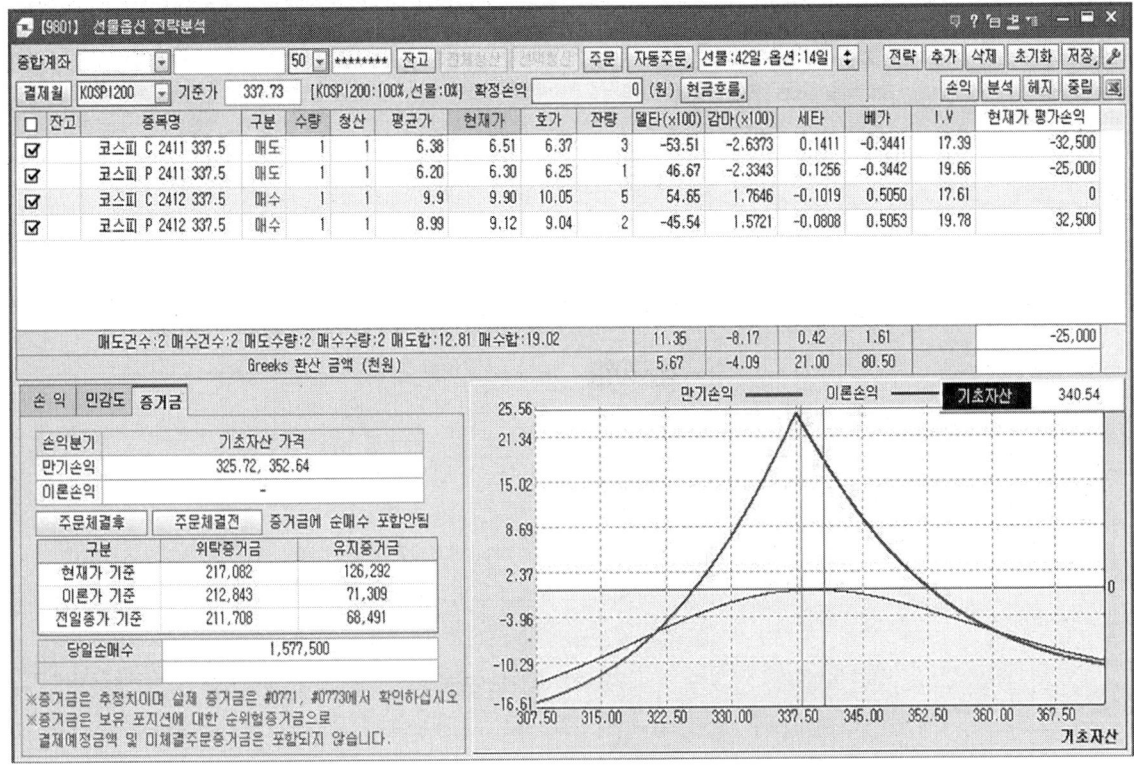

2-42 양매도후 외가 차월매수

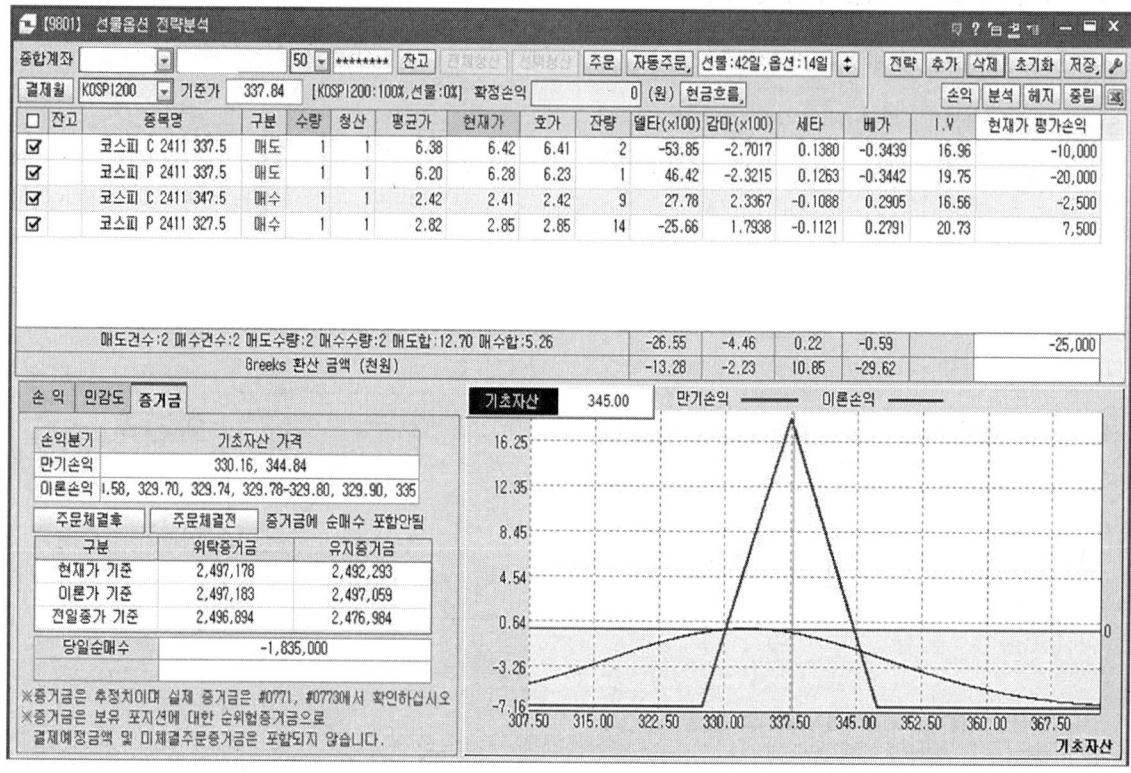

2-43 양월매수차월매도

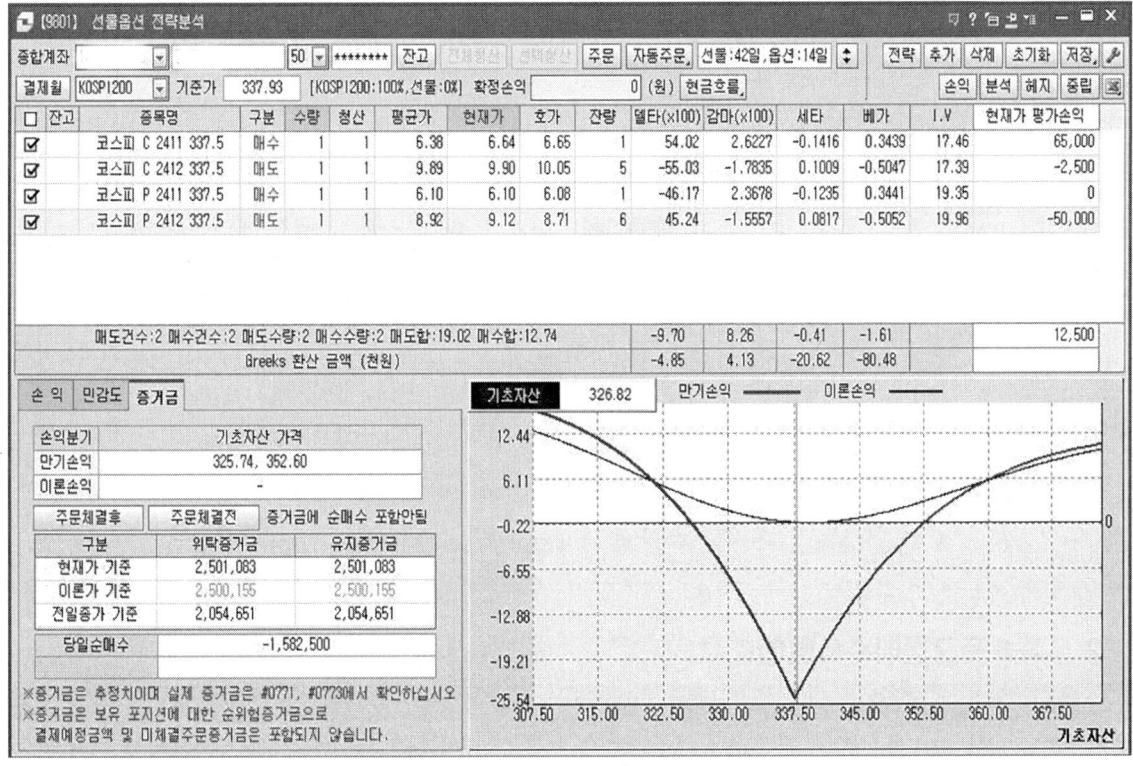

2-44 콜근월매수+차월매도(세타+)

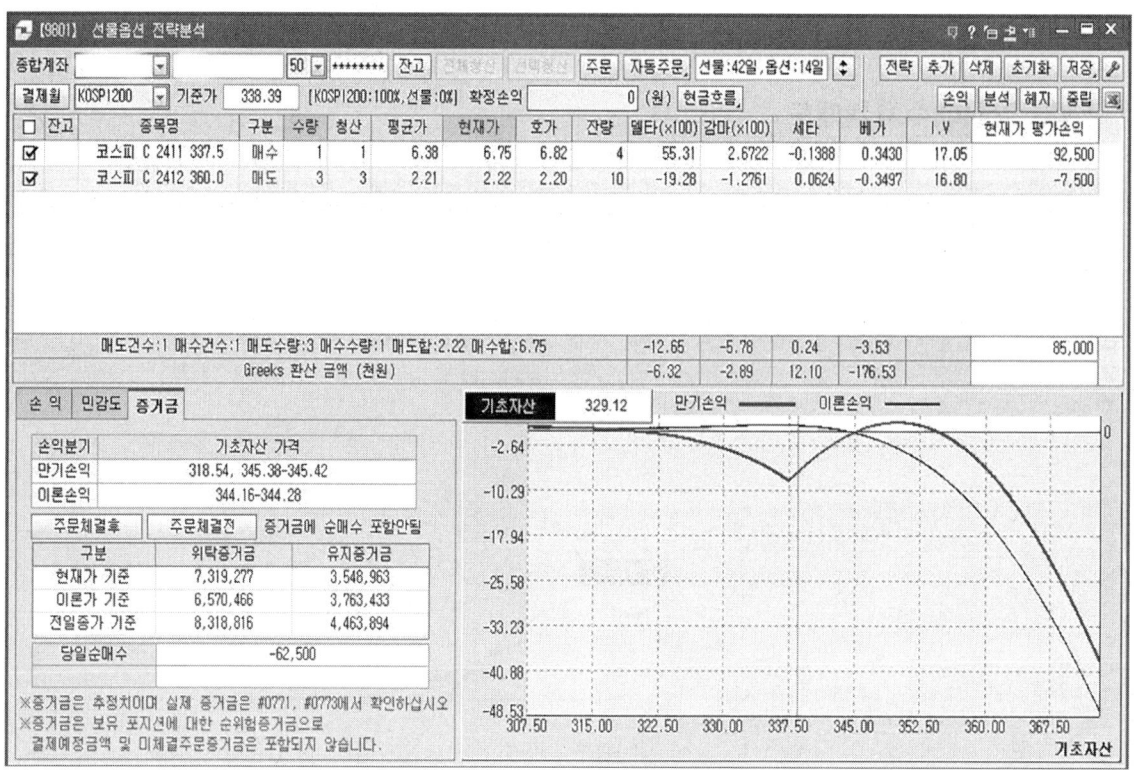

2-44-1 풋근월매수차월매도

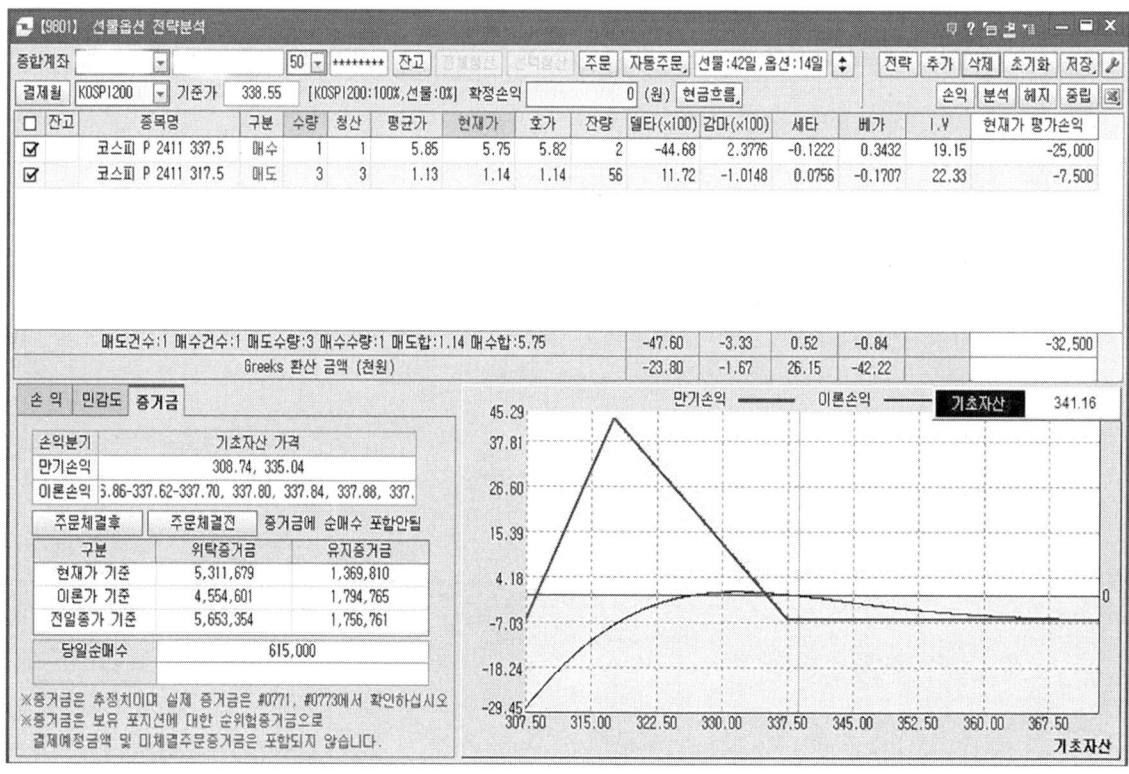

2-45 콜풋근월매수 차월매도 세타+

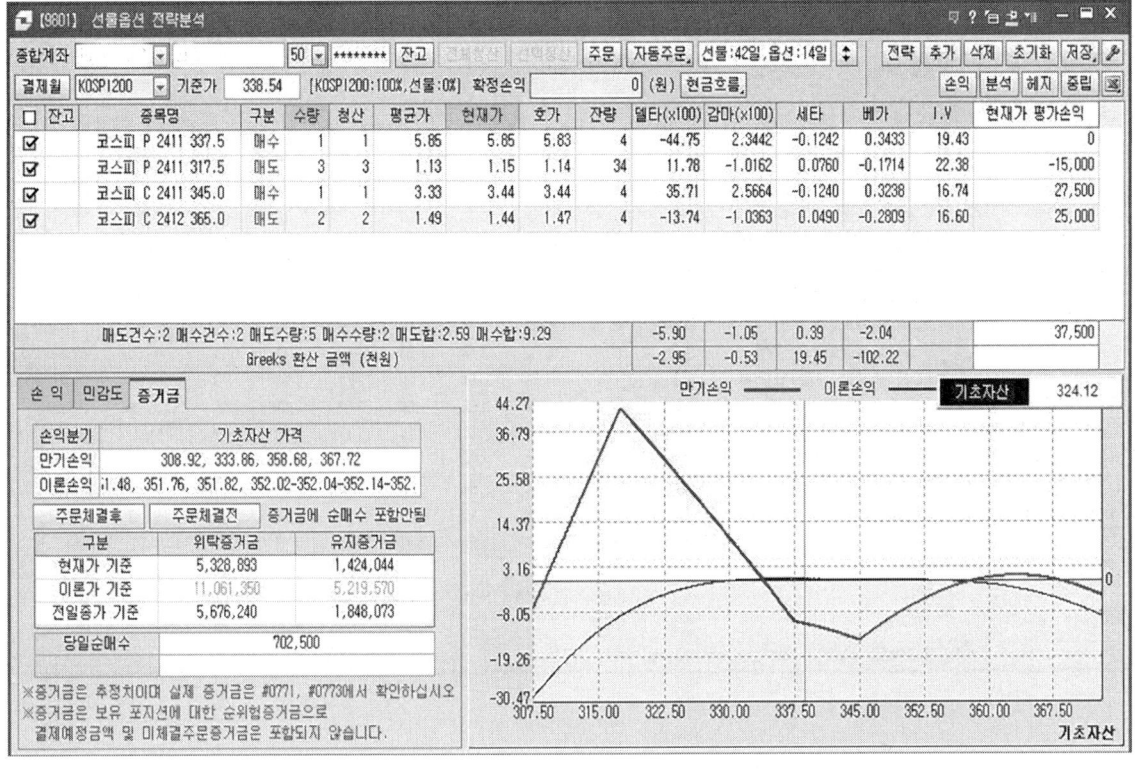

3 각상품별증거금

상품군	기초자산	거래구분	순위험증거금률 위탁	순위험증거금률 유지	총위험증거금률 C	총위험증거금률 D	총위험증거금률 E	스프레드증거금률 위탁	스프레드증거금률 유지	거래승수	최소증거금
화학(재료)업종군	코스피200 에너지화학 섹터지수	선물	14.55%	9.7%	2.5%	5%	7.5%	3%	2%	10,000	10,000
전자제조업종군	코스피200 정보기술 섹터지수	선물	17.85%	11.9%	2.5%	5%	7.5%	3%	2%	10,000	10,000
금융(지주)업종군	코스피200 금융 섹터지수	선물	17.4%	11.6%	2.5%	5%	7.5%	3%	2%	10,000	10,000
내구소비재업종군	코스피200 경기소비재 섹터지수	선물	13.35%	8.9%	2.5%	5%	7.5%	3%	2%	10,000	10,000
건설건축업종군	코스피200 건설 섹터지수	선물	17.1%	11.4%	2.5%	5%	7.5%	3%	2%	10,000	10,000
기계전기항공업종군	코스피200 중공업 섹터지수	선물	20.7%	13.8%	2.5%	5%	7.5%	3%	2%	10,000	10,000
의약품업종군	코스피200 헬스케어 섹터지수	선물	18.9%	12.6%	2.5%	5%	7.5%	3%	2%	10,000	10,000
철강금속업종군	코스피200 철강소재 섹터지수	선물	17.4%	11.6%	2.5%	5%	7.5%	1.8%	1.2%	10,000	10,000
화학(화장품)업종군	코스피200 생활소비재 섹터지수	선물	10.05%	6.7%	2.5%	5%	7.5%	1.8%	1.2%	10,000	10,000
운수장비및운송업종군	코스피200 산업재 섹터지수	선물	13.2%	8.8%	2.5%	5%	7.5%	1.8%	1.2%	10,000	10,000
서비스(IT)업종군	KRX BBIG 지수	선물	12.6%	8.4%	2.5%	5%	7.5%	3%	2%	1,000	10,000
화학(재료)업종군	KRX 2차전지 TOP 10 지수	선물	21.75%	14.5%	2.5%	5%	7.5%	3%	2%	1,000	10,000
의약품업종군	KRX 바이오 TOP 10 지수	선물	17.25%	11.5%	2.5%	5%	7.5%	3%	2%	1,000	10,000
통화상품군	미국달러	선물	4.17%	2.78%	1%	2%	3%	0.3%	0.2%	10,000	10,000
	엔	선물	6.975%	4.65%	1.25%	2.5%	3.75%	0.3%	0.2%	10,000	10,000
통화상품군	유로	선물	4.05%	2.7%	1%	2%	3%	0.3%	0.2%	10,000	10,000
	위안	선물	3.63%	2.42%	1%	2%	3%	0.3%	0.2%	100,000	10,000
	30년국채	선물	5.25%	3.5%	0.91%	1.82%	2.72%	0.3%	0.2%	1,000,000	50,000

[9919] 증거금 파라미터 조회

장 종료 후 일일정산시점(17시30분경)까지 실제와 다르게 조회될 수 있습니다.

증거금률 / 거래승수 / 최소증거금 | **주식,ETF선물/옵션 증거금률** | 상대적규모비율 / 가⋯

상품구분	기초자산	유지증거금	위탁증거금	호가수량한도
ETF	KODEX Top5PlusTR(M4)	11.1%	16.65%	2,000
	KODEX 삼성그룹(M0)	8%	12%	2,000
	PLUS 고배당주(M2)	8.5%	12.75%	200
	TIGER 미국나스닥100(M5)	8.9%	13.35%	200
	TIGER 차이나CSI300(M3)	7.3%	10.95%	200
	TIGER 헬스케어(M1)	11.1%	16.65%	200
주식	BGF리테일(FR)	11.4%	17.1%	5,000
	BNK금융지주(BT)	12.1%	18.15%	10,000
	CJ(42)	19.9%	29.85%	10,000
	CJ ENM(DT)	12.7%	19.05%	10,000
	CJ대한통운(G1)	11.5%	17.25%	5,000
	CJ제일제당(D1)	12.3%	18.45%	2,000
	DB손해보험(D0)	17.6%	26.4%	10,000
	DGB금융지주(BV)	9.1%	13.65%	10,000
	DL이앤씨(ER)	14.2%	21.3%	10,000
	F&F(FG)	18.1%	27.15%	10,000
	GKL(BW)	12.1%	18.15%	10,000
	GS(35)	11.8%	17.7%	10,000
	GS건설(51)	20%	30%	10,000
	GS리테일(D4)	11%	16.5%	10,000
	HD한국조선해양(39)	18.8%	28.2%	5,000
	HD현대(FH)	11.5%	17.25%	10,000
	HD현대미포(CD)	17.5%	26.25%	10,000
	HD현대인프라코어(49)	16.4%	24.6%	10,000
	HD현대일렉트릭(GH)	29.7%	44.55%	10,000
	HD현대중공업(FD)	18%	27%	5,000
	HK이노엔(GB)	19.4%	29.1%	10,000
	HL만도(DC)	14.3%	21.45%	10,000

11/01 08:40:45 12247 조회완료되었습니다.(ord.fo.admmngm.seldpmyparam3)

[9919] 증거금 파라미터 조회

장 종료 후 일일정산시점(17시30분경)까지 실제와 다르게 조회될 수 있습니다.

증거금률 / 거래승수 / 최소증거금 | **주식,ETF선물/옵션 증거금률** | **상대적규모비율 / 가격상관율**

상품ID	상품군	기초자산	증거금감면액 파라미터	
			상대적규모비율	가격상관율
B001	국채상품군	3년국채(65)	1.1	65%
		5년국채(66)	1.1	65%
		10년국채(67)	1	65%
B002		30년국채(70)	1	0%
C001	통화상품군	미국달러(75)	1.4	70%
		유로(77)	1.3	70%
		위안(78)	1	70%
C002		엔(76)	1	0%
E001	유로스톡스50	유로스톡스50(07)	1	0%
I001	주가지수상품군	코스피200(01)	1	55%
		미니코스피200(05)	1	55%
		코스닥150(06)	6.6	55%
		KRX300(08)	1.1	55%
		코스피200 위클리(09)	1	55%
		코스피 고배당 50(A4)	15.3	55%
		코스피 배당성장 50(A5)	12.5	55%
		코스피200 위클리M(AF)	1	55%
		코스닥 글로벌 지수(AG)	6.5	55%
		KODEX 삼성그룹(M0)	94	55%
		PLUS 고배당주(M2)	74.3	55%
M001	금상품군	금(88)	1	0%
R001	금리상품군	3개월무위험지표금리(69)	1	0%
S002	금융(지주)업종군	신한지주(18)	17.2	70%
		하나금융지주(40)	14.8	70%
		KB금융(46)	12	70%
		코스피200 금융 섹터지수(A2)	1	70%
		기업은행(B4)	60.4	70%
		BNK금융지주(BT)	89.9	70%

11/01 08:41:16　12247 조회완료되었습니다.(ord.fo.admmngm.seldpmyparam2)

제3장 억만장자선물옵션

1. 억만장자선물옵션

① $c+x=p+s(f)$

② p 는 로그정규 분포

③ $dp=P(1-1/(1+CD)365D$ (기간의 프리미엄 변화)

④ 풋콜페러티

⑤ bs(buy sell)
   sb

ox이론

유동성 시장 위험을

미니옵셥

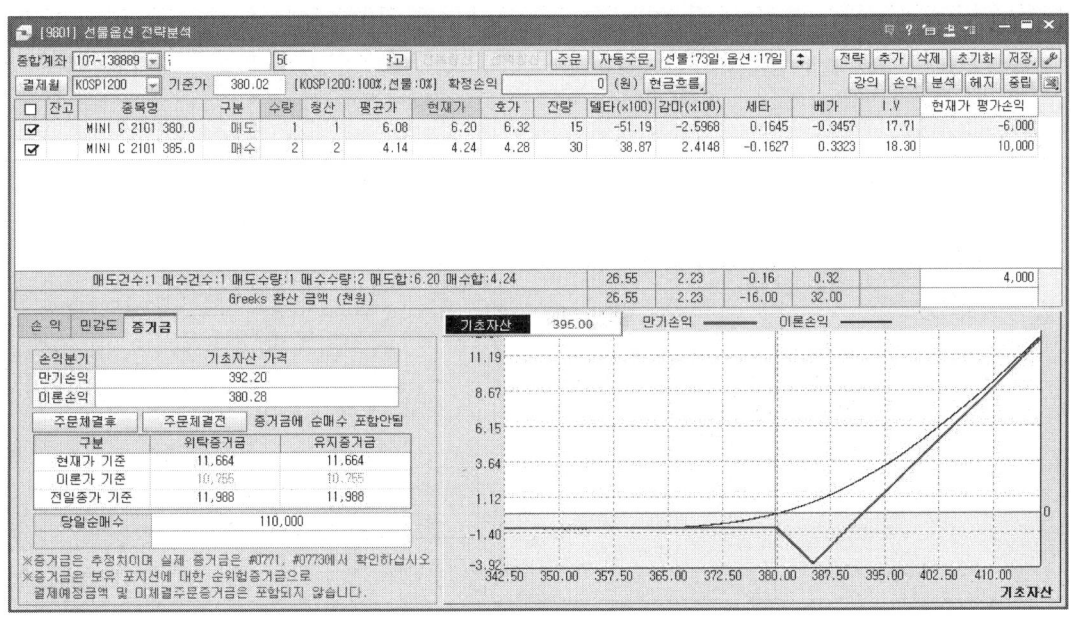

위클리옵션

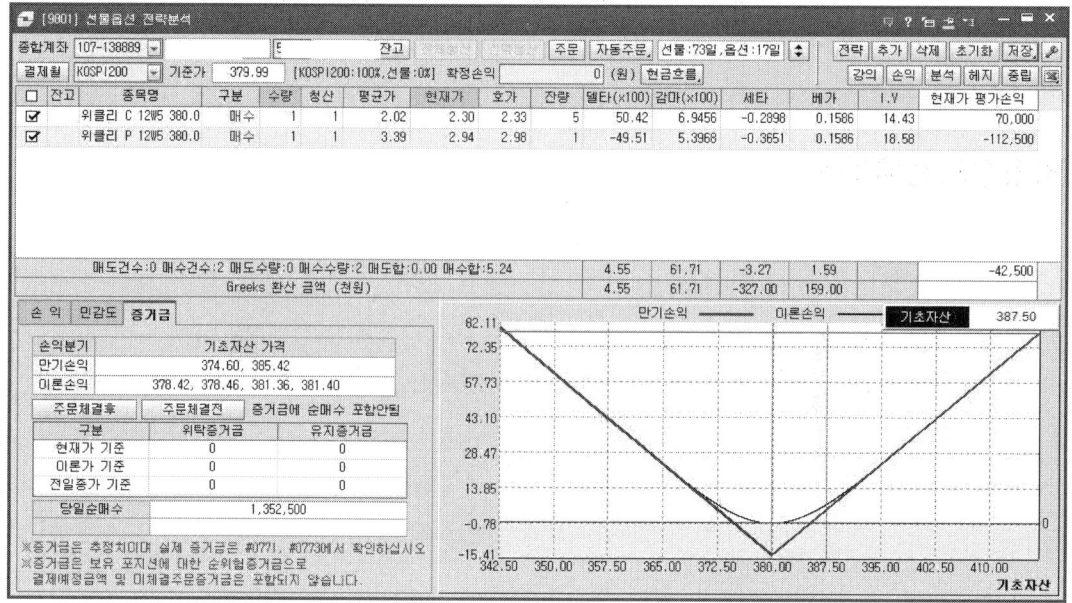

코스피합성

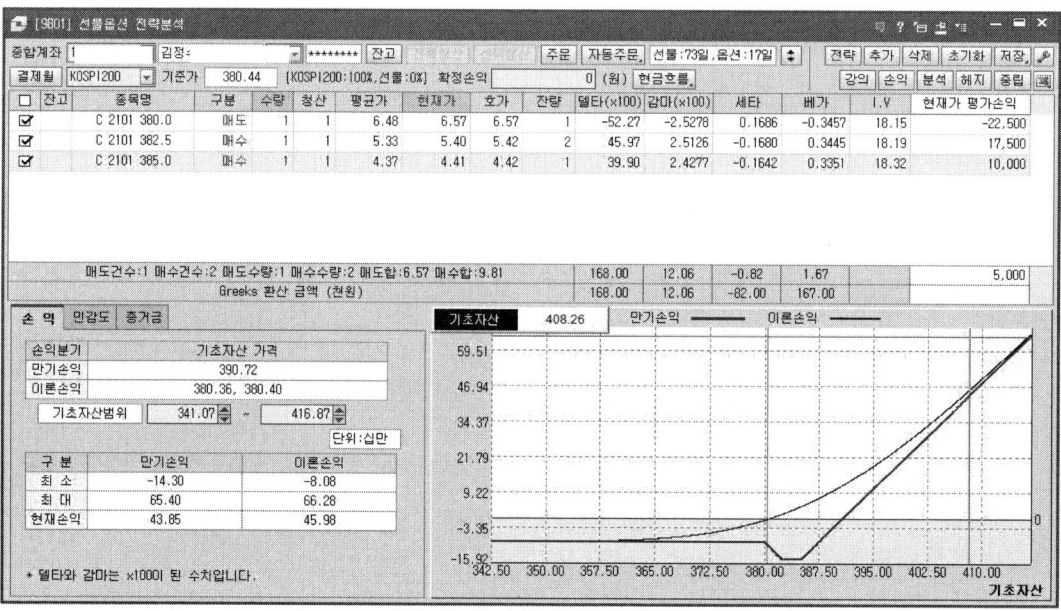

위클리

위클리200

잔고

포지션

투신	금융투자	외국인	개인	현재가	행사가	현재가	개인	외국인	금융투자	투신
0	0	-3	3	66.75	255.0	0.04	-1,654	1,638	-201	2
0	0	1	-1	64.30	257.5	0.04	-1,183	1,000	679	-109
0	-1	-1	2	61.50	260.0	0.05	-4,657	4,469	-724	1,291
0	0	3	-3	59.30	262.5	0.07	-2,929	3,719	-337	-337
0	0	0	0	56.80	265.0	0.08	-2,076	4,419	-491	-1,565
0	0	0	0	54.35	267.5	0.09	-998	1,744	410	-1,013
0	0	-6	5	51.85	270.0	0.11	-3,452	4,594	570	-1,634
0	-1	-3	5	49.40	272.5	0.12	-4,841	5,084	337	684
0	0	6	-6	46.95	275.0	0.15	-3,449	3,906	-448	-240
0	0	1	-1	45.60	277.5	0.18	-1,184	1,931	-296	-218
0	0	-8	11	43.25	280.0	0.21	-4,787	1,765	-632	2,102
0	-1	6	-5	40.30	282.5	0.25	-101	3,398	-729	-2,485
0	0	1	-1	38.40	285.0	0.29	-4,974	4,901	58	131
0	0	3	-3	36.15	287.5	0.37	-2,666	2,771	297	-78
1	-1	16	4	31.95	290.0	0.44	-6,514	4,253	1,920	144
0	0	5	-5	29.70	292.5	0.54	-2,974	1,874	889	-124
-6,099	-2,855	13,782	-238	321.25	최근월 차근월	318.65	1	4	-8	0

포지션

투신	금융투자	외국인	개인	현재가	행사가	현재가	개인	외국인	금융투자	투신
0	7	-4	2	16.50	307.5	1.82	2,281	-3,806	1,807	-25
12	-2	1	7	13.70	310.0	2.21	659	-2,185	1,639	-40
0	-14	257	-231	11.80	312.5	2.73	254	-873	603	-96
-455	631	-23	-161	9.95	315.0	3.36	-425	2,183	-649	-851
-1,919	403	1,489	422	8.15	317.5	4.13	200	157	-37	-185
-1,121	557	1,170	-240	6.48	320.0	5.10	-322	338	-27	-10
-1,492	710	536	190	5.11	322.5	6.21	-38	24	-10	4
-1,747	979	159	551	3.99	325.0	7.58	-75	93	-2	0
-1,354	1,741	-2,822	2,655	3.03	327.5	8.87	-1	4	0	0
-1,184	-13	-2,515	3,250	2.24	330.0	10.85	23	-28	5	0
-561	2,476	-1,160	133	1.65	332.5	12.65	-2	2	0	0
462	987	1,579	-2,646	1.19	335.0	14.50	-12	11	0	0
194	1,619	288	-1,587	0.82	337.5	15.10	0	0	0	0
225	-277	2,070	-1,656	0.55	340.0	18.60	-15	50	0	0
66	245	3,610	-3,672	0.38	342.5	19.85	0	0	0	0
225	-2,105	3,080	-817	0.26	345.0	22.20	1	0	0	0
-6,099	-2,855	13,782	-238	321.25	최근월 차근월	318.65	1	4	-8	0

시황

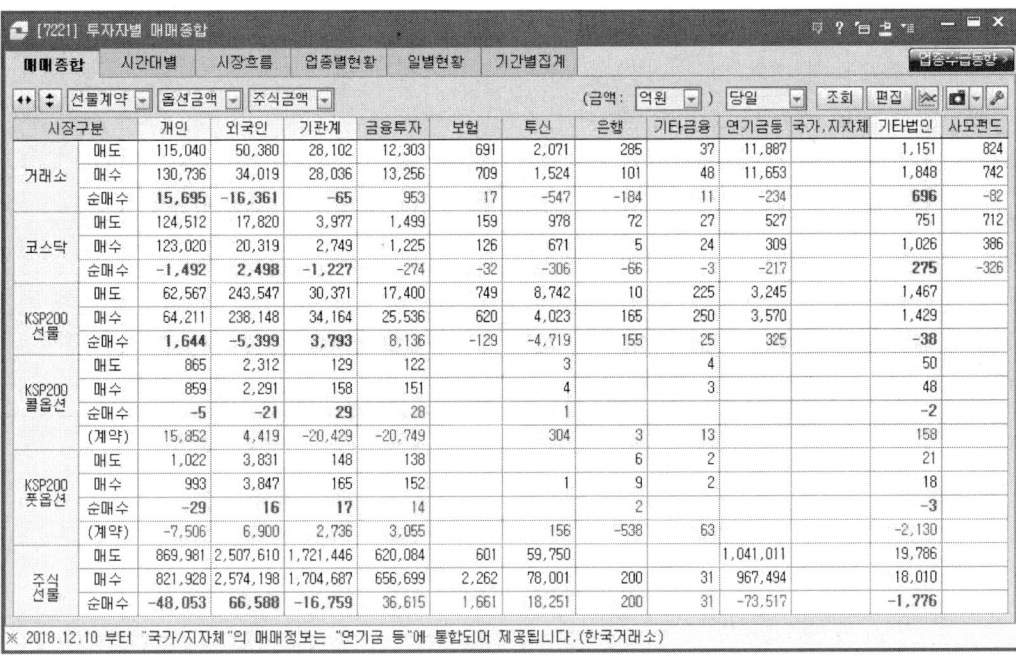

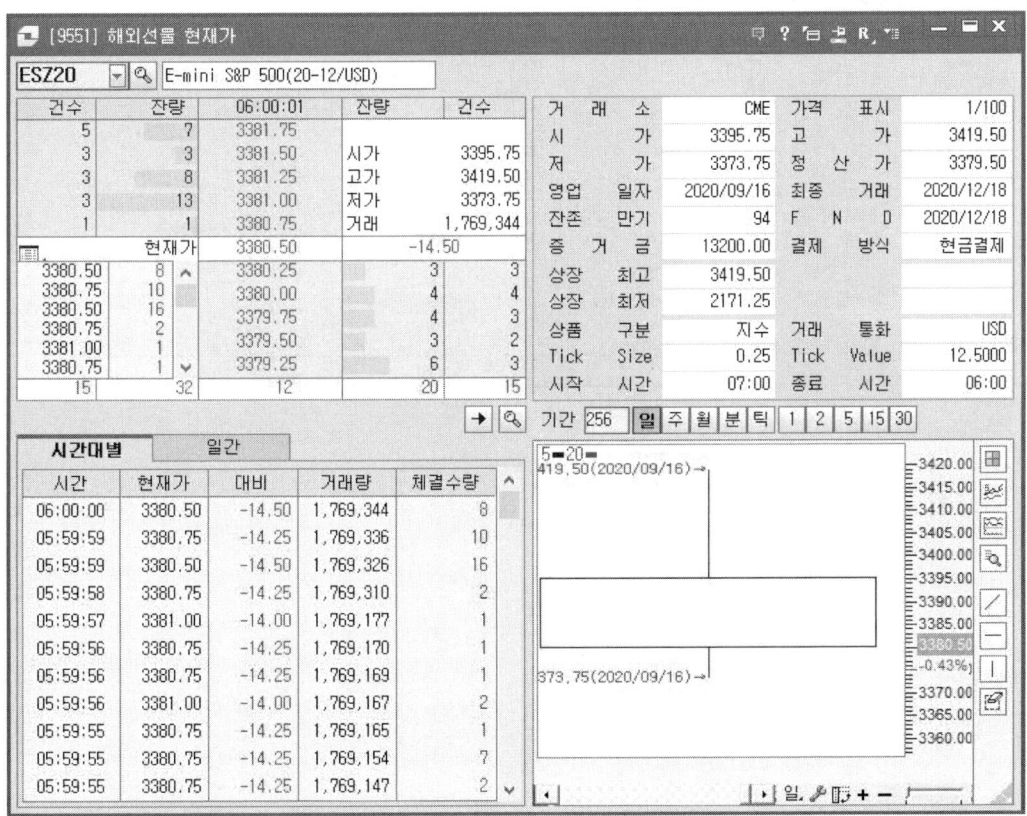

마이크로다우틱 0.1

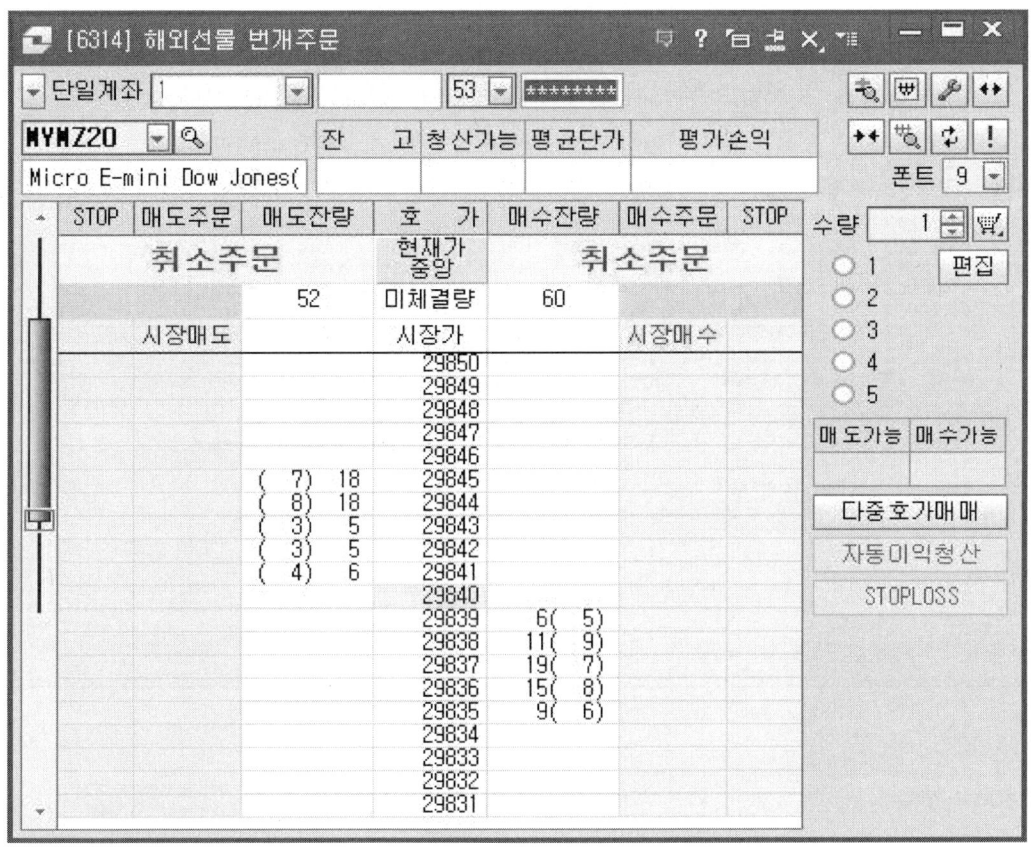

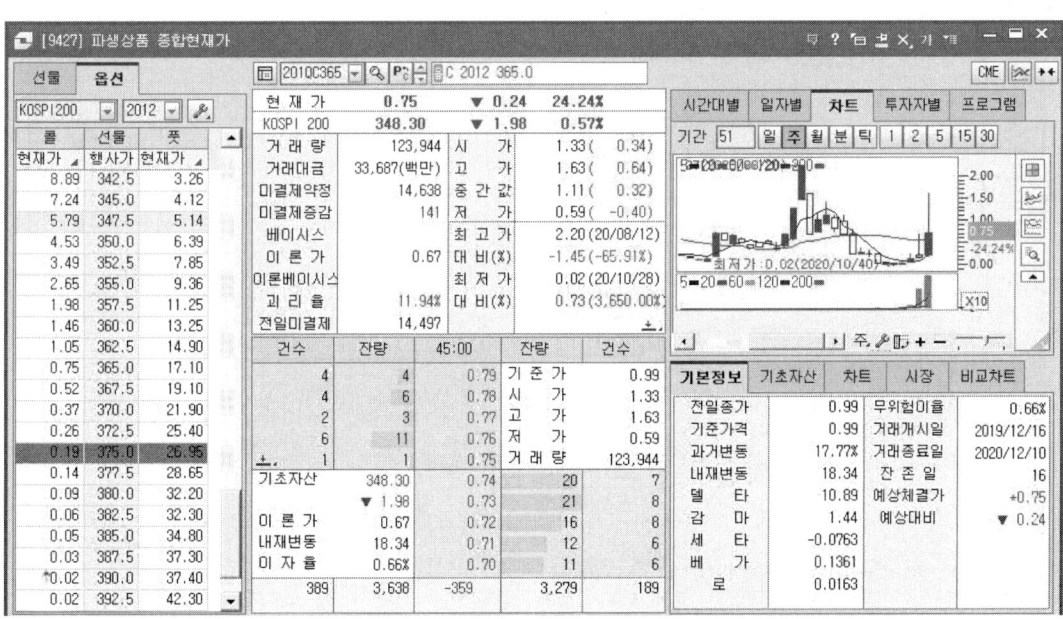

개인델타값

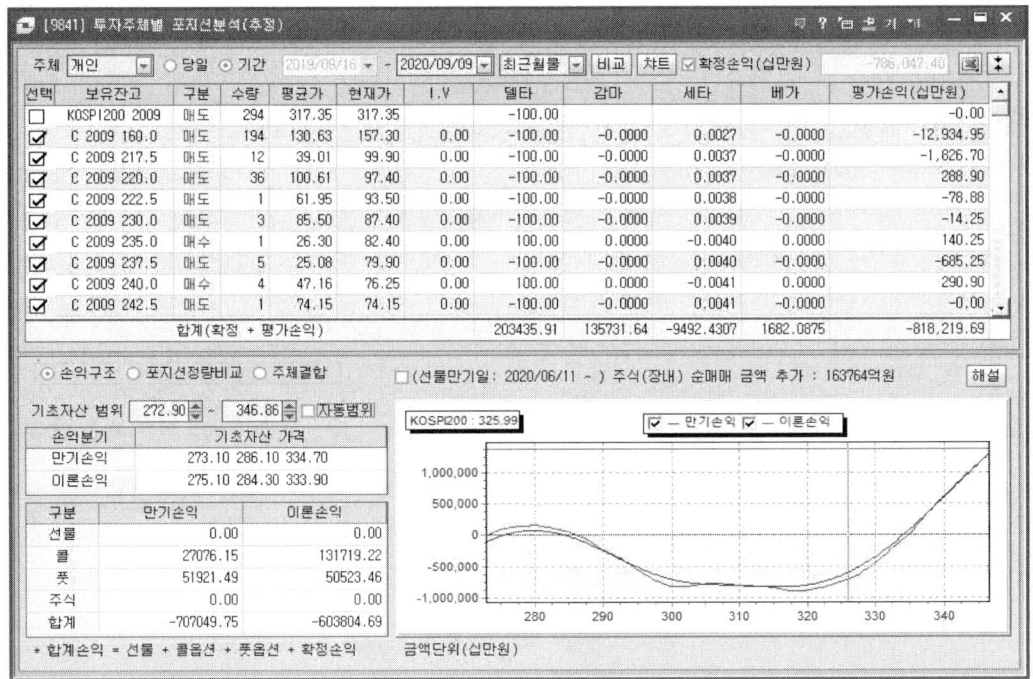

개인델타상승

다우 에스엔피엇박자

다우 에스엔피엇박자

마이크로미니나스탁

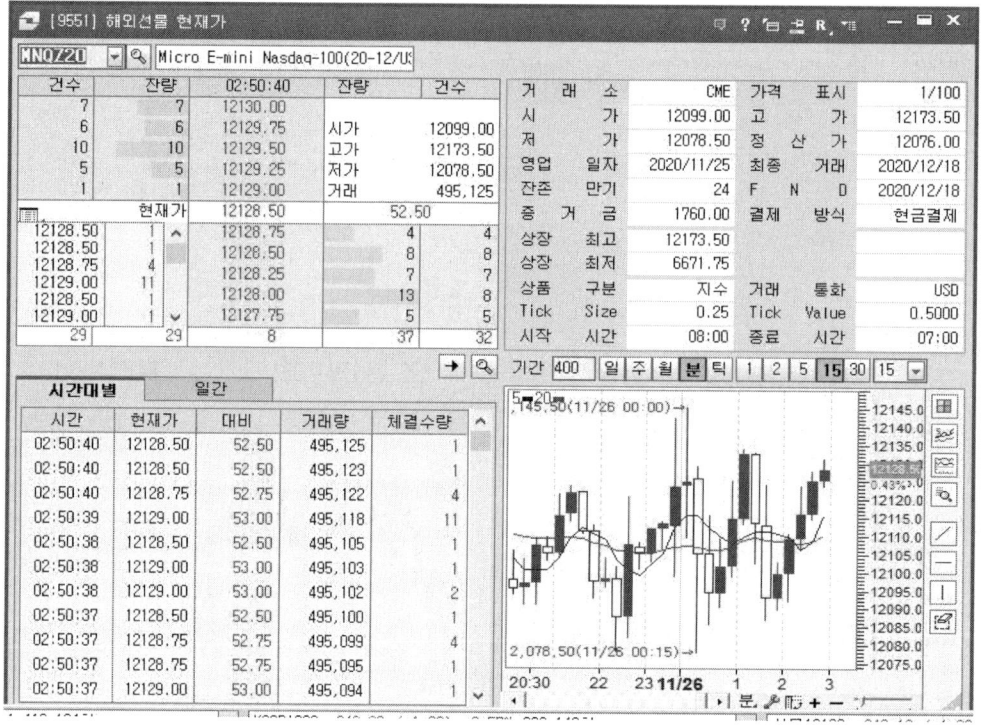

선물과델타상이

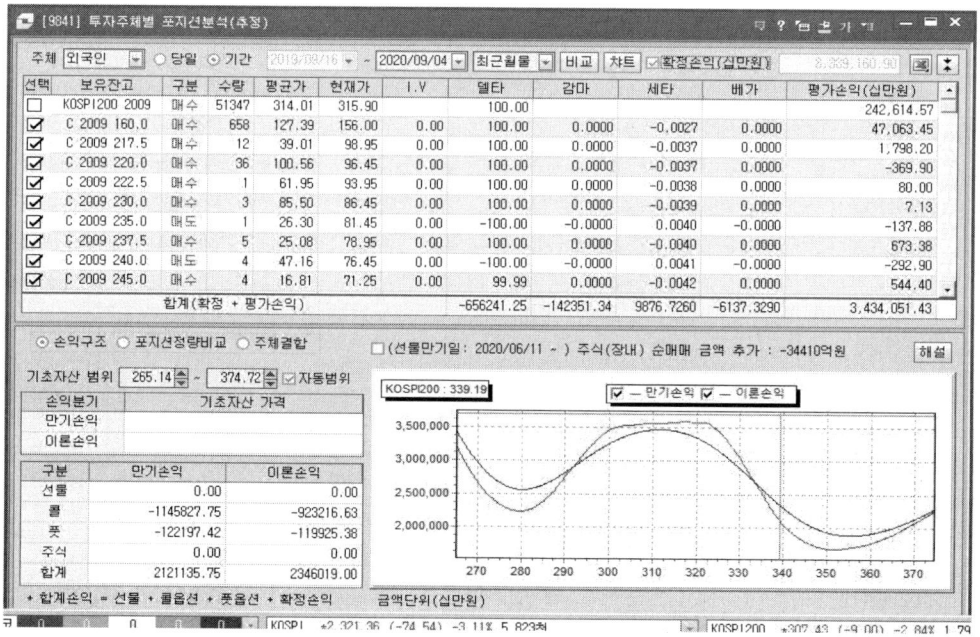

수익

종목명	대비	대비(%)	현재가	매도호가	매수호가	금일체결	잔고수량	장부가	손익단가	평가금액(천)	평가손익(천)	수익률(%)
우리들제약	+100	0.54%	18,550	18,550	18,500	70	190	22,670	22,750	3,509	-798	-18.53%
삼성전자	+600	1.11%	54,600	54,600	54,500		13	56,321	56,603	706	-26	-3.56%
수산아이앤티	+950	7.76%	13,200	13,200	13,150	10	10	12,662	12,761	131	4	3.47%
합계(3)							213			4,346	-819	-15.87%

계좌: 107-138889(10) 김정수
총평가: 4,427,035
주문가능: 당일손익
예수금 현재: 2,008,379 9/2   1,523,816 9/3   80,636 담보비율

예스금

[6332] 해외파생 예수금상세조회
종합계좌: | 상품구분 53 해외선물ON | 비밀번호 ********
기준일자 2020/09/01

구 분	USD	KRW	평가USD(USD+KRW)
전일예탁금	3.32	3,955	6.49
입출금(환전)	0	1,700,000	1,364.09
(미결제수표금액)	0		0
청산손익	0		0
수수료	0		0
당일예탁금	3.32	1,703,955	1,370.59
청산손익(결제전)	6.00		6.00
수수료(결제전)	-2.00		-2.00
야간입출금(정산전)	0		0
익일예탁금	7.32	1,703,955	1,374.59
평가손익			
평가예탁총액	7.32	1,703,955	1,374.59
위탁증거금	0		0
유지증거금	0		0
추가증거금	29.18		29.18
미수금	0		0
전일최종환율	1,186.90	1	1,186.90
평가환율	1,246.25	1	1,246.25
주문가능금액	0	1,703,955	0
출금가능금액	0	1,703,955	0

09/01 07:56:17 정상적으로 조회되었습니다.(order.gfx.bin.on_dpch_inqr)

잔고

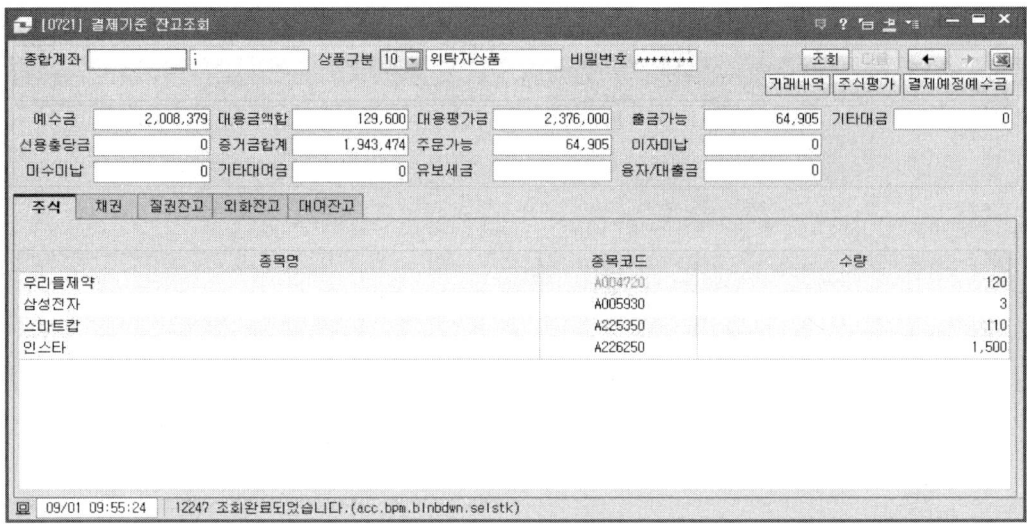

종가

해외선물 다우

해외선물 증거금

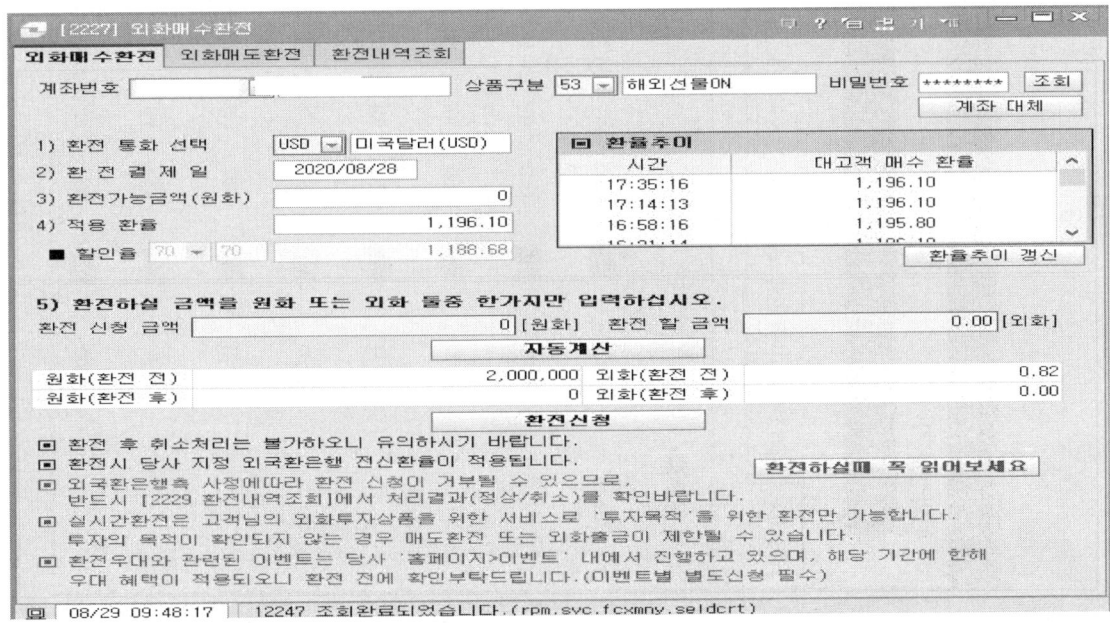

2. 해선

1) 선물 가이드 화면

날짜	시간	국가	경제지표	실제	예상	이전	중요도	그래프
1.18 Fri	00:30	USD	(미국)EIA 천연가스 재고 증감				하	차트보기
	00:30	USD	(미국)EIA 천연가스 재고 증감	-81Bcf	-82Bcf	-91Bcf	하	차트보기
	00:30	USD	(미국)천연가스 재고증감				하	
	00:30	USD	(미국)천연가스 재고증감				하	
	00:30	USD	(미국)천연가스 재고증감				하	
	00:45	USD	(미국)Fed Quarles 연설				중	
	01:30	USD	(미국)4주물 국채 입찰	2.37%		2.38%	하	차트보기
	03:00	USD	(미국)10년물 물가채 입찰	0.919%		1.109%	하	차트보기

2) 경제지표

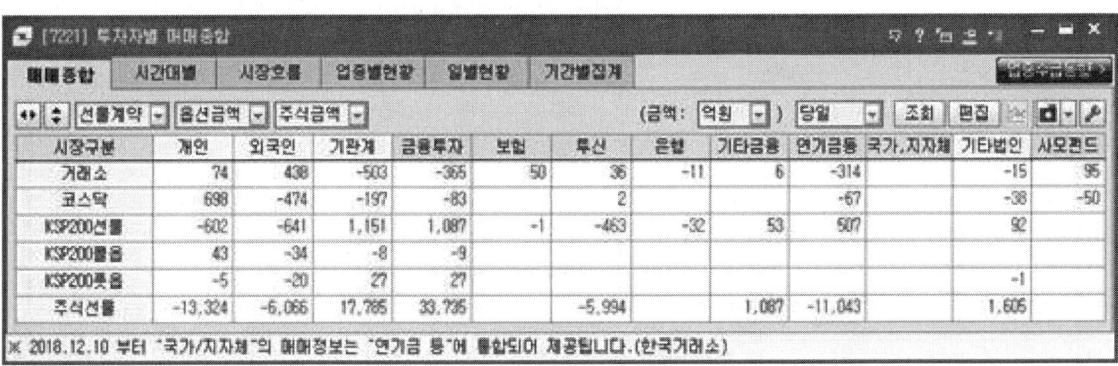

[7225] 시장매매 흐름분석

시간	거래소(장내)		코스닥		프로그램		KSP200 선물		KSP200 옵션	
	외국인	기관	외국인	기관	차익	비차익	외국인	기관	외국인	기관
10:19	438	-503	-474	-197	-494	160	-640	1,164	-15	-36
10:18	438	-503	-474	-197	-482	155	-665	1,210	-12	-36
10:17	445	-503	-470	-197	-486	157	-941	1,343	-12	-36
10:16	444	-455	-465	-192	-481	161	-1,017	1,282	-12	-37
10:15	444	-455	-465	-192	-463	160	-686	1,045	-7	-36
10:14	435	-451	-468	-190	-461	148	-617	1,020	-6	-36
10:13	406	-457	-487	-189	-467	141	-537	948	-6	-36
10:12	406	-457	-487	-189	-485	112	-256	997	-3	-37
10:11	370	-501	-504	-198	-491	84	-671	1,169	-4	-38
10:10	377	-519	-498	-196	-518	78	-754	1,205	-5	-38
10:09	377	-519	-498	-196	-525	76	-912	1,237	-6	-38
10:08	371	-525	-494	-195	-525	72	-941	1,242	-5	-38
10:07	369	-514	-486	-191	-523	70	-977	1,254	-3	-37
10:06	369	-514	-486	-191	-515	67	-1,067	1,248	-4	-37
10:05	362	-495	-479	-189	-496	60	-952	1,206		-37

주) 옵션순매수 = (콜매수 + 풋매도) - (콜매도 + 풋매수)

[7223] 업종별 투자자 매매현황

업종명	개인	외국인	기관계	금융투자	보험	투신	은행	기타금융	연기금등	국가,지자체	기타법인	사모펀드
코스피지수	74	438	-503	-365	50	36	-11	6	-314		-15	95
코스피(대형주)	90	301	-409	-332	41	19	3	7	-227		15	78
코스피(중형주)	-89	133	-32	-28	13	14	-14	-1	-25		-15	7
코스피(소형주)	81	-72	9			2			-3		-19	10
음식료품	7	-4	-3	-2								-1
섬유의복	20	-15				1			-1		-4	
종이목재		1										
화학	-15	72	-51	-35	4	5			-7		-4	-17
의약품	262	-159	-124	-60		-16	-1	-1	-15		19	-28
비금속	5		-4								-1	-2
철강금속	-89	43	51	-8	5	22	1		8		-4	21
기계	32	-28	1	-9	2	7			-2		-5	2
전기전자	114	188	-327	-170	-1	-9		2	-148		20	1
의료정밀												
운송장비	95	-31	-70	-12	-4	-1			-48		6	-3
유통업	58	-13	-44	-16	5	-7			-16		-1	-10
전기가스업	8	14	-22	-3		-7			-10			

※ 2018.12.10 부터 "국가/지자체"의 매매정보는 "연기금 등"에 통합되어 제공됩니다. (한국거래소)

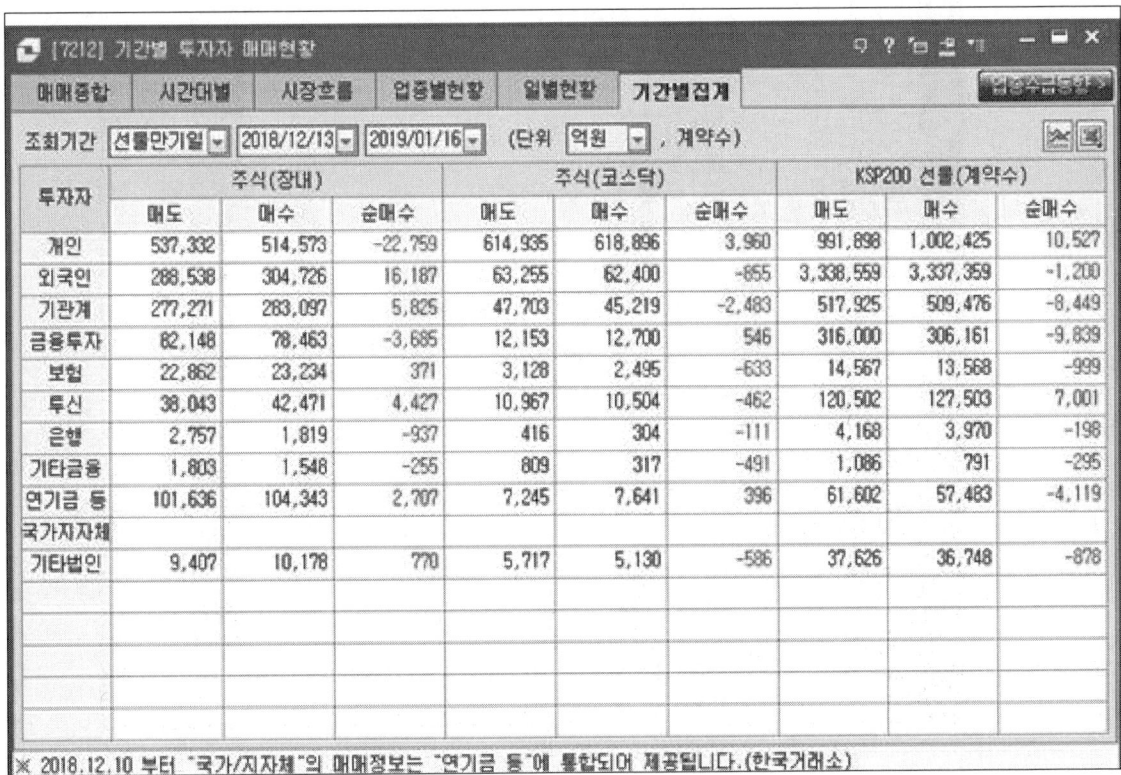

3. 시장분석

1) 나스닥

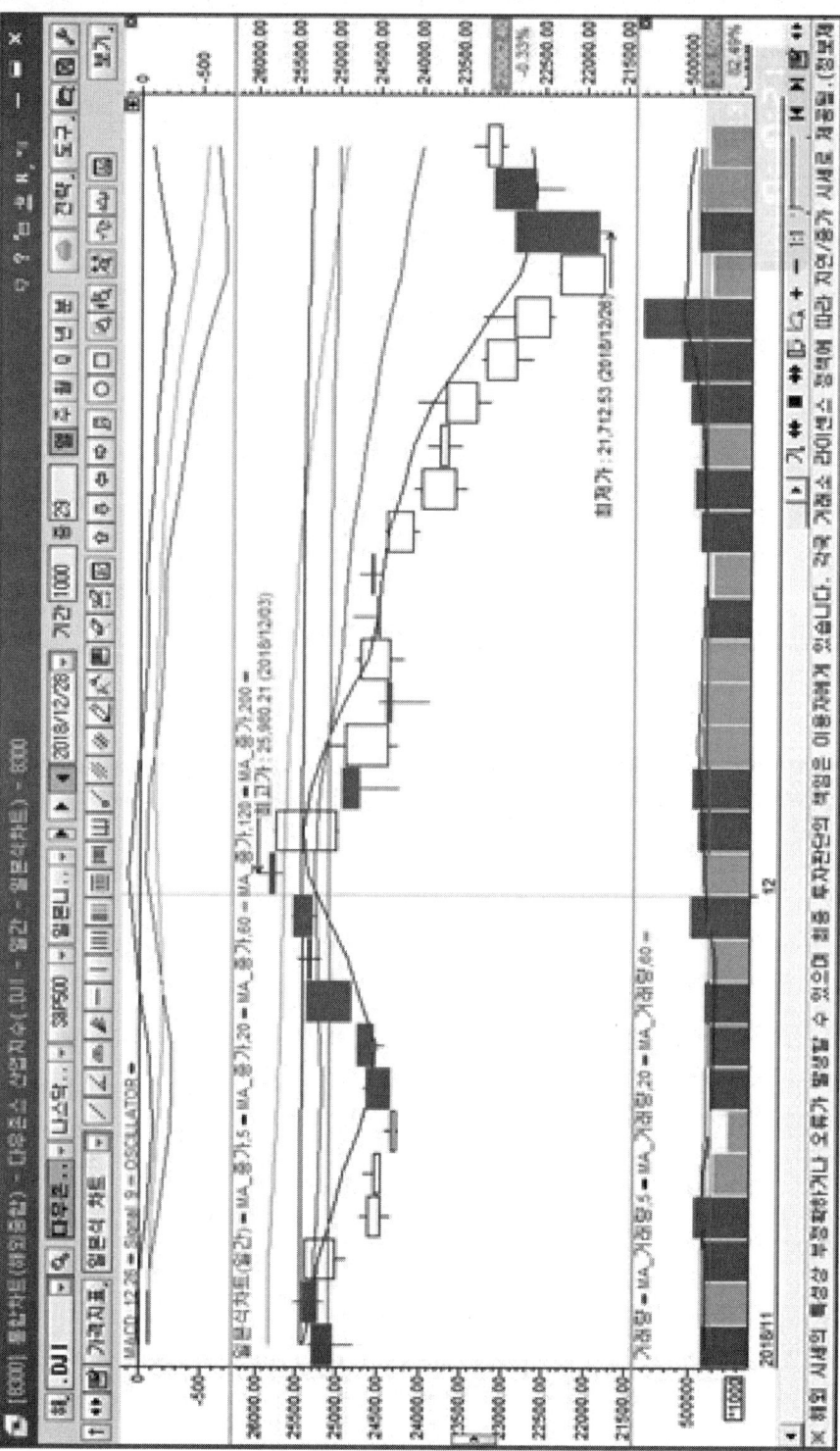

2) 파운드

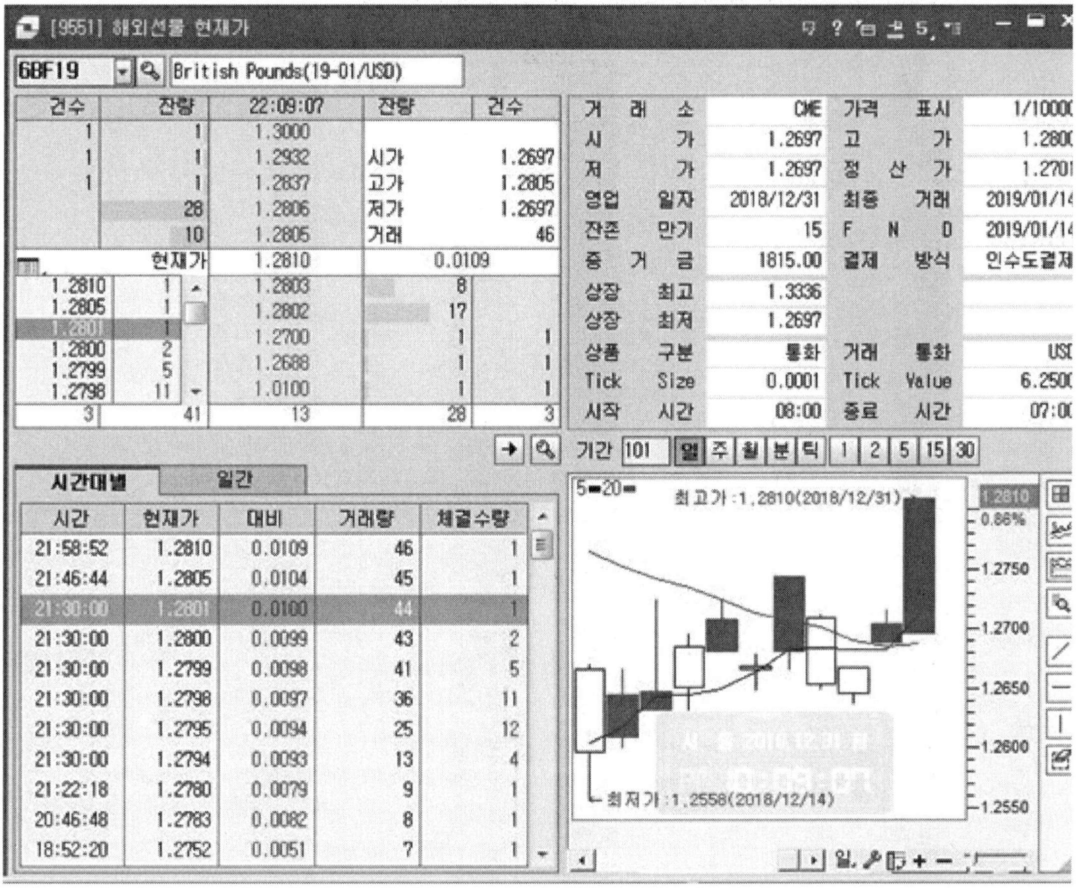

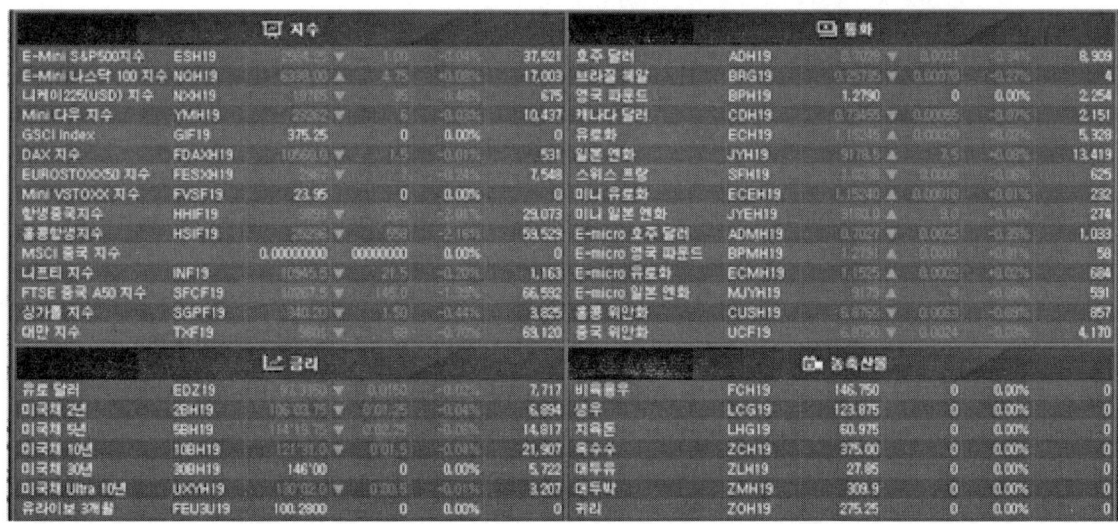

3) 전체시세

2) 골드옵션

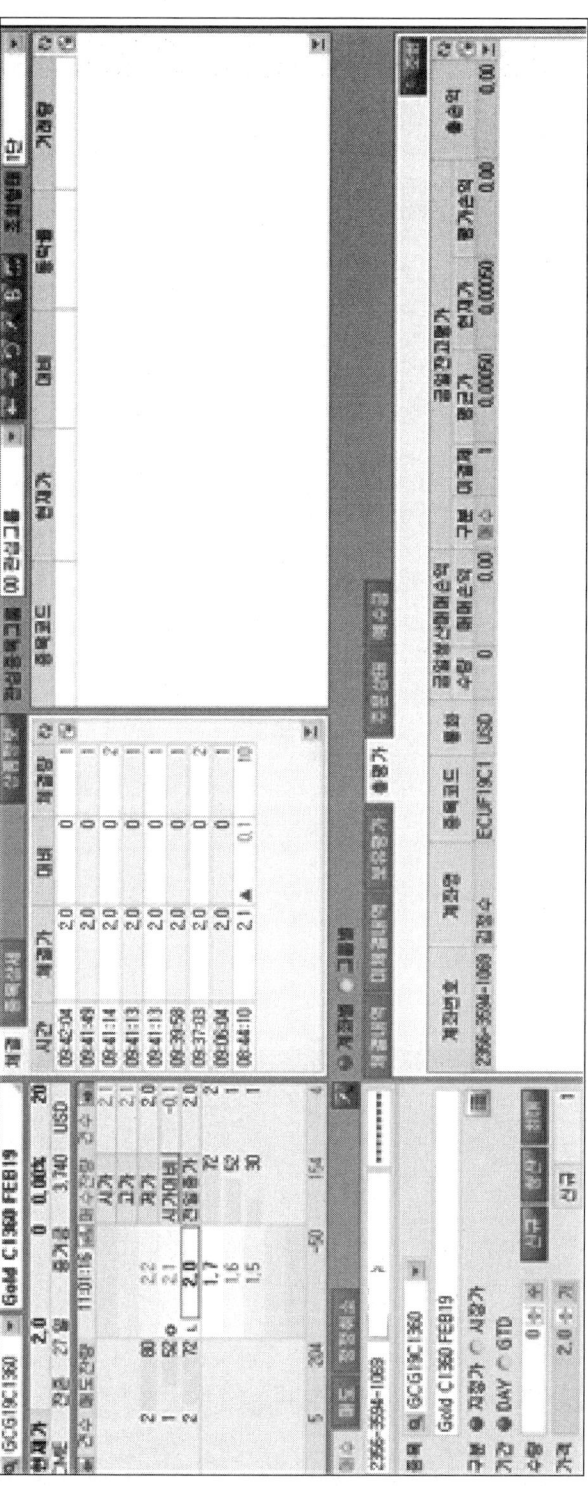

3) 에스엔피옵션

4) 은옵션

4. 해선 실습

1) 번개주문

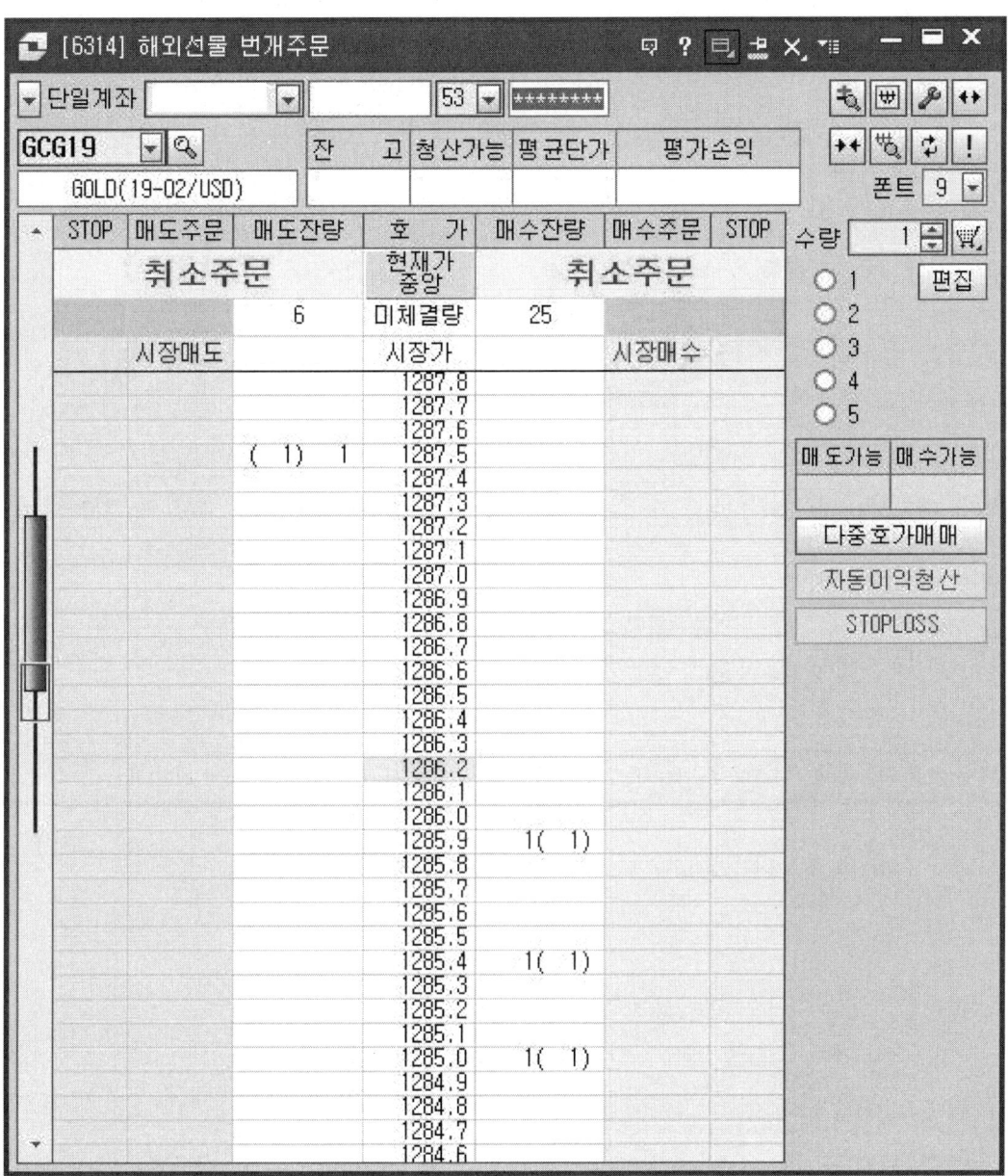

2) 예약주문

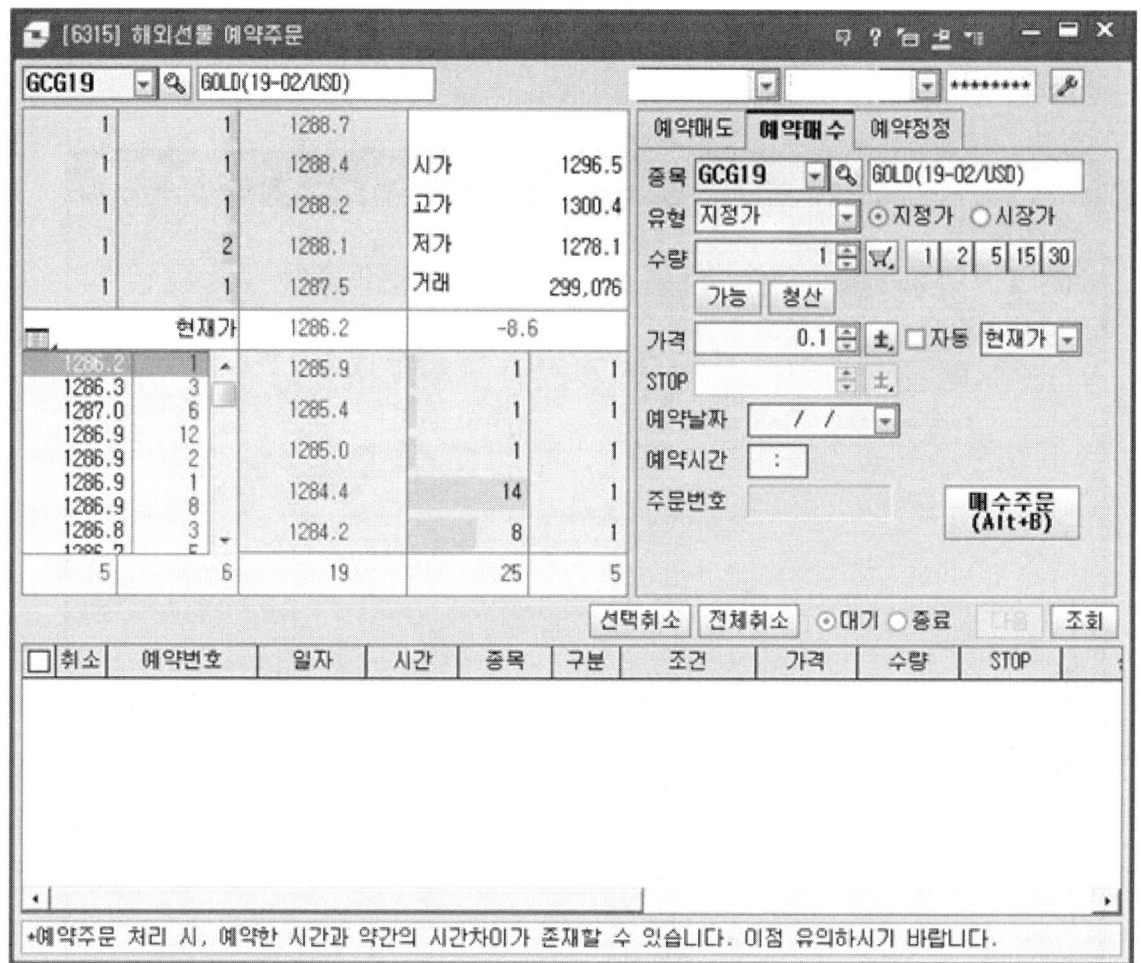

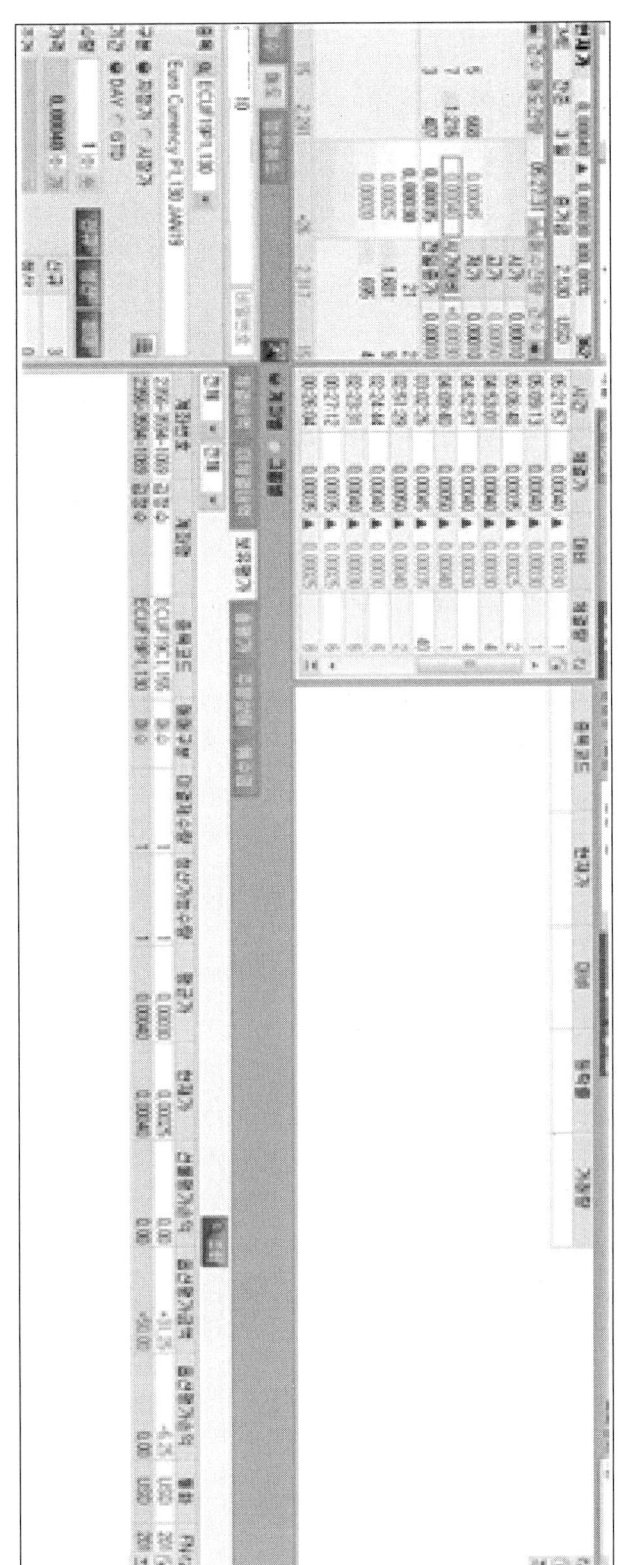

변동성이크면서 행사가 간격이 적은 것
골드   유로달러 파운드

3) jp엔/달러

12,500,000 엔
일천이백오십만엔   1억2천5백 12만5천달러
0.5   6.25달러
9273.5
12만5천달러의90% 가 9273   1당12.5달러
일봉분석 상방이면 종가무렵에 올리는경향
미국금리인상 달러강세 통화선물강세 주가약세 골드강세
골드   1286   0.1   10달러
에너지   48.21   0.01   10달러

4) 유로엔달러해선실습

① 미니나스닥

국내선물	국내옵션	해외선물	미니나스닥(19-03)			조회	설정	항생
순손익		평가손익		평가담보금	담보금	로스컷	주문신청	증가 만기 오버
701,292		223,744		99,964,600	99,740,856	1,600,000		
매도가능수량	9	매수가능수량	2	매도보유수량		매수보유수량 7	호가창 크기	크게 보통
스탑 ☑ 이익 20 ☑ 손실 20				주문수량 2 1 2 3 4 5 10 20 50			시 6,451.25	대비 ▲87
시장가매도		현종목청산	☑ 호가고정	전종목청산		시장가매수 ◀	고 6,519.50	% 1.
							저 6,402.50	틱(USD)
예약	매도	건수	잔량	01:58:12	잔량 건수 매수 예약		현 6,518.75	USD 1,11

예약	매도	건수	잔량	01:58:12	잔량	건수	매수	예약
				6,521.50				
				6,521.25				
				6,521.00				
				6,520.75				
				6,520.50				
				6,520.25				
		29	170	6,520.00				
		13	19	6,519.75				
		5	5	6,519.50 고				
		6	7	6,519.25				
		4	4	6,519.00				
				6,518.75				
				6,518.50	6	6		
				6,518.25	9	7		
				6,518.00	10	9		
				6,517.75	11	10		
				6,517.50	10	9		
				6,517.25				
				6,517.00				
				6,516.75				
				6,516.50				
0	0	57	205	159	46	41	0	0

	유로 03월	2019.03.
	호주달러 03월	2019.03.
	엔 03월	2019.03.
	파운드 03월	2019.03.
	미니S&P 03월	2019.03.
	미니나스닥 03월	2019.03.
	항생 01월	2019.01.
	크루드유 02월	2019.01.
	금 02월	2019.02.

콜	행사가	풋
◎	265.00	◎
◎	262.50	◎
◎	260.00	◎
◎	257.50	◎
◎	255.00	◎
◎	252.50	◎
◎	250.00	◎
◎	247.50	◎

시간	체결가	체결
01:58:11	6,518.75	
01:58:11	6,518.75	
01:58:11	6,518.50	

② 양스탑

순손익	평가손익	평가담보금	담보금	로스컷
-5,785	45,955	99,079,734	99,033,779	250,000

주문신청	증가	만기	오버	야간
				◎

매도가능수량 18 | 매수가능수량 17 | 매도보유수량 | 매수보유수량 1

호가창 크기 | 크게 | 보통 | 작게

스탑 ☐ 이익 10 ☐ 손실 10 ☐ 주문수량 1 | 1 | 2 | 3 | 4 | 5 | 10 | 20 | 50

시	262.80	대비	▲ 0.40
고	263.25	%	0.15%
저	262.00	틱(USD)	
현	263.20	USD	1,117.60

시장가매도 | 현종목청산 | ☑ 호가고정 | 전종목청산 | 시장가매수 ◀

예약	매도	건수	잔량	01:45:56	잔량	건수	매수	예약
				263.75				
				263.70				
				263.65				
				263.60				
				263.55				
				263.50				
		14	27	263.45				
		20	38	263.40				
		13	36	263.35				
		21	31	263.30				
		17	19	263.25 고				
				263.20	35	5		
				263.15	69	30		
				263.10	43	14		
				263.05	22	15		
				263.00	20	9		
				262.95				
				262.90				
				262.85				
				262.80 시				
				262.75				
0	0	85	151	38	189	73	0	0
취소	취소	현종목취소		호가정렬	전종목취소		취소	취소

	콜	행사가	풋	
	◎	265.00	◎	
	◎	262.50	◎	
	◎	260.00	◎	
	◎	257.50	◎	
	◎	255.00	◎	
	◎	252.50	◎	
	◎	250.00	◎	
	◎	247.50	◎	

유로 03월	2019.03.18
호주달러 03월	2019.03.18
엔 03월	2019.03.18
파운드 03월	2019.03.18
미니S&P 03월	2019.03.15
미니나스닥 03월	2019.03.15
항생 01월	2019.01.30
크루드유 02월	2019.01.22
금 02월	2019.02.26

시간	체결가	체결
01:45:55	263.20	3
01:45:33	263.20	1
01:45:19	263.20	6

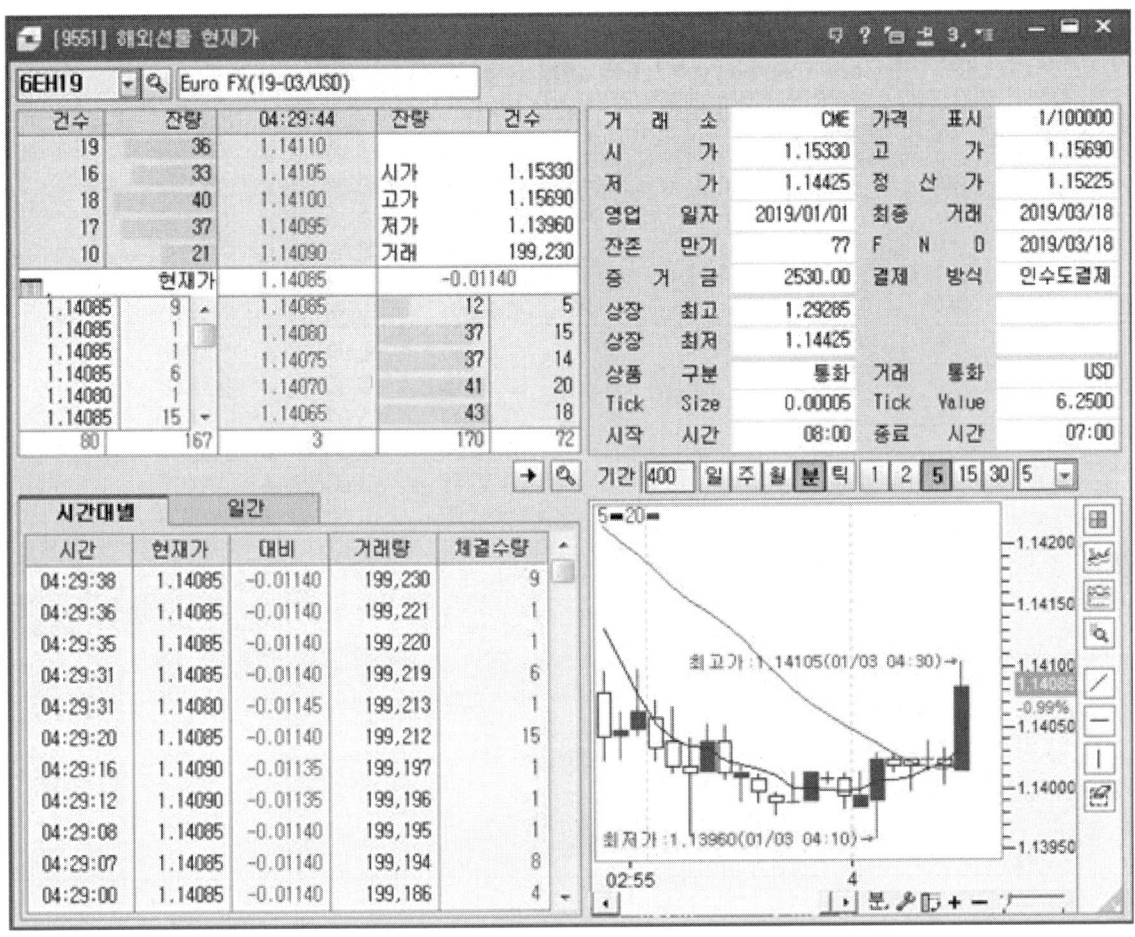

③ 잔존일

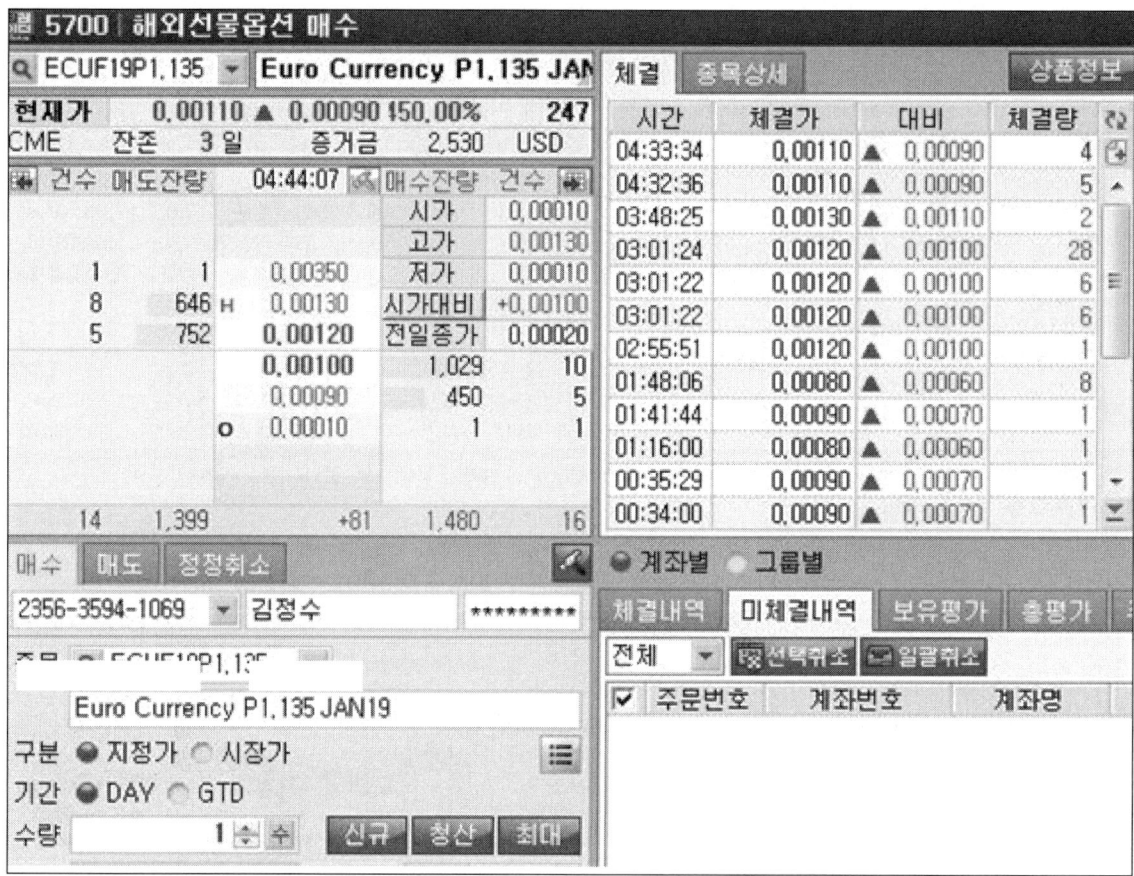

5) 해외선물매매유의사항

① 스탑을 걸어라
② 증거금을 충분히
③ 비추세구간과 비추세시간을 파악하다
④ 사전뉴스를보자
⑤ 로직은 변한다 과거의방법은 로직이아니다
⑥ 한번손실 한번이익 하면 그만한다
⑦ 공인인증은 1대컴에서 운영되고 나머지는 열람

5. 해외선물옵션

현재가				
10BK19C124.50 **H**		10Yr U.SNote C124.50 MAY19		
0'16.0	▼0'00.5		−3.03%	100

| 호가 | 체결 | 차트 | 일별 | 정보 |

건수	매도잔량	11:59:27		매수잔량	건수
			전일 시가 고가 저가	0'16.5 0'16.0 0'16.0 0'16.0	
1	1	0'24.5	+48.48		
2	434	0'17.5	+6.06		
6	1,971	0'17.0	+3.03		
체결가 0'16.0	체결량 100	○ 0'16.0	−3.03	5,293	7
		0'15.5	−6.06	155	1
		0'08.0	−51.52	50	1
9	2,406	+3,092		5,498	9

종합 | 관심종목 | 현재가 | 주문 | 잔고조회

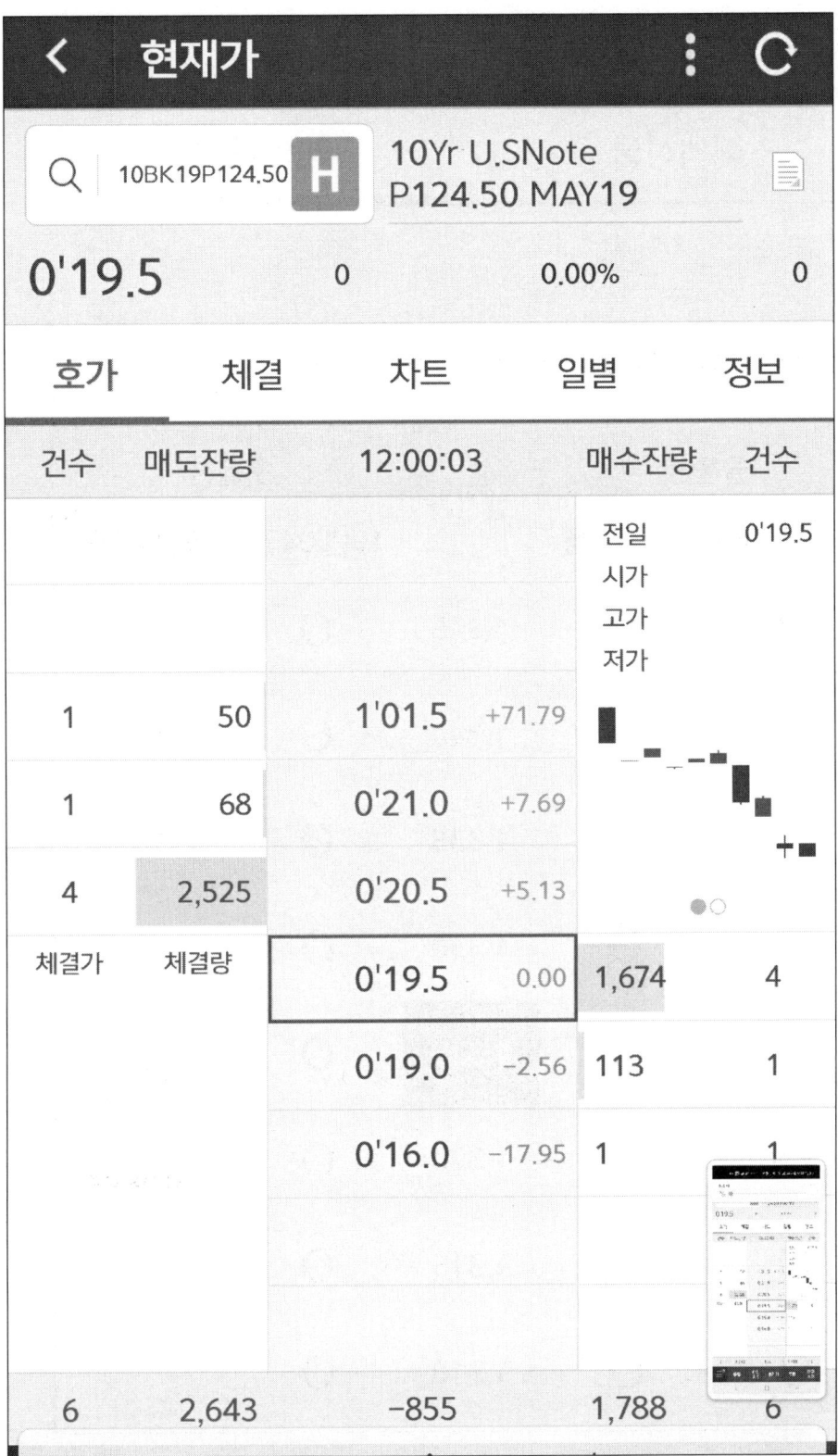

콜옵션		행사가	풋옵션	
19년 05월	19년 04월		19년 04월	19년 05월
○	○	1.345	○	○
○	○	1.340	○	○
○	○	1.335	○	○
○	○	1.330	○	○
○	○	**1.325**	○	○
○	○	1.320	○	○
○	○	1.315	○	○
○	○	1.310	○	○

종목검색 — 해외선물 / **해외옵션**

지수 | 통화 | 금리 | 에너지 | 금속

영국파운드 옵션 BPU_O CME

종목검색				✕

해외선물			해외옵션	

[지수] [통화] [금리] [에너지] [금속] ›

금 옵션 GC_O CME ▼

콜옵션		행사가	풋옵션	
19년 06월	19년 05월		19년 05월	19년 06월
○	○	1340	○	○
○	○	1335	○	○
○	○	1330	○	○
○	○	1325	○	○
○	○	**1320**	○	○
○	○	1315	○	○
○	○	1310	○	○
○	○	1305	○	○
○	○	1300	○	○

종목검색

해외선물 | 해외옵션

[지수] [통화] [금리] [에너지] [금속]

거래소	코드	상품명	거래월물		
CME	10B	T-노트 10년물	M19	U19	Z19
CME	2B	T-노트 2년물	H19	M19	U19
CME	5B	T-노트 5년물	H19	M19	U19
CME	30B	T-본드 30년물	M19	U19	Z19
CME	UXY	Ultra T-Note 10년물	M19	U19	Z19
CME	ED	유로달러	M19	U19	Z19
EUREX	FEU3	유라이보 3개월물	J19	K19	M19
EUREX	FGBX	유로30년 국채	M19	U19	Z19
EUREX	FGBS	유로단기국채	M19	U19	Z19

월	1	2	3	4	5	6	7	8	9	10	11	12
기호	F	G	H	J	K	M	N	Q	U	V	X	Z

■ 최다거래 월물   ■ 거래불가 상품

6. 지메일 구글 동기화

Google 오전 3:50
받는사람: 나 ∨

Google

비밀번호가 변경되었습니다

 globol5678@gmail.com

내 Google 계정 globol5678@gmail.com 의 비밀번호가 변경되었습니다. 변경한 적이 없다면 계정을 복구해야 합니다.

이 이메일은 Google 계정 및 서비스의 중요한 변경사항을 알려드리기 위해 발송되었습니다.
© 2019 Google LLC, 1600 Amphitheatre Parkway, Mountain View, CA 94043, USA

제2편 선물옵션 이론

제1장 선물옵션 총론
1-1 선물거래
1-2 옵션 거래
1-3 금리선물거래전략
제2장 선물옵션의 이해
제3장 선물옵션 연습

제1장 선물옵션 총론

1) 파생금융상품(Financial Derivatives)

주식, 채권 등 금융관련 기초자산에서 파생되어 나온 상품
- 기초자산이 거래되는 현물시장의 시장위험회피(hedge)가 목적
- 계약시점과 이행시점 사이에 시차(gap)가 존재

2) 기법에 따른 분류 : 선도(Forward), 선물(Futures), 옵션(Options), 스왑(Swaps)

3) 장소에 따른 분류

장내파생상품 : 선물, 장내옵션
- 유동성은 좋으나 상품이 약간 경직됨

장외파생상품(OTC) : 선도, 스왑, 장외옵션
- 1:1로 거래이고 신용위험(계약불이행위험)에 노출됨

4) 거래대상이 되는 기초자산

주가지수/개별주식, 단기금리, 채권, 통화(환율), 상품(원자재), 신용위험(Credit Risk)

5) 거래목적에 따른 분류

유형	현물시장	선물시장	특 징
헤지거래	O	O	위험회피가 목적
투기거래	×	O (한방향)	유동성확대, 베팅
차익거래	O	O	균형/불균형가격, 고평가/저평가 무위험 이익
스프레드거래	×	O (두개의 선물 반대방향)	선물 가격차가 중요 이익, 손실 모두 적음

① 헤지거래(Hedging) : 현물시장에서의 가격변동위험을 회피할 목적으로 선물시장에 참여하여 현물시장에서와 반대포지션을 취하는 거래
② 투기거래(Position Trading) : 선물시장에만 참여하여 선물계약의 매입/매도 중 한가지 포지션만 거래함으로써 이득을 얻고자 하는 거래
③ 차익거래(Arbitrage) : 현물과 선물의 일시적 가격 평가 차이를 이용하여 현물과 선물 중 고평가된 쪽은 매도하고 저평가된 쪽은 매수함으로써 거의 위험 없는 이득을 취하고자 하는 거래
④ 스프레드거래(Spreading) : 선물시장에서 두개의 선물간의 가격차이를 이용하여 동시에 한쪽은 매수하고 한쪽은 매도하여 이득을 얻고자 하는 거래

1. 선도거래

선도거래는 매수(Long Position)와 매도(Short Position) 두 가지 형태
▷ 만기시 현물가격 상승예상 -〉 매수 계약을 체결
▷ 만기시 현물가격 하락예상 -〉 매도 계약을 체결

※ 현물, 선도, 선물거래 구분

구분	계약	실물인수도	대금결제	비고
현물(Spot)	현재	현재	현재	미래불확실 -> 가격변동위험
선도(Forward)	현재	미래	미래	1:1거래, 계약불이행위험
선물(Futures)	현재	미래	미래	Ex) Kospi200선물

특히 선도거래와 선물거래는 세 가지 관점에서는 차이가 없으나 시장 구조에 있어서 큰 차이점이 존재한다.

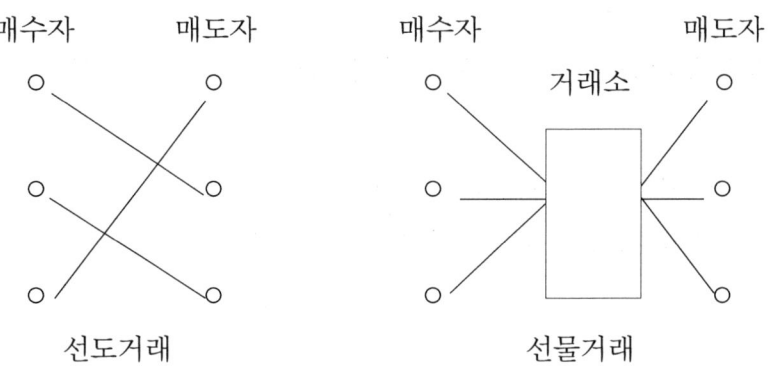

(예1) 농부의 배추 밭떼기 계약

    ㉠ 거래대상 : 배추
    ㉡ 만기 : 가을
    ㉢ 거래수량 : 밭떼기 전체
    ㉣ 거래가격 : 1,000만원
    ㉤ 매수자 : 유통업자
    ㉥ 매도자 : 농부

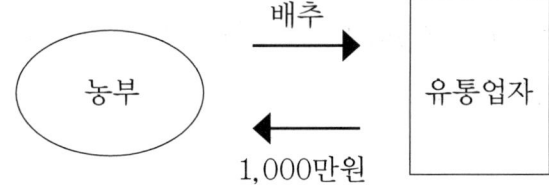

▷ 가을에 배추가격 상승 -> 매수자인 유통업자가 이익
▷ 가을에 배추가격 하락 -> 매도자인 농부가 이익

(예2) 선물환거래(Forward Exchange) → 선도거래라는 것에 주의

㉠ 거래대상 : 달러
㉡ 만기 : 90일후
㉢ 거래수량 : 100만 달러
㉣ 거래가격 : 1,150원/달러
㉤ 매수자 : 은행
㉥ 매도자 : 수출기업

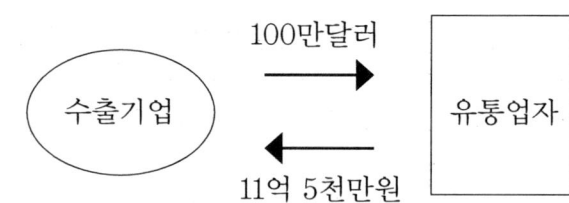

▷ 만기에 환율이 1,250원으로 상승 -> 매수자인 은행이 100원(달러당) 이익
▷ 만기에 환율이 1,000원으로 하락 -> 매도자인 수출기업이 150원(달러당) 이익
※ 수출기업은 달러수취 예정이므로 환율하락(달러가치하락)에 대비하여 매도해야함
※ 선물환거래는 만기에 반드시 실물인수도함

(예3) 차액결제선물환거래 (NDF) → 만기시 실물인수도를 하지않고 차액만을 결제

위의 사례에서
▷ 만기에 환율이 1,250원으로 상승 → 매수자인 은행에게 1억 지급
▷ 만기에 환율이 1,000원으로 하락 → 매도자인 수출기업에게 1억5천만원 지급

2. 선물

선도거래의 형태가 거래소에서 이루어지도록 한 것으로 증거금과 일일정산제도가 있다

(1) 증거금(Margin)

계약자의 결제불이행 위험을 방지하기 위해서 시장 참여자들이 선물거래소에 예탁해야 하는 계약이행 보증금

(2) 일일정산

선물가격 변동에 따라 매일매일의 손익을 재계산하는 것
→ 일일정산을 통해 증거금 수준이 새롭게 구해지게 된다.

(예) 한국선물거래소(Kofex)의 달러선물

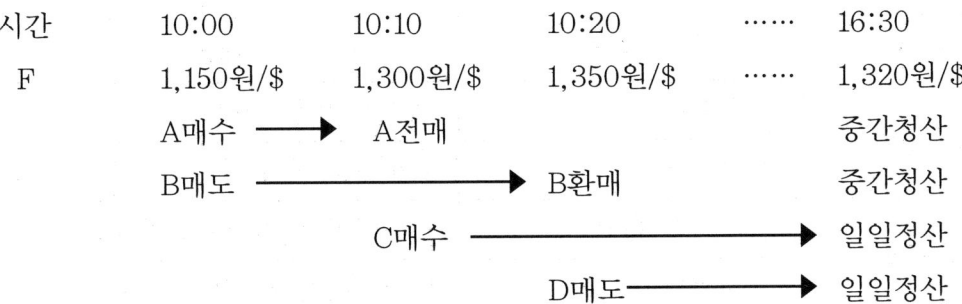

▷ 1일 거래량은 3계약이며 미결제약정수량은 1계약이다
▷ 일일정산대상은 C와 D이다
▷ A는 150원(달러당), C는 20원, D는 30원 이익이고 B는 200원(달러당) 손해이다
▷ 달러선물 1계약의 가치는 5만 달러이다

3. 옵션

옵션이란
특정 대상물을 ·················· 기초자산(Underlying Assets)
사전에 정한 시점에 ············· 만기일(Expiration Date)
미리 정한 가격으로 ············· 행사가격(Exercise Price)
살 수 있는 권리와 ·············· 콜(Call)
팔 수 있는 권리를 ·············· 풋(Put)
(일정 대가를 수수하고) ········· 프리미엄(Premium)

㉠ 기초자산 : 삼성전자 주식
㉡ 만기   : 30일후
㉢ 행사가격 : 30만원
㉣ 콜옵션   : 살 수 있는 권리
㉤ 프리미엄 : 1천원
㉥ 매수자   : 프리미엄을 주고 옵션의 권리를 행사할 수 있는 계약자로 의무는 없고 권리만 존재 cf. 보유자(Holder)라고도 함
㉦ 매도자   : 프리미엄을 받고 매수인의 권리행사 요구에 응해야 하는 계약자로 권리는 없고 의무만 존재 cf. 발행자(Writer)라고도 함

※ 옵션의 종류

구분	종류	내용
매수, 매도 권리	콜옵션	매수(Call)할 권리
	풋옵션	매도(Put)할 권리
권리행사 방법	미국형 옵션	만기일이내 언제라도 권리행사 가능
	유럽형 옵션	만기일에만 권리행사 가능
거래대상	현물옵션	권리행사시 현물 취득
	선물옵션	권리행사시 선물포지션 취득
이행보증	거래소옵션	청산소를 통해 보증
	장외옵션(딜러옵션)	딜러들이 보증
행사가격과 기초자산가격의 관계	내가격(ITM)옵션 (In the money)	콜옵션 : 기초자산가격 > 행사가격 풋옵션 : 기초자산가격 < 행사가격
	등가격(ATM)옵션 (At the money)	콜옵션 : 기초자산가격 = 행사가격 풋옵션 : 기초자산가격 = 행사가격
	외가격(OTM)옵션 (Out of the money)	콜옵션 : 기초자산가격 < 행사가격 풋옵션 : 기초자산가격 > 행사가격

※ 선물과 옵션의 차이점

구분	옵션	선물
거래대상	기초자산을 매매할 수 있는 권리	기초자산
포지션 청산	반대매매 및 권리행사	반대매매 및 실물 인수도
권리와 의무	매수인 : 권리만 존재	매수/매도인 모두
	매도인 : 의무만 존재	권리와 의무 존재
일일정산	일일정산 안함	일일정산 함
증거금	매도자만 납입 cf. 매수인은 프리미엄 납입	매수/매도자 모두 납입

1-1 선물거래

1. 경제적 기능

1) 가격발견기능
2) 위험전가기능 : 주식시장 위험 → 선물시장, 헤져의 위험 → 투기거래자
3) 효율성의 증대
4) 거래비용의 절약 : 주식공매효과
5) 유동성확대 효과   cf. 변동성의 확대는 역기능임

2. 선물거래의 특징

다음에 열거된 것은 모두 선물거래에만 존재하는 특징들이다.

1) 연속적인 거래
▷ 계약시점부터 만기까지 계속해서 거래가 일어나고 이에 따라 가격도 수시로 변화

2) 증거금과 일일정산

3) 만기일 이전의 포지션 청산

전매도(Long Liquidation) : 매수포지션을 반대매매를 통해 청산하는 것
환매수(Short Covering) : 매도포지션을 반대매매를 통해 청산하는 것

4) 거래소와 청산소의 존재
▷ 청산소(Clearing House) : 계약자가 계약을 틀림없이 이행할 것을 보증하는 곳
  선물시장에만 존재하는 독특한 형태의 계약이행보증 기관이다
  바로 이곳에서 선물의 큰 특징인 증거금 및 일일정산 업무를 담당하게 된다.

5) 거래대상의 표준화, 규격화 cf. 선물가격만은 표준화 될 수 없음

6) 부외거래(Off-the-Balance Transactions)

　선물거래는 현금흐름이 미래에 발생하므로 대차대조표에 각주사항으로 표시
※ 단, 부외거래는 파생상품 전체의 공통점이다.

3. 균형선물가격의 결정

(1) 균형가격의 수준결정

→ 보유비용모형에 의한 설명

선물가격 = 미래의 현물가격
　　　　 = 현물가격 + 순보유비용(만기까지 현물보관시 발생하는 비용및수익)
　　　　 = 현물가격 + 금융비용 (이자, 창고료, 보험료 등)
　　　　　　　　　 － 금융수익 (배당, 표면이자수입)
　　　　 = 현물가격 + 현물가격(이자율 － 수익율) ×잔존일수/365

$F = S + S(r － d) × t / 365$　　r : 이자율 d : 배당수익율

※ 보유비용모형에 의하면 주가지수선물시장에서는 r > d 이어서 F > S이어야 정상

　예제) KOSPI200 지수 : 56 　　91일물 CD금리 : 20%
　　　　배당률 기대치 : 6%　　만기까지 잔존일수 : 49일 인 경우 선물이론가격은?
　　　　답) F = 56 + 56×(0.20－0.06)×49/365 = 57.05 즉 57.05가 된다

■ 주가지수선물의 이론가격 결정요인

－ 현물가격(S)의 상승 → 선물이론가격(F)의 상승
－ 이자율(r)의 상승 → 선물이론가격(F)의 상승
－ 수익률(d)의 상승 → 선물이론가격(F)의 하락
－ 잔존일수(t)의 증가 → 선물이론가격(F)의 상승

(2) 균형가격의 안정성

균형가격을 벗어나면 차익거래가 일어나서 선물과 현물이 균형가격으로 조정된다.

실제선물가격 > 이론선물가격	실제선물가격 < 이론선물가격
⇒ 선물이 고평가 됨	⇒ 선물이 저평가 됨
⇒ 선물매도 + 현물매수	⇒ 선물매수 + 현물매도
⇒ 매수차익거래(현물보유전략)	⇒ 매도차익거래(역현물보유전략)
⇒ 프로그램매수 발생	⇒ 프로그램매도 발생
⇒ (실제 - 이론선물가격) 이익	⇒ (이론 - 실제선물가격) 이익
	※ 균형가격을 상대적으로 늦게 회복

※ 편의수익(Convenience Yield) : 현물 보유자만이 누릴 수 있는 이익.

매수차익거래(현물매수+선물매도)는 시장에서 쉽게 이루어질 수 있으나
매도차익거래(현물매도+선물매수)는 시장에서 쉽게 이루어지지 않음을 의미

> 예제) 현물지수 90, 선물이론가격 95, 선물지수 100으로 형성되어 있다면 어떤
> 차익거래 기회가 발생하며 이익의 크기는 얼마인가? (거래비용 무시)
> 답) 매수차익거래 기회 발생하며 이익의 크기는 5 (100 - 95) 이다

※ 차익거래 불가능 가격대

선물가격과 이론가격 사이에 일시적인 가격불균형 발생시 차익거래의 기회가 생기지만 거래비용 등의 이유로 해서 차익거래시 오히려 손해를 볼 수도 있다.

4. 선물시장의 기본적인 이용전략

(1) 투기거래

주식현물과 상관없이 선물가격의 변동만 예측하여 선물을 매수/매도함으로써 시세변동의 차익을 목적으로 하는 전략

저가매수후 고가매도전략(Buy Low And Sell High)
  → 저가에서 매수포지션을 취한 후 전매(Long Liquidation)를 통해 이익 실현
고가매도후 저가매수전략(Sell High And Buy Low)
  → 고가에서 매도포지션을 취한 후 환매(Short Covering)을 통해 이익 실현

(참고) 선물시장에서 투기거래자들의 역할은 매우 중요하다.
먼저 헤저들의 위험 전가를 다 받아주며 시장의 유동성을 증대시키고 철저한 분석에 의해서 미래 시장 가격을 예측하는 중요한 기능을 수행한다.

(2) 헤지거래

현물시장에서의 가격변동위험을 회피할 목적으로 선물시장에 참여하여 현물시장에서와 반대포지션을 취하는 거래

1) 베이시스(Basis)
   가. 베이시스(Basis) = 선물가격 − 현물가격 = 보유비용 = $S(r-d) \times t/365$
      cf. 이론베이시스 = 이론선물가격 − 현물가격
      - 정상시장 : 베이시스(+) 인 상태 --〉 콘탱고(Contango)
      - 역조시장 : 베이시스(−) 인 상태 --〉 백워데이션(Backwardation)
   나. 베이시스의 민감도
      - 현물가격 상승하면 −〉 베이시스 증가
      - 이자율 상승하면 −〉 베이시스 증가
      - 배당수익률 상승하면 −〉 베이시스 감소
      - 잔존기간 증가하면 −〉 베이시스 증가
   다. 베이시스의 특징
      - 현물과 선물의 강한 상관관계로 인해 베이시스위험(현물과 선물의 가격변동위험)은 현물과 선물 각각의 위험보다 상당히 작다
      - 베이시스위험으로 인해 완전헤징은 이루어질 수 없다
      - 베이시스위험(Basis Risk) : 헤지기간과 선물의 만기일이 일치하지 않으면 베이시스가 수시로 변화하므로 현물포지션을 청산할 때 당초 헤지포지션의 손익이 변하게 된다. 이를 베이시스위험이라 한다.

- 베이시스위험 발생 이유 : 자산의 불일치, 만기의 불일치
라. 베이시스의 수렴(Convergence) 현상
만기가 다가올수록 선물가격이 현물가격에 접근하는 현상
즉 만기시는 베이시스가 Zero에 접근한다.
마. 헤지와 베이시스
- 제로 베이시스 헤지(Zero Basis Hedge) : 선물계약 만기일까지 선물과 현물을 보유함으로써 베이시스위험을 완전 제거하여 선물시장을 이용한 헷징의 효과가 선도거래를 이용한 헷징의 효과와 동일해지는 것
- 불완전헤지, 랜덤베이시스 헤지(Random Basis Hedge) : 베이시스위험으로 인해 헤지의 결과가 완벽하게 나타나지 못하는 것

2) 헤지비율(h)

헤지비율(Hedge Ratio)은 현물포지션크기에 대한 선물포지션크기를 말한다

예를 들어 헤지비율이 1이면 현물가격의 변화분과 선물가격의 변화분이 항상 같게 되어 이론적으로 완전헤지가 이루어지며 결국 손익의 변화가 없게 된다.

반면 헤지비율이 0.5이면 현물가격의 변화분에 2분의1만 선물로 헤지하는 것으로 현물가격 하락에 따른 손실의 절반만 선물로서 커버하는 것을 말한다.

※ 일반적으로 선도계약을 이용한 헷징의 경우에는 헷지비율을 1로 만드는 것이 일반적이나 선물계약을 이용한 헷징의 경우에는 베이시스위험으로 인해 적정헷지비율이 1이 아닌 경우가 대부분이다
※ 헷지비율을 산정하는 방법에는 여러가지가 있는데 그 중에서 가장 많이 사용하는 방법이 회귀계수의 추정을 통한 헷지비율 산정방법이다

예제) 보유 포트폴리오 15억원, 베타계수 1.3, 선물가격 120인 경우 선물매도수량 ?
답) 선물매도계약수 = (1.3×15억원)/ 120×500,000 = 32.5 즉 33계약

3) 차익거래

현물과 선물의 일시적 가격 평가 차이를 이용하여 현물과 선물 중 고평가된 쪽은 매도하고 저평가된 쪽은 매수함으로써 거의 위험 없는 이득을 취하고자 하는 거래

- 매수차익거래 : 선물고평가, 현물저평가시 => 선물매도 + 현물매수
- 매도차익거래 : 선물저평가, 현물고평가시 또는 백워데이션시
⇒ 선물매수 + 현물매도

※ 현물보유전략(Cash & Carry Strategy) -> 매수차익거래 전략

역현물보유전략(Reverse Cash & Carry Strategy) -> 매도차익거래 전략

(3) 스프레드거래

만기 또는 종목이 서로 다른 두 개의 선물계약을 대상으로 한쪽 계약을 매수하는 동시에 다른쪽 계약은 매도하는 전략. 변동방향 보다 선물간의 가격차를 이용하는 전략

① 시간 스프레드 = 상품내 스프레드(Intra-commodity Spread)

동일한 품목내에서 서로 만기가 다른 두 선물계약에 대해 각각 매수와 매도 포지션을 동시에 취하는 전략(예, 근월물 & 원월물)

- Bull Spread (근월물 매수, 원월물 매도) : 스프레드 축소예상시 사용

 (근 → ← 원)

- Bear Spread (근월물 매도, 원월물 매수) : 스프레드 확대예상시 사용

 (← 근   원 →)

② 상품간 스프레드(Inter-commodity Spread)

다른 품목이지만 서로의 가격변동이 유사한 경우 이 두 선물계약에 대해 각각 매수와 매도 포지션을 동시에 취하는 전략(예, TED스프레드)

- 선물가격 상승 예상시 :

 가격변동 큰 선물매수(ED), 다른 선물을 매도(T-Bill)

- 선물가격 하락 예상시

 가격변동 큰 선물매도(ED), 다른 선물을 매수(T-Bill)

TED스프레드란 미국 T-Bill선물과 ED선물간의 가격차이를 이용하여 이익을 도모하는 스프레드거래로 일반적으로 ED선물이 신용위험이 높아 가격변동폭이 큼

1-2 옵션 거래

1) 옵션의 특징
   - 계약성 : 계약기간(만기) 내에서만 권리행사가 가능
   - 손익구조의 비대칭성 : 옵션가치의 최소치는 0이고 최대치는 무한대
   - 가치의 소모성 : 계약만기일이 다가올수록 시간가치 하락. 즉 소모성 상품

2) 옵션가격 결정 요소
   ① 프리미엄(옵션가격) = 행사가치 + 시간가치
   ② 행사가치 : 옵션의 권리를 행사하는 경우에 확실하게 얻어지는 이익
                  (내재가치 또는 본질가치라고도 한다)
      - 콜옵션의 행사가치 = 기초자산가격(S) − 행사가격(X) (≥0)
      - 풋옵션의 행사가치 = 행사가격(X) − 기초자산가격(S) (≥0)
   ※ 행사가치의 특징
      내가격(ITM)옵션의 행사가치는 기초자산가격에 따라 비례적으로 증가
      등가격(ATM)옵션과 외가격(OTM)옵션의 행사가치는 '0'
   ③ 시간가치 : 옵션가격이 향후 보다 유리하게 진행될 가능성에 대한 기대치
              (외재가치라고도 한다)
          시간가치 = 프리미엄 − 행사가치로 나타낸다
      - 콜옵션의 시간가치 = 프리미엄 − (기초자산가격(S) − 행사가격(X)) (≥0)
      - 풋옵션의 시간가치 = 프리미엄 − (행사가격(X) − 기초자산가격(S)) (≥0)
   ※ 시간가치의 특징
      등가격(ATM)일 때 시간가치는 최대
      등가격(ATM)에서 멀어질수록 시간가치는 체감
      Deep OTM, Deep ITM에서도 시간가치는 존재(즉 0나 − 는 아니다)
      ※ ITM,ATM,OTM옵션 : S ~ X 와의 관계로 이해

구분	콜옵션	풋옵션	비고
내가격(ITM)	S > X	S < X	ITM : 권리행사시 이익 발생
등가격(ATM)	S = X	S = X	S : 기초자산가격
외가격(OTM)	S < X	S > X	X : 행사가격

④ 옵션가격결정 요인

기초자산가격(S), 행사가격(X), 이자율(r), 잔존기간(t), 가격변동성(δ)

구분	콜옵션 가격	풋옵션 가격	비고
S↑	상승	하락	C (콜옵션 가격) = S - X
X↑	하락	상승	P (풋옵션 가격) = X - S로 생각
t↑	상승	상승	
δ↑	상승	상승	
r↑	상승	하락	옵션가격에 미치는 영향이 미미함

1. 기본관계식

(1) c ≤ S, C ≤ S

- 콜옵션의 가치는 0보다 작을 수 없다 즉 C = max(0, S-X) ≥ 0
- 콜옵션의 가치는 기초자산의 가격보다 클 수 없다 즉 C ≤ S
- 콜옵션의 가격은 기초자산의 가격에서 행사가격의 현재가치를 차감한 값보다 크다.
  즉 C ≥ S - X/(1+r)

(2) p ≤ X, P ≤ X

- 풋옵션의 가치는 0보다 작을 수 없다 즉 P = max(0, X-S) ≥ 0
- 풋옵션의 가치는 행사가격보다 클 수 없다 즉 P ≤ X
- 풋옵션의 가격은 행사가격의 현재가치에서 기초자산의 가격을 차감한 값보다 크다.
  즉 P ≥ X/(1+r)

(3) 풋-콜 패리티 정리 (Put-Call Parity Theorem)

동일한 만기, 동일한 행사가격을 갖는 풋과 콜옵션 가격 사이에 성립하는 관계식
- 풋-콜 등가식 : $P + S = C + X/(1+r)$

(4) 조건의 증명

주식을 매입하고 동일 행사가격의 풋옵션을 매수하고 콜옵션을 매도하는 경우 만기시 가치를 확인함으로써 증명이 가능하다

포트폴리오 구성	만기에서의 수익(Payoff)	
	$S(T) < X$ 인 경우	$S(T) > X$ 인 경우
주식매입(S)	$S(T)$	$S(T)$
콜옵션 매도(-C)	0	$-(S(T) - X)$
풋옵션 매수(P)	$X - S(T)$	0
$S + P - C$	X	X

즉 만기시에는 항상 X만큼 가치는 항상 유지할 수 있다.

이를 현재가치로 환산하면 $S + P - C = X/(1+r) \Leftrightarrow P + S = C + X/(1+r)$

※ 콜옵션과 풋옵션의 관계

- 풋-콜 등가식이 성립하지 않으면 차익거래가 가능하다(컨버전, 리버설 등)
- ATM의 경우, 콜옵션의 가치가 풋옵션의 가치보다 크다 (C > P)

    즉 $C - P = S - X/(1+r) = S - S/(1+r) > 0$ (ATM은 S=X를 의미)
- 선물옵션의 경우에는 ATM에서 C = P 이다

※ 풋-콜 패리티 정리의 해석

① 주식보유 + 풋매입 = 콜매입 + 채권매입 (액면가 X)

② 풋매입 = 콜매입 + 채권매입 - 주식공매 등으로 변형이 가능

③ 콜, 풋의 적정가격을 구할 때 이용

> 예제) 만기가 1년이고 행사가격이 10,500원인 유럽식 콜옵션의 가격이 1,500이다. 기초자산은 배당을 지급하지 않으며 현재가격은 11,000원이다. 풋-콜 패리티를 고려할 때 조건이 동일한 유럽식 풋옵션의 가격은 얼마인가? (무위험이자율 연 5%이다)
> 답) 풋-콜 패리티 정리에 의해 $P = C + X/(1+r) - S$ 이므로
> $P = 1,500 + 10,500/1.05 - 11,000 = 500$ 원

2. 옵션을 이용한 각종 스프레드 전략

* 옵션을 이용한 전략 유형

옵션전략은 시장의 방향성(상승/하락)과 기초자산가격의 변동성(급변/횡보)이라는 2요소에 따라 이루어진다. 현물이나 선물은 시장흐름 즉 가격이 오르고 내리는 경우에 한해 이익을 얻을 수 있으나 옵션은 가격의 방향은 물론 방향에 상관없이 가격이 급변하거나 횡보하는 경우에도 이익을 실현할 수 있다.

구분	투자전략	사용시기
단순투자기법	콜옵션 매입	강세시장 예상시
	콜옵션 매도	약세시장 예상시
	풋옵션 매입	약세시장 예상시
	풋옵션 매도	강세시장 예상시
헤지거래	Protective Put	시세하락 예상시
	Covered Call	약보합장세 예상시

스프레드거래	수직강세스프레드	강세시장 예상시
	수직약세스프레드	약세시장 예상시
	시간스프레드 매입	가격변동성이 크지 않을 경우
	시간스프레드 매도	가격변동성이 큰 경우
	버터플라이 매수	가격변동성이 크지 않을 경우
	버터플라이 매도	가격변동성이 큰 경우
	Back 스프레드	가격변동성이 큰 경우
	Ratio Vertical	가격변동성이 작은 경우
컴비네이션	스트래들 매수	가격변동성이 큰 경우
	스트래들 매도	가격변동성이 크지 않을 경우
	스트랭글 매수	가격변동성이 큰 경우
	스트랭글 매도	가격변동성이 작은 경우
차익거래	컨버젼	콜 고평가시 → 콜매도, 풋매입, 옵션기준물매입
	리버설	콜 저평가시 → 콜매입, 풋매도, 옵션기준물매도
합성선물	합성선물 매수	콜 저평가시 (콜옵션 매수+풋옵션 매도)
	합성선물 매도	콜 고평가시 (콜옵션 매도+풋옵션 매수)

■ 옵션투자전략 손익 그래프

콜 매수	콜 매도	풋 매수	풋 매도
Protective Put	Covered Call	수직강세스프레드	수직약세스프레드
Long Time Spread	Short Time Spread	버터플라이 매수	버터플라이 매도
스트래들 매수	스트래들 매도	스트랩	스트립
스트랭글 매수	스트랭글 매도	합성선물 매수	합성선물 매도
컨버젼	리버설	백 스프레드	레이시오 버티컬

■ 스프레드 거래

동일한 기초자산을 대상으로 하는 옵션 중에서 행사가격 또는 만기일이 서로 다른 동일한 종류(콜 또는 풋)의 옵션을 각각 같은 단위로 매입 또는 매도하는 전략

(1) 불스프레드

수직 강세 콜 스프레드

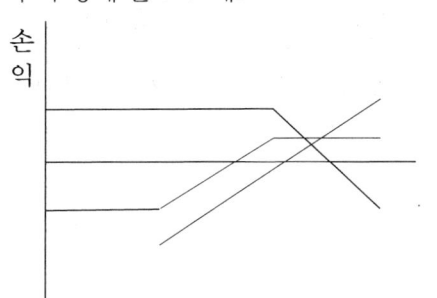

사용시기 : 주가 상승 예상시
구성 : 낮은 콜 매입(X1)+높은 콜 매도(X2)
손익분기점 : 낮은 행사가격(X1)+프리미엄차(C1-C2)
최대이익 : 행사가격차(X2-X1)-프리미엄차(C1-C2)
최대손실 : -프리미엄차(C1-C2)

※ 콜옵션 이므로 C1 > C2
  초기비용이 들어감

※ 손익구조

구분	$S(t) \leq X1$	$X1 \leq S(t) \leq X2$	$X2 < S(t)$
콜매입(X1)	0	S(t)-X1	S(t)-X1
콜매도(X2)	0	0	-(S(t)-X2)
프리미엄	-(C1-C2)	-(C1-C2)	-(C1-C2)
전체손익	-(C1-C2)	(S(t)-X1)-(C1-C2)	(X2-X1)-(C1-C2)

손익분기점(BEP)은 (S(t)-X1)-(C1-C2)=0 이므로 S(t)=X1+(C1-C2) 에서 X1+(C1-C2)

수직 강세 풋 스프레드

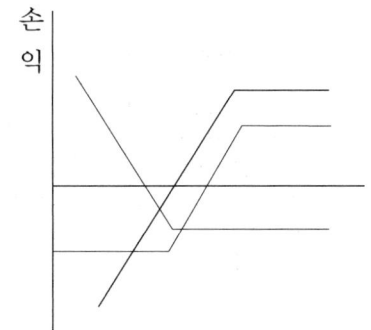

사용시기 : 주가 상승 예상시
구성 : 낮은 풋 매입(X1)+높은 풋 매도(X2)
손익분기점 : 높은 행사가격(X2)-프리미엄차(P2-P1)
최대이익 : 프리미엄차(P2-P1)
최대손실 : -[행사가격차(X2-X1)-프리미엄차(P2-P1)]

※ 풋옵션 이므로 P2 > P1
  초기비용이 안 들어감

※ 손익구조

구분	S(t)≤X1	X1≤S(t)≤X2	X2< S(t)
콜매입(X1)	X1−S(t)	0	0
콜매도(X2)	−(X2−S(t))	−(X2−S(t))	0
프리미엄	(P2−P1)	(P2−P1)	(P2−P1)
전체손익	−[(X2−X1)(P2−P1)]	(S(t)−X2)+ (P2−P1)	(P2−P1)

손익분기점(BEP)은 (S(t)−X2)+(P2−P1)=0 이므로 S(t)=X2−(P2−P1) 에서 X2−(P2−P1)

(2) 베어스프레드

수직 약세 콜 스프레드

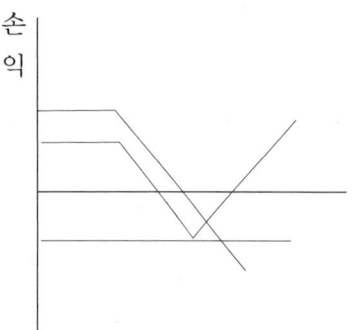

사용시기 : 주가 하락 예상시
구성 : 낮은 콜 매도(X1)+높은 콜 매입(X2)
손익분기점 : 낮은 행사가격(X1)+프리미엄차(C1−C2)
최대이익 : 프리미엄차(C1−C2)
최대손실 : −[행사가격차(X2−X1)−프리미엄차(C1−C2)]

※ 콜옵션 이므로 C1 > C2
  초기비용이 안 들어감

※ 손익구조

구분	S(t)≤X1	X1≤S(t)≤X2	X2< S(t)
콜매입(X1)	0	−(S(t)−X1)	−(S(t)−X1)
콜매도(X2)	0	0	(S(t)−X2)
프리미엄	(C1−C2)	(C1−C2)	(C1−C2)
전체손익	(C1−C2)	−[(S(t)−X1)−(C1−C2)]	−[(X2−X1)−(C1−C2)]

손익분기점(BEP)은 (S(t)−X2)+(P2−P1)=0

수직 약세 풋 스프레드

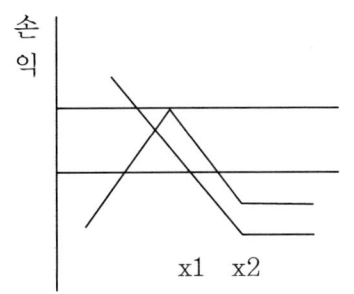

사용시기 : 주가 하락 예상시
구성 : 낮은 풋 매도(X1)+높은 풋 매입(X2)
구성 : 낮은 풋 매도(X1)+높은 풋 매입(X2)
손익분기점 : 높은 행사가격(X2)-프리미엄차(P2-P1)
최대이익 : 행사가격차(X2-X1)-프리미엄차(P2-P1)
최대손실 : -프리미엄차(P2-P1)

※ 풋옵션 이므로 P2 〉 P1
   초기비용이 들어감

※ 손익구조

구분	$S(t) \leq X1$	$X1 \leq S(t) \leq X2$	$X2 < S(t)$
콜매입(X1)	$-(X1-S(t))$	0	0
콜매도(X2)	$(X2-S(t))$	$(X2-S(t))$	0
프리미엄	$-(P2-P1)$	$-(P2-P1)$	$-(P2-P1)$
전체손익	$(X2-X1)-(P2-P1)$	$(X2-S(t))-(P2-P1)$	$-(P2-P1)$

손익분기점(BEP)은 $(X2-S(t))-(P2-P1)=0$ 이므로 $S(t)=X2-(P2-P1)$ 에서 $X2-(P2-P1)$

※ 콜로 구성하는 경우와 풋으로 구성하는 경우의 차이

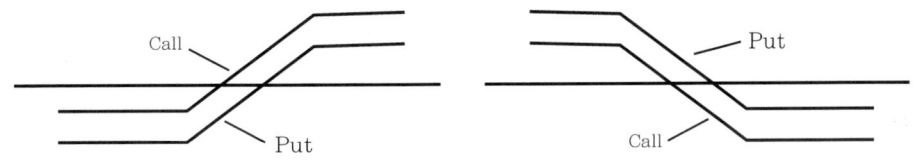

(3) 수평스프레드와 수직스프레드

  - 수직스프레드 : 행사가격이 다른 옵션을 이용
  - 수평스프레드 : 만기월이 다른 옵션을 이용

(4) 대각스프레드

행사가격과 만기월이 다른 옵션을 이용

(5) 백스프레드와 비율스프레드

콜 백스프레드(Call BackSpread)

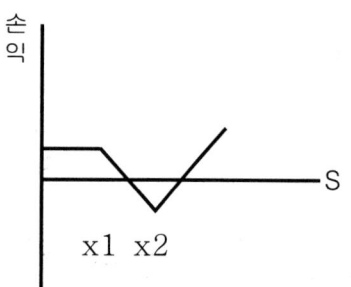

사용시기 : 가격 변동성이 클 경우
         특히 상승 가능성이 클 경우
구성 : 낮은 콜 매도(X1)+높은 콜 매입(X2)×2

콜 레이시오 버티컬 스프레드(Call Ratio Vertical Spread)

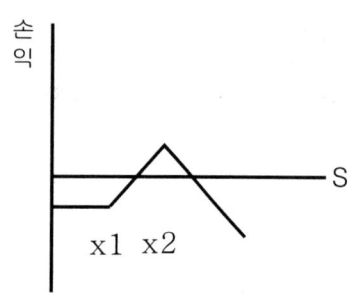

사용시기 : 가격 변동성이 작을 경우
구성 : 낮은 콜 매수(X1) +높은 콜 매도(X2)×2

(6) 스트래들

스트래들(Straddle) 매수

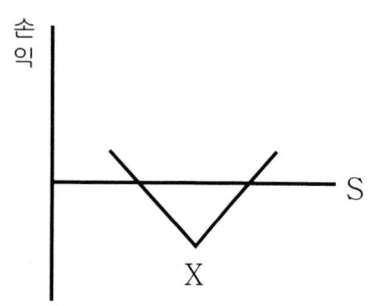

사용시기 : 가격 변동성이 클 경우
구성 : 콜 매수(X) + 풋 매수(X)
      즉 만기와 행사가격이 동일한 콜, 풋옵션 이용
손익분기점 : 행사가격(X)−프리미엄합(C+P)
            행사가격(X)+프리미엄합(C+P)
최대이익 : 무한대
최대손실 : −프리미엄합(C+P)

스트래들(Straddle) 매도

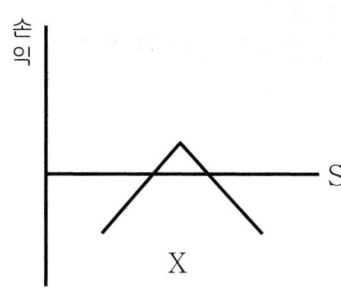

사용시기 : 가격 변동성이 작을 경우
구성 : 콜 매도(X) + 풋 매도(X)
손익분기점 : 행사가격(X)−프리미엄합(C+P)
　　　　　　행사가격(X)+프리미엄합(C+P)
최대이익 : 프리미엄합(C+P)
최대손실 : 무한대

(7) 스트랭글

스트랭글(Strangle) 매수

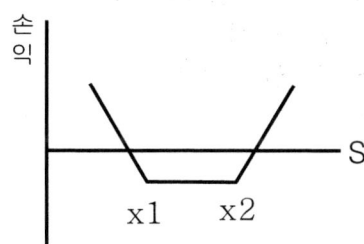

사용시기 : 가격 변동성이 클 경우
구성 : 콜 매수(X2) + 풋 매수(X1)
　　　즉 만기는 동일하고 행사가격이 틀린 콜,풋 이용
손익분기점 : 낮은행사가격(X1)−프리미엄합(C+P)
　　　　　　높은행사가격(X2)+프리미엄합(C+P)
　최대이익 : 무한대
　최대손실 : −프리미엄합(C+P)

스트랭글(Strangle) 매도

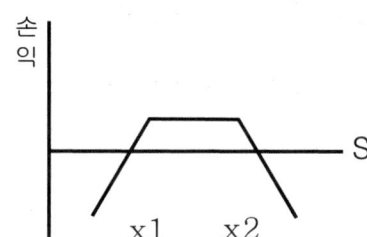

사용시기 : 가격 변동성이 작을 경우
구성 : 콜 매도(X2) + 풋 매도(X1)
손익분기점 : 낮은행사가격(X1)−프리미엄합(C+P)
　　　　　　높은행사가격(X2)+프리미엄합(C+P)
최대이익 : 프리미엄합(C+P)
최대손실 : 무한대

(8) 나비스프레드

버터플라이 매수

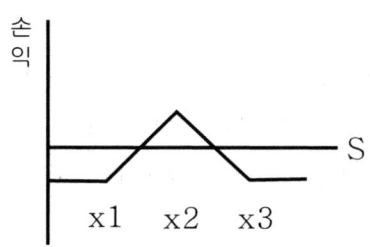

사용시기 : 가격 변동성이 작을 경우
구성 : 콜 매수(X1)+콜 매도(X2)×2+콜 매수(X3)
　　　풋으로도 구성 가능

버터플라이 매도

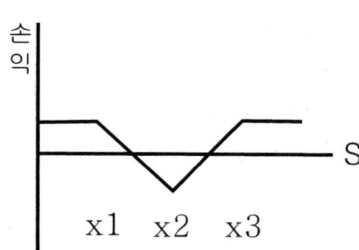

사용시기 : 가격 변동성이 클 경우
구성 : 콜 매도(X1)+콜 매수(X2)×2+콜 매도(X3)
　　　 풋으로도 구성 가능

(9) 시간스프레드

시간(수평) 스프레드 매입(Long Time Spread)

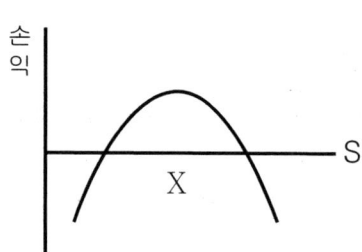

사용시기 : 기초자산가격이 안정되기를 기대시
　　　　　내재변동성의 증가 예상시
구성 : 근월물 콜매도(X) + 원월물 콜매입(X)
　　　풋으로도 구성 가능

시간(수평) 스프레드 매도(Short Time Spread)

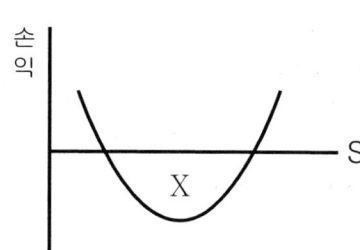

사용시기 : 기초자산가격이 급변하기를 기대시
　　　　　내재변동성의 감소 예상시
구성 : 근월물 콜매입(X) + 원월물 콜매도(X)
　　　풋으로도 구성 가능

※ 시간스프레드의 특성

- 시간경과에 따른 옵션가치의 소모
　기초자산가격이 안정적으로 변할 때 옵션의 시간가치는 근월물이 급속도로 감소하게 된다. 왜냐하면 만기가 가까울수록 시간가치의 하락속도가 빠르기 때문이다. 따라서 기초자산가격이 안정적으로 변할 때는 근월물 매도, 원월물 매입이 유효하다
- 변동성에 따른 옵션가치 변화

변동성은 근월물보다 원월물이 더 민감하게 반응한다

따라서 변동성이 증가 시에는 근월물 매도, 원월물 매입이 유효하다

(10) 옵션을 이용한 차익거래

■ 합성 포지션(Synthetic Positions)

합성선물(Synthetic Futures) : 같은 행사가격과 만기를 가진 콜과 풋옵션을 결합

합성선물 매수(Synthetic Long)

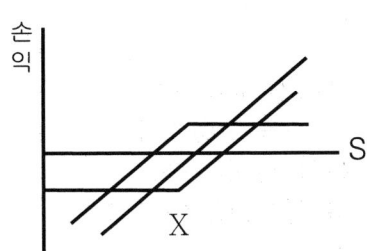

구성 : 콜 매수(X) + 풋 매도(X)

합성선물 매도(Synthetic Short)

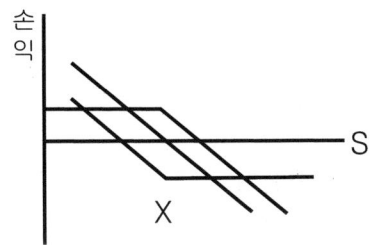

구성 : 콜 매도(X) + 풋 매수(X)

■ 차익거래

옵션가격의 일시적인 불균형 발생시 고평가된 옵션은 매도하고 저평가된 옵션은 매수하여 무위험 수익을 얻을 수 있는 전략이다

- 옵션기준물과 옵션 동시 이용 : 컨버젼, 리버설
- 옵션만 이용 : 크레디트 박스, 데빗 박스

컨버젼(Conversion)

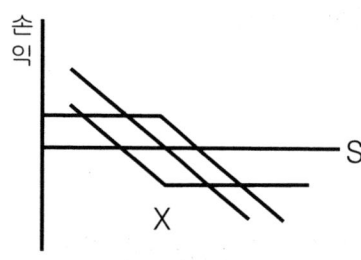

사용시기 : 콜옵션 고평가, 풋옵션 저평가시
        (또는 옵션기준물 가격 저평가시)
구성 : 콜매도 + 풋매수 + 옵션기준물 매수
     합성선물 매도(X) + 옵션기준물 매수(S)
만기시 차익 : (X−S)+(C−P)

※ 초기비용이 안 들어감

리버설(Reversal, Reverse Conversion)

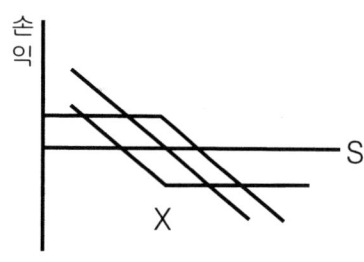

사용시기 : 콜옵션 저평가, 풋옵션 고평가시
        (또는 옵션기준물 가격 고평가시)
구성 : 콜매수 + 풋매도 + 옵션기준물 매도
     합성선물 매수(X) + 옵션기준물 매도(S)
만기시 차익 : (S−X)+(P−C)

※ 초기비용이 안 들어감

3. 옵션가격결정이론

*기본원리 : 만기시점의 옵션 기대가치를 이자율로 할인하여 구한다

(1) 이항모형가격결정 : Cox, Ross, Rubinstein

○ 무위험 헤지포트폴리오

보유 포트폴리오의 가격변동에 상관없이 만기시 확실한 보장가치를 얻는다는 가정 → 옵션의 가격은 상승/하락할 확률 및 투자자의 위험선호도와 무관함

(가격결정 예)
  현재 주식의 가격(S)이 40이고 3개월 후 주가는 45 또는 35가 된다고 하자 이 때 주식의 만가가치와 콜옵션의 만기가치는 다음과 같다

이제 주식 1주를 매입하고 콜옵션n개를 매도(행사가격=40)한다고 가정하면 보유 포트폴리오의 만기시 가치는 다음과 같다

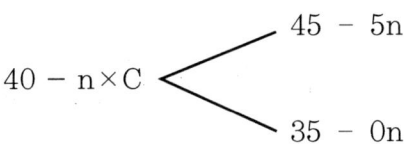

한편, 만기가치의 불확실성을 완전히 제거하려면 45 − 5n = 35 이고 n=2. 즉 2개의 콜옵션을 매도하면 주가의 변동에 상관없이 만기시 확실한 35의 가치를 얻을 수 있다. 이것이 무위험 헤지포트폴리오의 개념이다

현재시점의 포트폴리오 보유비용은 40 − 2C 이고 기말에 35의 가치가 되므로 만약 3개월 동안의 이자율이 2%라 가정하면 유럽형 콜옵션의 가격은 다음과 같다.

(40 − 2C)(1+0.02) = 35   C=2.84

O 위험중립적 가치평가

옵션가격은 투자자 위험선호도와 무관하므로 투자자들이 위험중립적이라고 가정

(가격결정 예)

현재 주식가격(S)이 40이고 45로 상승할 확률을 p, 35로 하락할 확률을 (1−p), 그리고 3개월간 무위험이자율은 2% 라 하면

위험중립적 가정하에 주식의 만기기대가치 = 현재가치(1+무위험이자율)

즉 45p + 35(1−p) = 40(1+0.02)   따라서 p=0.58 (58%) 이다.

한편 콜옵션의 만기 기대가치 E(C) =5p + 0(1−p) = 5×0.58 + 0×0.42 = 2.90

이제 콜옵션의 만기 기대가치를 무위험이자율로 할인하여 현재가치를 구하면

$C = E(C) / (1+0.02) = 2.90 / 1.02 = 2.84$ 그러므로 C=2.84

※ 결론 : 위의 2가지 가정 모두 옵션의 현재가치는 동일하다 즉,

옵션의 가치는 주가가 상승 또는 하락할 확률과는 무관하게 결정된다
옵션의 가치는 투자자들의 위험선호도에 관계없이 결정된다
- 옵션의 가치를 설명하는 확률변수는 기초주식의 가격뿐이다

(2) 블랙-숄즈 옵션가격결정모형

○ 기본가정
- 기준물의 거래가 불연속이 아니라 지속적(Continuous)으로 이루어지므로 항상 가격의 변동이 일어나고 있다
- 기준물의 1일 가격변동치가 로그정규분포를 따른다
- 옵션 잔존기간 동안 무위험 이자율이 변하지 않는다
- 가격의 변동성은 옵션의 잔존기간 동안 고정되어 있다
- 옵션 잔존기간 동안 주식배당금이나 쿠폰지불금 같은 배당금의 지불이 없다
- 옵션의 행사는 단지 만기일에만 할 수 있는 유럽식 옵션의 가격을 산정한다

유럽형 콜옵션과 풋옵션의 가격(배당이 없는 경우)

$C = S \cdot N(d_1) - X \cdot e^{-rt} \cdot N(d_2)$

$P = -S \cdot N(-d_1) + X \cdot e^{-rt} \cdot N(-d_2)$

유럽형 콜옵션과 풋옵션의 가격
(배당이 있는경우: 배당금의 현가를 주식에서 차감)

$C = S(d) \cdot N(d_1) - X \cdot e^{-rt} \cdot N(d_2)$

$P = -S(d) \cdot N(-d_1) + X \cdot e^{-rt} \cdot N(-d_2)$

예제) A주식의 현재가격이 10,000원이고 3개월 후 가격이 13,000원 또는 8,000원이 될 것으로 예상, A주식에 대한 유럽식 콜옵션(만기 3개월)의 행사가격이 11,000원 일 때 A주식 1주를 소유한 투자자가 무위험헤지를 하기 위하여 몇단위 콜옵션을 매도 해야 하는가? (주식옵션의 계약단위 1주임)

답) 현재 10,000원 주식이 만기 시 13,000원 또는 8,000원이 된다면 행사가격 11,000원 콜옵션의 가치는 2,000원 또는 0가 될 것이다. 이제 주식1주에 대해 해당 콜옵션 n주를 매도하여 헤지를 한다면 현재 포트폴리오는 S-C*n 이고 만기시는 13000-2000n 또는 8000-0n이 되고 무위험 헤지이므로 13000-2000n=8000-0n이 되어야 한다. 따라서 n=2.5가 된다

즉 주식1주당 콜옵션2.5단위를 매도하면 헤지가 가능하다

예제) 현재 기초자산의 가격은 10,000원이고 1년 후에 12,000원으로 상승하거나 8,000원으로 하락할 것으로 예상된다. 1년만기 무위험이자율이 연 10%이다. 행사가격이 10,000원이고 만기가 1년인 유럽식 콜옵션의 가치 P는 얼마인가?

답) 이항모형에 의한 옵션가격을 결정하는 문제이다

1) 주식의 만기가치 = S(1+r) 이고 상승할 확률을 p라 하면
10000(1+0.1) = 12000* p + 8000*(1-p) 라 할 수 있다 여기서 p=0.75
2) 콜옵션의 만기가치는 2000*0.75 + 0*(1-0.75) = 1500원
3) 콜옵션의 현재가치는 1500원/1+r = 1500/1.1 = 1363.63원

(3) 포트폴리오 보험전략(Portfolio Insurance)

포트폴리오의 수익률이 시세 하락시에는 일정수준 이하로 하락하는 것을 방지하고, 시세 상승시에는 그에 따른 이익을 얻고자 하는 투자전략이다. -〉 주로 시세하락에 대비

① 방어적 풋옵션 전략(Protective Put)

포트폴리오 보유 + 풋옵션 매수 → 콜옵션 매수와 유사

※ 방어적 풋옵션 전략은 손익 그래프 모양이 중요하다.

→ 나중에 옵션투자전략을 참조

단점 : 풋매수 비용이 많이 듬

② 동적자산배분 전략(Dynamic Assets Allocation)

특정자산에 집중 투자함으로 발생하게 될 위험을 회피하고 안정된 수익을 확보하기 위해 분산투자원리에 기초하여 위험은 최소화하고 수익은 최대화하는 전략

→ 주식, 채권, 기타금융자산에 분산투자

단점 : 자산의 재조정이 필요

③ 동적헤징 전략(Dynamic Hedging)

포트폴리오 보유 + 선물매도 -〉 무위험자산 보유와 유사

단점 : 추적오차위험, 베이시스위험, 만기불일치 문제 등 발생

4. 옵션포지션분석 : 델타(Δ), 감마(Γ), 쎄타(Θ), 베가(v), 로(ρ)

(1) 옵션델타(Delta)

= 옵션가격의 변화분 / 기초자산가격의 변화분

(예) 델타가 0.5 -〉 기초자산가격이 1움직일 때 옵션가격이 0.5 움직임

- 델타의 범위 : 0≤콜옵션의 델타≤1, -1≤풋옵션의 델타≤0
- Deep-OTM 일수록 델타는 0에 가깝고 Deep-ITM일수록 1, -1에 가깝다
- 기초자산가격이 상승할수록 콜, 풋옵션의 델타는 모두 상승한다

  즉 콜옵션은 내가격옵션인1에 풋옵션은 외가격 옵션인 0 에 가까워 진다
- 델타는 ITM옵션으로 남아있을 확률을 의미한다

  콜옵션의 경우 OTM -〉 ITM ⇒ 0 -〉 1 변화 cf. ATM옵션의 델타는 0.5
- 델타는 헤지비율을 결정하는데 사용한다. 즉 h = 1 / 델타

  (예) 델타가 -0.5인 옵션의 경우 기초자산1개 매수시 풋옵션2개 매수하면 위험을 완전 제거할 수 있다. 즉 헤지비율 h = 2 이다
- 델타중립포지션 : 다수의 옵션을 결합한 옵션포지션으로서 기초자산 가격의 움직임에 무관한 상태 cf. 완전헤지와 동일한 의미

  (예) 델타 0.6인 콜옵션1개와 델타 -0.3인 풋옵션2개 보유시

  포지션델타 = 0.6×1 + -0.3×2 = 0

(2) 감마(Gamma)

= 델타의 변화분 / 기초자산가격의 변화분

(예) 감마 0.003 -> 기초자산가격이 1움직일 때 델타가 0.003움직임

　어떤 콜옵션의 감마가 0.003 이고 델타가 0.50일 때 기초자산가격이 30 상승
하였다면 보유한 콜옵션의 델타는 상승할 것이다

　　즉 델타의 변화분 = 감마 × 기초자산가격의 변화분 = 0.003 × 30 = 0.09

　　그러므로 상승한 새로운 델타 = 0.50 + 0.09 = 0.59

　- 감마는 콜,풋옵션 모두 0 보다 크다. 즉 감마 ≥ 0
　- 델타는 기초자산가격 변화의 방향을 나타내고 감마는 변화의 크기(폭)를 나타낸다
　- 감마가 클수록 기초자산가격 변화에 대한 옵션가격변화가 커지므로
　 델타중립포지션을 유지하기가 매우 어렵다
　- 감마의 값은 ATM에서 가장 커지고 Deep-OTM, Deep-ITM으로 갈수록 작아
　 진다

(3) 베가(Vega, Kappa)

= 옵션가격의 변화분 / 변동성의 변화분

(예) 베가 0.5 -> 매 1% 변동성 변동에 옵션가격이 0.5 씩 변동함

　즉 변동성이 15% 이고 현재가치가 5.25 인 옵션의 경우 변동성이 16% 로 올라가면
옵션의 가치는 5.75가 되고 변동성이 14% 로 내려가면 옵션의 가치는 4.75가 된다

　- 베가는 항상 양의 값이다. 즉 베가 ≥ 0
　- 베가는 ATM에서 가장 크다
　- 베가와 잔존기간 : 잔존기간이 길수록 베가는 증가한다(비례관계)
　- 베가와 변동성 : 변동성이 높을수록 베가는 증가한다

(4) 쎄타(Theta)

= 옵션가격의 변화분 / 시간의 변화분

(예) 쎄타 -0.25 -> 기간이 하루 지남에 따라 옵션가격이 0.25 감소함

　- 시간가치가 크게 변할수록 쎄타도 커진다
　- 쎄타의 가치는 손실을 의미하므로 통상 음의 숫자로 표시한다. 즉 쎄타 ≤ 0
　- 쎄타는 ATM 옵션이 가장 민감하다

- 쎄타와 잔존기간 : 잔존기간이 짧을수록 쎄타는 커진다
  즉 만기가 다가올수록 시간가치는 급속히 감소하게 되므로 쎄타는 커진다

(5) 로(Rho)

  = 옵션가격의 변화분 / 금리의 변화분
   - 옵션의 가격은 금리변화에 비탄력적이다
   - 일반적으로 콜옵션은 +로, 풋옵션은 -로를 갖는다

※ 보유 총포지션 민감도 구하기

예1) 감마2.5인 옵션5계약을 매수하고 감마4.0인 옵션2계약을 매도시
  총감마포지션 = 2.5×5 + 4.0×(-2) = 4.5
예2) 쎄타 -0.05인 옵션9계약을 매수하고 쎄타 -0.08인 옵션4계약을 매도시
  총쎄타포지션 = - 0.05×9 + - 0.08×(-4) = - 0.13

■ **옵션포지션과 시장상황**

민감도지표	포지션	시장상황
델타	+ -	기초자산가격이 상승하면 유리 기초자산가격이 하락하면 유리
감마	+ -	기초자산가격이 크게 변할 때 유리 기초자산가격이 천천히 변할 때 유리
쎄타	+ -	잔존기간이 짧을수록 유리 잔존기간이 길수록 유리
베가	+ -	기초자산가격의 변동성이 클수록 유리 기초자산가격의 변동성이 작을수록 유리
로	+ -	이자율이 상승시 유리 이자율이 하락시 유리

■ 옵션포지션과 민감도지표와의 관계

	델타포지션	감마포지션	쎄타포지션	베가포지션	로포지션
옵션기준물 매입	+	0	0	0	0
옵션기준물 매도	−	0	0	0	0
콜옵션 매입	+	+	−	+	+
콜옵션 매도	−	−	+	−	−
풋옵션 매입	−	+	−	+	−
풋옵션 매도	+	−	+	−	+

(6) 시장상황의 변화가 옵션가치에 미치는 영향

- 기초자산의 변동성이 증가할 경우 옵션가치의 변화분이 가장 큰 옵션은 등가격옵션이고 옵션가치의 변화율이 가장 큰 것은 외가격옵션이다.
- 콜옵션의 델타값은 0에서 1까지 분포되고 풋옵션의 델타값은 0에서 −1까지 분포된다. 등가격옵션의 델타값은 대략 0.5수준이다.
- 변동성이 증가할 경우 콜옵션의 델타값은 1로, 풋옵션의 델타값은 0에 수렴한다.
- 변동성이 증가할 경우 두 옵션의 델타값이 동일하다는 전제하에서 장기옵션의 가격이 단기옵션보다 큰 폭으로 변하게 된다.
- 등가격단기옵션이 등가격장기옵션보다 쎄타값이 크게 된다.
- 시간의 경과에 따른 옵션의 가격변화는 변동성의 감소와 동일한 효과를 갖는다. 옵션의 잔여만기가 감소할 경우 변동성의 감소와 동일한 효과가 나옴.
- 등가격옵션의 경우 변동성이 감소하거나 시간이 경과할 경우 감마값이 크게 증가할 수 있다.

1-3 금리선물거래전략

1. 금리선물의 의의

정의 : 시장금리변동에 따른 금융자산의 가격변동위험을 헤지하기 위하여 장래 일정시점
에서의 예상이자율을 매매하는 거래
만기 : 선물뿐 아니라 현물에도 만기가 존재
대상 : 주로 채권, 금리상품(CD, 유로달러 등)
분류 : 단기금리선물(만기1년 이하), 장기금리선물(만기1년 이상)
거래방식 : 채권가격으로 거래(T-Note선물, T-Bond선물)
  기초자산의 금리를 지수화하여 거래(유로달러선물, T-Bill선물)
금리선물의 이용방법
금리하락 예상 → 채권가격상승 → 듀레이션 연장 → 금리선물 매수
금리상승 예상 → 채권가격하락 → 듀레이션 단축 → 금리선물 매도

2. 단기금리선물

(1) 단기금리선물의 종류

단기금리선물 : 유로달러선물, T-Bill선물, CD선물
장기금리선물 : T-Bond선물, T-Note선물, KTB선물(국채선물)

(2) 유로달러 금리선물 개요

유로달러 : 미국 화폐인 달러가 미국이 아닌 지역에서 거래되는 것을 말함
cf. 유럽에서 거래되는 달러의 의미가 아님

구분	유로달러선물	T-Bond선물
기초자산	3개월 LIBOR 금리	T-Bond채권
선물종류	단기금리선물	장기금리선물
거래소	CME에서 주로 거래	CBOT에서 주로 거래
거래단위	1계약 $1,000,000	1계약 $100,000
가격표시	IMM지수 (100 - 수익률) 예) 95.35	액면가100을 기준으로 표시 예) 100-16
이론가격	100 - 금리	$S + S(r-d)*d/365$
호가단위	0.01%(1bp=1tick) 1Tick = 1,000,000 * 1/10000 * 90/360 = $25	1/32(1bp=1tick) 1Tick = 100,000 * 1/32 * 1/100 = $31.25
결제월	3, 6, 9, 12 월	3, 6, 9, 12 월
결제방식	현금차액결제	실물인수도
우리나라	CD선물	국채선물

(3) 유로달러선물의 가격결정

1) 이론선도금리(IFR : Implied Forward Rate)
   미래의 단기수익률을 예고하는 지표

예) 만기90일 이자율, 만기270일 이자율이 주어졌을 때 90일 이후 이자율은?

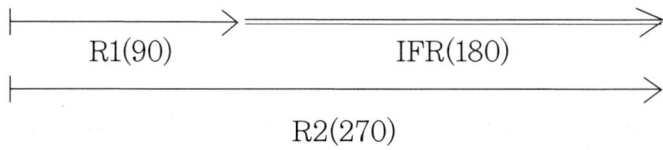

이론적으로 270일 동안 R2 이자율에 투자하는 것과 90일간 R1 이자율에 투자하고 180

일간 IFR 이자율에 재투자하는 것의 손익이 같아야 함

[1+R(270) * 270/360] = [1+R1 * 90/360] * [1+IFR * 180/360]

주의 : 1년을 360일로 봄

2) 유로달러선물의 이론가격

= 100 - 이론선도금리 => IMM지수방식
- 이론가격을 구하기 위해서는 특정기간의 이론선도금리만 구하면 된다
- 유로달러선물은 만기가 3,6,9,12월물로 특화되어 있다
- 유로달러선물12월물은 12월 셋째주 수요일부터 90일간의 금리수준을 의미함
- 즉11월 현재 12월물 유로달러 선물가격에 포함된 금리는 이듬해 3월까지 4개월간 유로금리와 현재부터12월까지의 1개월간 유로금리수준에 의하여 결정
- 만약 12월 유로달러선물가격이 95.00 이라면 이는 12월 셋째주 수요일부터 90일간의 금리가 5% 임을 의미

3) 유로달러선물을 이용한 차익거래

이론선물가격 < 실제선물가격 (선물 고평가시)

⇒ 매수차익거래 : 현물매수 + 선물매도

이론선물가격 > 실제선물가격 (선물 저평가시)

⇒ 매도차익거래 : 현물매도 + 선물매수
- 금리 현/선물 매수 : 자금대출 + 이자수취 => 대출(운용)이자율을 의미
- 금리 현/선물 매도 : 자금조달 + 이자지급 => 차입(조달)이자율의 의미
- 유로달러선물95.00매수의 의미 : 해당월 3째주 수요일부터 90일간 100만 달러를 대출하고 선물가격에 포함된 5%의 대출이자율을 매도자에게 수취
- 유로달러선물95.00매도의 의미 : 해당월 3째주 수요일부터 90일간 100만 달러를 차입하고 선물가격에 포함된 5%의 차입이자율을 매수자에게 지급

4) 유로달러선물을 이용한 헤지거래
- 매입헤지 : 향후 금리하락(채권가격상승)으로 인한 손실에 대비하여 선물 매입
 예) 고금리로 자금을 차입하고 있는 기업의 경우, 금리하락시의 기회손실에 대비
- 매도헤지 : 향후 금리상승(채권가격하락)으로 인한 손실에 대비하여 선물 매도

예) 자금차입을 예정하고 있는 기업의 경우, 금리상승시의 기회손실에 대비

3. 장기금리선물거래전략

(1) 장기금리선물의 종류

(2) 미재무성채권선물

- T-Bond선물 : 대표적인 장기금리선물

1) 매매조건

   2) 가격표시방법 : 액면가 $100기준으로 호가, 액면가에 대한 백분율 및 1/32 P로 표시

   예) 104-14/32 = 104-14 = 104.14 => 액면가 $100의 104와14/32%의 의미,

      즉 104.44

      100-16/32 = 100-16 = 100.16 => 100.5를 의미하고 실제 선물의 계약단위는 10만불 이므로 선물가격은 $100,500 이 된다

3) 전환계수(Conversion Factor) : 표준채권에 대해 만기와 표면이자가 서로 다른 인수도적격 채권의 가치를 조정해주는 가중치

   - 표준채권 : 잔여만기 20년, 표면금리 6%

   - 인수도적격채권 : 만기 15년 이상 남은 T-Bond 채권

   - 공식 : $CF = \Sigma C / (1+r)^{**n}$ C : 표면금리, r : 표준금리(6%), n : 잔여만기(연단위)

   - 전환계수의 특징

     ▶전환계수는 각 현물채권 및 각 결제월별로 하나의 유일한 값을 가진다

     ▶전환계수는 특정 결제월 주기동안 일정하다

     ▶전환계수는 T-Bond선물계약 인수도시 청구가격을 계산할 때 사용한다

     ▶전환계수는 헤지해야 할 물량을 구할 때도 사용한다

     ▶채권의 표면금리가 6% 보다 클 경우 전환계수는 항상 1 보다 크다

     ▶채권의 표면금리가 6% 보다 작을 경우 전환계수는 항상 1보다 작다

     ▶표면금리가 6% 보다 클 경우 만기가 길수록 전환계수도 커진다

     ▶표면금리가 6% 보다 작을 경우 만기가 길수록 전환계수도 작아진다

4) 청구가격 :

선물매입자가 선물매도자로부터 현물채권을 인수할 때 지불하는 금액
- 청구가격(Invoice Price) = (선물정산가격 × 전환계수) + 경과이자
- 경과이자 : 매도자가 최종 표면이자지급일 이후부터 채권인도시까지의 채권보유에 따른 이자를 말하며 이는 매수자가 매도자에게 지불하여야 함
    예) 선물가격 105-07, 전환계수 1.0935, 경과이자 $1.10938 인 경우의 청구가격은?
    청구가격 = (105.21875 * 1.0935) + 1.10938 = 116.16608 (액면가 $100 기준)
    청구금액 = $1,000 * 116.16608 = $116,166.08 (선물계약단위는 $100,000)

5) 실물인수도 절차 : 실물인수도는 연속된 3일간의 과정을 거쳐 이루어 진다

인도절차	내 용
Position Day (의사표시일)	- 실물인도하겠다는 의사표시일 - Wild card option발생
Notice Day (통지일)	- 인도할 채권을 청산소에 통지 - 청산소는 인수 및 인도자 선정 - 매도자는 매수자에게 대금 청구
Delivery Day (인도일)	- 매도자는 매수자에게 채권 인도

6) 최저인도가채권(CTD : Cheapest to Deliver) : 만기시 인도가능한 인수도적격채권이 20~30종에 달하는데 매도자는 인도채권을 선택할 권리가 있으므로 가장 싼 채권을 인도하게 된다
- CTD가 존재하는 이유 : 전환계수 산정방법의 불완전성
- CTD 찾는 방법 : 첫째, Value Basis가 가장 작은 채권
              둘째, 이론환매수익률(IRR)이 가장 높은 채권

▶ 벨류베이시스 = 이론선물가격 - 조정실제선물가격 (일반적으로 > 0)
   조정실제선물가격 = 선물정산가격 × 전환계수
▶ 이론환매수익률(Implied Repo Rate) : 채권을 매입함과 동시에 선물을 매도했다가 선물만기일에 현물채권을 인도하게 될 때 얻을 수 있는 수익률

7) 인수도상의 선택권(delivery option) : T-Bond선물매도자는 매수자에 비해 여러가지권리를 갖게 되어 마치 풋옵션매수와 유사하다

인도절차	내용
Quality Option (인도상품등급 선택권)	- 인도적격물중에 실질인도채권을 선택할 수 있는 권리
Accrued Interest Option (경과이자 선택권)	- 현물인도시 전환계수에 따라 조정된 인도가격뿐만 아니라 잔여이자분도 지불받을 권리
End of Month Option (채권인도일 선택권)	- 최종거래일 이후 7영업일간 최종거래일 12시에 이미 확정된 선물결제가격을 기준으로 임의로 현물채권인도일을 결정할 수 있는 권리
Wild Card Option (자유재량옵션)	- 선물시장 폐장시간(오후2시)과 인도통지 최종시간 (오후8시)의 상이에 따른 인도의사표시 선택의 권리
Timing Option (인도시기 선택권)	- 최초 인도일은 해당 결제월의 첫영업일이고 최종인도 일은 해당 결제월의 마지막 영업일이므로 매도자가 한달내내 인도일을 정할 수 있는 권리

■ 우리나라 국채선물의 특징

대상기초물	3년만기, 표면금리 8%기준 국고채권
거래단위	3년만기, 표면금리 8%기준 국고채권
결제월주기	액면가 1억원
상장결제월	3, 6, 9, 12월
가격표시방법	2개 결제월
호가단위	액면가 100원기준 표시(백분율방식)
최종결제일	0.01, 1틱의 가치 = 10,000원 (1억원 X 0.01 X 1/100)
최종결제방법	결제월 세번째 수요일 (당일이 휴장일인 경우 순연함)
증거금	현금결제(Cash Settlement)
	주문시 계약당 250만원을 계약당 개시증거금으로 징수, 거래 체결후 OMSII에 의한 증거금 도입

제2장 선물옵션 이해

1. 옵션(options)의 이해

- 미래의
- 특정 날짜에 – 만기일
- 특정 자산을 – 기초자산
- 일정한 가격으로 – 행사가격
- 일정한 수량만큼 – 거래단위
- 매입하거나 – 콜옵션(call options)
- 매도할 수 있는 – 풋옵션(put options)
- 권리를 말한다.

2. 옵션시장의 발전역사

17세기 초 네덜란드의 튜울립을 기초자산으로 하는 튜울립뿌리옵션(tulip bulb options)이 거래되었으며, 17세기 말에는 영국에서 주식에 대한 옵션이 거래되었다.

18세기 말에는 미국에서 뉴욕을 중심으로 증권중개업자들이 풋콜옵션중개인협회(The Put and Call Brokers and Dealers Association)를 조직하여 주식옵션의 장외거래를 시작하였다. 이들 주식옵션거래는 주로 1일, 1주일, 1개월 만기의 단기거래로서 투기적인 거래가 성행하게 됨에 따라, 1921년에 선물거래법(Futures Trading Act)에서 옵션거래를 불법으로 규정하였으며, 1936년에는 상품거래소법(Commodity Exchange Act)에서 옵션거래를 전면 중단시켰다.

그 후 1973년 4월 6일에 시카고옵션거래소(Chicago BoardO ptionsExchange : CBOE)가 설립되어 16개 주식에 대한 콜옵션이 거래되기 시작하였으며, 1977년 6월 3일부터 주식에 대한 풋옵션 거래가 허용되었다. 1982년에 필라델피아증권거래소(Philadelphia Stock Exchange : PHLX)는 외환 옵션을 거래하기 시작하였으며, 1936년에 중단된 상품선물옵션거래는 1982년 10월부터 다시 거래가 허용되었다.

3. 옵션의 종류

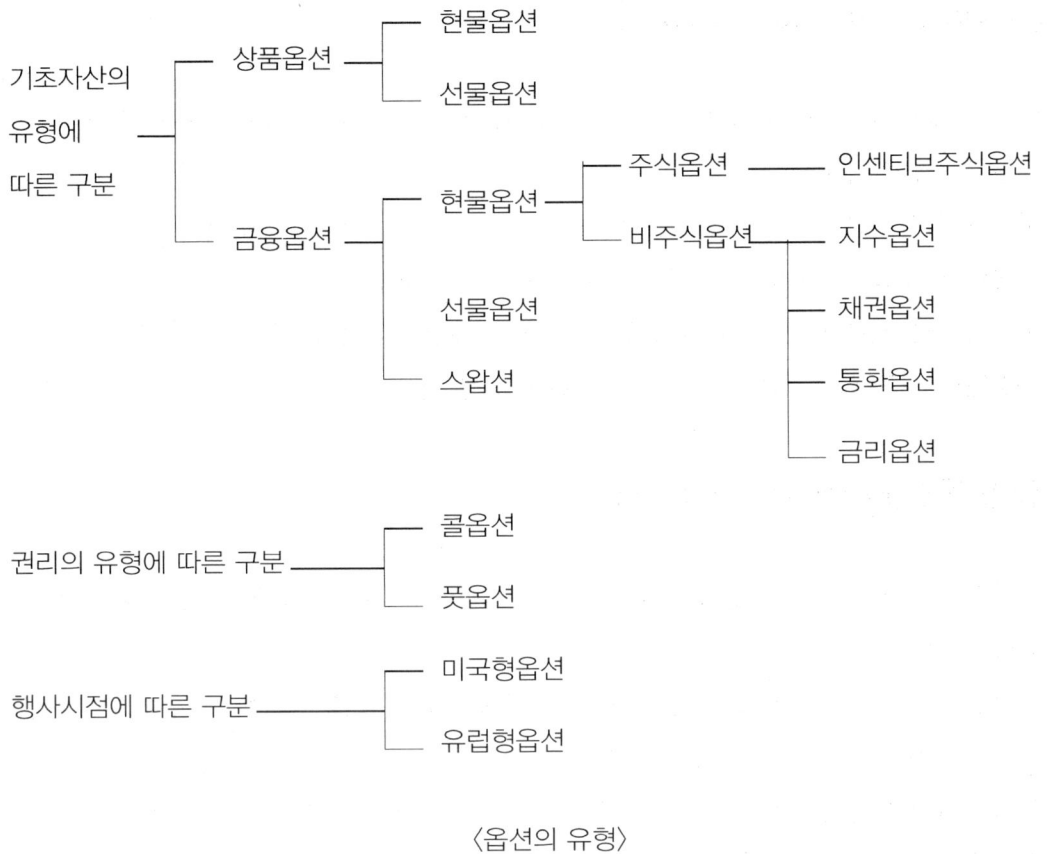

〈옵션의 유형〉

4. 콜옵션(call options)

미래의 특정날짜에 특정자산을 미리 정한 가격으로 일정한 수량만큼 살 수 있는 권리를 콜옵션(call options)이라고 한다.

예 : 보통주, 신주인수권, 전환사채의 전

5. 풋옵션(put options)

　미래의 특정날짜에 특정자산을 미리 정한 가격으로 일정한 수량만큼 팔 수 있는 권리를 풋옵션(put options)이라고 한다.
　예 : 은행의 보증, 보험회사의 보험 등

6. 미국형옵션(American options)

- 미국형 옵션(American options)이란 만기일 이전에는 어느 때에나 권리를 행사할 수 있는 옵션을 말한다.
- 미국형 콜옵션은 만기일 이전에 원하는 때에 특정의 자산을 특정한 가격으로 일정한 수량만큼 매입 할 수 있는 권리가 부여된 옵션을 말한다.
- 미국형 풋옵션은 만기일 이전에 원하는 때에 특정의 자산을 특정한 가격으로 일정한 수량만큼 매도 할 수 있는 권리가 부여된 옵션을 말한다.

7. 유럽형 옵션(European options)

- 유럽형 옵션(European options)이란 만기일에만 권리를 행사할 수 있는 옵션을 말한다.
- 유럽형 콜옵션은 만기에만 특정의 자산을 특정한 가격으로 일정한 수량만큼 매입할 수 있는 권리가 부여된 옵션을 말한다.
- 유럽형 풋옵션은 만기에만 특정의 자산을 특정한 가격으로 일정한 수량만큼 매도할 수 있는 권리가 부여된 옵션을 말한다.

8. 주식옵션(stock options : SO)

　개별주식옵션(stock options : SO)이란 개별주식을 기초자산으로 하는 옵션으로서, 미국의 경우 주식체가 통상적으로 100단위로 거래되기 때문에 보통 1계약(one contract)은 특정의 행사가격에 100주를 사거나 팔 수 있는 권리를 부여한다.
　예 : IBM, Kodak, General Motors 등

9. 인센티브주식옵션

인센티브주식옵션(incentive stock options : ISO)제도는 미국에서 1981년 Economic Recovery Tax Act에 의해 채택된 제도로서, 주식지분을 갖지 않은 경영자 또는 종업원에게 주인의식을 가지고 경영활동 및 조직활동에 종사할 수 있도록 하기 위하여 사원들에게 일정기간이 지난 후에 자기회사의 주식을 약정당시의 가격으로 살 수 있는 권리를 부여하는 제도이다. 즉, 주식가격이 오르더라도 사원들이 자기회사의 주식을 싼 값으로 살 수 있도록 보장해 줌으로써 사원들에게 근로의욕을 고취시키는 일종의 보상제도이다.

인센티브 주식옵션제도는 단기적인 보상제도인 봉급, 보너스, 그리고 이익참여제도(profit-shring plan)와는 달리 장기적인 보상제도라는 점에 그 특징이 있다. 이 제도에서 종업원에게 주식을 특별가격(일반적으로 낮은 가격)으로 살 수 있도록 한 옵션을 제공하게 되며, 이 경우의 옵션은 증여세가 면세된다. 옵션행사 후 일년동안 보유한 후에 매도한 주식에서 발행한 이익은 과거 자본이득세가 과세되었으나 현재는 보통소득과 같이 과세된다.

10. 주가지수옵션

- 주가지수옵션(stock index options : SIO)은 각국 주식시장의 지수를 지초 자산으로 하여 거래가 성립되는 옵션을 말한다.
- 미국의 경우 지수옵션으로 S&P 100, S&P 500, Major Market, NYSE Composite 등이 있다.
- 한국의 경우 KOSPI 200을 기초자산으로 하는 주가지수옵션이 1997년 7월 7일부터 거래되고 있다.

11. 한국의 주가지수(KOSPI 200)옵션

- 우리나라의 경우 KOSPI 200 현물지수를 기준으로 연속 3개월 및 3월, 6월, 9월 12월 중 최근월물 1개를 결제월로 하여, 4개의 결제월을 두고 있다.
- 우리나라의 주가지수옵션거래는 주가지수선물거래와 마찬가지로 최종거래일은 각 결제월의 두 번째 목요일(공휴일인 경우 순차적으로 앞당김)이며, 거래개시일은 최종거래일의 익일(공휴일인 경우 순차적으로 연기시킴)이다.

● 주가지수 옵션계약의 거래단위는 KOSPI 200 옵션가격(premium)에 10만원을 곱한 값을 1계약으로 정하여 거래를 한다. 따라서 주가지수 옵션계약의 금액을 다음과 같이 구할 수 있다.

12. 주가지표의 산정방법

1) 주가지수(stock price index)

어떤 기준시점에 있어서의 주식시장 전체의 가격수준을 100으로 하여 비교시점의 가격수준을 표시하는 방법이다.

① 단시점순주가지수(equally weighted stock price index) : 채용하는 주식들의 가격 합계를 기준과 비교시점별로 각각 계산하고 비교시점의 주기 합계를 기분시점의 주가 합계로 나누어서 그 상대치를 구하는 방법이다.

$$단순주가지수 = \frac{\sum_{i=1}^{n} P_{ti}}{\sum_{i=1}^{n} P_{0i}} \times 100$$

단, n = 채용하는 주식 수

P_{0i} = 기준시점(0)의 각 주식의 가격(i = 1, 2, ..., n)

P_{ti} = 비교시점(t)에서의 각 주식의 가격(i = 1, 2, ..., n)

$\sum_{i=1}^{n} P_{0i}$ = 기준시점의 주가합계

$\sum_{i=1}^{n} P_{ti}$ = 비교시점의 주가합계

② 가중주가지수(seighted price index) : 각 증권의 상대적 중요도를 가중치로한 주가지수이다. 특히 각 주식의 총시장가치(= 주가 x 주식수)를 가중치로 하여 계산된 주가지수를 가치가중주가 지수(value-weighted price index)라고 한다. 미국의 스탠다드 & 푸어 주가지수(Standard & Poor Index)와 1983년 이후 우리나라에서 사용하는 주가지수가 이 방법을 택하고 있다.

$$\text{가중주가지수} = \frac{\sum_{i=1}^{n} W_{ti} P_{ti}}{\sum_{i=1}^{n} W_{0i} P_{0i}} \times 100$$

단, W_{0i} = 기준시점(0)에서의 증권 i의 가중치

W_{ti} = 비교시점(t)에서의 증권 i의 가중치

③ 개별지수평균 : 각 증권별로 기준시점에 대한 비교시점의 주가지수를 구하고, 이 개별 주식의 주가지수에 대한 단순평균을 구하는 방법이다.

$$\text{개별지수평균} = \frac{1}{n} \sum_{i=1}^{n} \frac{P_{ti}}{P_{0i}} \times 100$$

2) 주가평균(price average)

어떤 특정시점에 있어서 각 주식의 가격에 대한 평균치로서 기준시점과 비교시점의 비교를 행하는 것이 아니라는 점에서 주가지수와 차이가 있다. ① 단순주가평균 : 채용하고 있는 주식의 주가합계를 채용종목수로 나눈 것으로서, 이는 주식시장 전체의 가격수준을 표시함에 있어 중요도가 상대적으로 크거나 작은 주식의 영향을 적절하게 반영하지 못한다는 단점이 있다.

$$\text{단순주가평균} = \frac{\sum_{i=1}^{n} P_{ti}}{n}$$

단, P_{ti} = 특정시점 t에서의 주식 i의 가격

n = 채용종목수

② 가중주가평균 : 채용하고 있는 주식들의 가격을 각 주식의 상대적 중요도를 반영하는 가중치로써 가중평균한 것이다. 이 때 가중치로는 시장가치, 거래금액, 상장주식수 등이 사용된다.

$$\text{가중주가평균} = \sum_{i=1}^{n} \frac{W_{ti}}{\sum_{i=1}^{n} W_{ti}} P_{ti}$$

단, W_{ti} = 특정시점 t에서의 주식 i의 가중치

P_{ti} = 특정시점 t에서의 주식 i의 가중치

③ 수정주가평균 : 유상증자나 무상증자 등이 이루어진 경우에 주가의 연속성을 유지하기 위하여 일정한 수정을 가한 주가를 수정주가라 하는데, 수정주가평균은 채용하고 있는 주식의 수정주가의 단순평균 또는 가중평균을 의미한다.

수정주가평균은 서로 다른 여러 시점에 대하여 투자자 전체의 부의 변동을 표현하는데 적절한 시장지표로서 미국의 다우・존스주가평균(Dow Jones Average)이 이에 속한다. 다우・존스주가 평균은 채용종목의 주가합계를 수정제수(adjusted divisor)로 나누어 구하는 대표적인 방법이다. 예를 들면, 어떤 지표가 A, B, C 세 가지 주식의 주가평균으로 구해진다고 할 때, 특정 날짜의 주가가 모두 100,000원에 거래되고 있었다면 그 날의 주가평균은 다음과 같이 100,000원이 될 것이다.

$$주가평균 = \frac{100,000+100,000+100,000}{3} = 100,000(원)$$

그 후 며칠이 지나서 주식 A에 대하여 1주당 0.5주의 무상주가 배정되었다고 하자. 다른 모든 조건이 일정하다고 하면, 기존에 주식 A를 1주 가지고 있던 투자자는 무상주 배당을 받은 후 주식수는 1.5주로 증가하였으나 기업의 가치에는 아무런 변화가 없었으므로 주가는 66,667원 (=100,000원÷1.5주)으로 하락하게 된다.

이 때 무상주의 배정의 결과 주주부에는 아무런 변화가 없고 단지 주식수만 증가하였으므로 무상주배정 전과 후의 시장지표는 동일한 값을 가져야 하므로 수정제수는 다음과 같이 구할 수 있다.

무상주배정 전 주가평균 = 무상주배정 후 수정주가평균

$$= \frac{무상주배정후\ 수정주가합계}{수정제수}$$

$$\therefore 수정제수 = \frac{무상주배정후\ 수정주가합계}{무상주배정전주가평균}$$

$$\therefore 수정제수 = \frac{66,667+100,000+100,000}{+100,000} = 2,667$$

이와 같이 무상주배정 후의 수정주가합계를 기존의 제수인 3대신 수정 제수 2.667로 나누어 줌으로써 주가평균의 연속성을 확보할 수 있다. 그러므로 수정제수는 무상증자나 유상증자의 영향을 수정주가로 반영하면서 다음과 같이 나누어 주는 숫자를 조정할 때 사용된다.

$$\therefore 무상주배정\ 후\ 수정주가평균$$

$$\therefore 수정제수 = \frac{66{,}667 + 100{,}000 + 100{,}000}{100{,}000} \cong 100{,}000(원)$$

3) 우리나라의 주가지표

한국증권거래소는 매일의 종합주가지수(Korea Composite Stock Price Index : KOSPI)를 발표하고 있는데, 과거에는 다우·존슨주가평균과 같은 방법으로 매일의 수정주가평균을 구하고, 1975년 1월 4일의 수정주가평균을 100으로 하여 매일의 종합주가지수를 구하였다. 그러나 1983년 1월 4일부터는 스탠다드 & 푸어주가지수에서처럼 매일의 시가총액을 기준시점인 1980년 1우러 4일의 시가총액과 대비하여 종합주가지수를 구하고 있다.

$$종합주가지수 = \frac{비교시점의\ 시가총액}{기준시점의\ 시가총액} \times 100$$

$$\frac{비교시점의\ 시가총액}{1980년\ 1월4일시가총액}$$

채용종목은 상장된 보통주식 모두를 포함하고 있으며, 신규상장, 유상증자, 상장폐지 등이 발생할 경우에는 기준 시점의 시가총액을 수정하여 주고 있다.

$$신기준\ 시가총액 = 구기준\ 시가총액 \times \frac{수정전일의\ 시가총액 \pm 변동액}{수정전일의\ 시가총액}$$

4) 외국의 중요주가지표

① 다우·존스산업평균지수(DJIA) :
1884년 월 스트리트 저널(Wall Street Journal)의 창시자인 찰스 다우(Charles Dow)가

처음 창안한 것이다.

이 지수의 계산방법은 뉴욕증권시장에 상장되어 있는 30개의 가장 안정된 주식을 표본으로하여 시장가격을 평균으로 하는 방법을 쓰고 있으며, 주식분할, 주식배당 등의 변화에 대하여 제수를 조정하여 사용하고 있다. 제수를 수정하는 방법을 앞에서 살펴본 것과 같은 방법이다.

한편, 다우·존스산업평균지수에 대한 비판은 다음과 같다.
- 표본의 수가 적어서 이를 기초로 한 주가지수는 시장 전반적인 동향을 대변할 수 없으며, 또한 표본에 선택된 주식의 성격이 상장되어 있는 모든 주식의 성격을 대표할 수 없다는 것이다.
- 주식가격에 가중하여 지수가격을 계산하는데 대한 비판이다.
- 지금은 안정되고 그 기업이 속하여 있는 기업의 주식을 택하였다고 하나, 그 주식이 산업을 대표할 수 없을 때는 표본을 새로 구성하여야 한다. 표본을 새로 구성하면 전과는 다른 성격의 지수가 되며, 전의 지수와 연속성을 유지시키기 어렵다.

② Standard and Poor's 500

미국의 스탠다드 & 푸어 회사에서 발표하는 것으로서 500개의 표본으로부터 지수가 계산되는 데, 종목은 400개의 산업주(industrial stock), 40개의 전기·전화·가스 등 공공사업(utilities), 20개의 운송과 관련된 회사(transportations), 20개의 금융회사(financial)의 주식 뿐 만이 아니라 장외(over-the-counter)에서 거래되고 있는 주식도 포함하였다. 이 지수는 발행주식의 시가총액에 기준을 두어서 계산하고 있으며, 1941~1943년의 평균 주식가격을 10이라고 기준하여 사용하고 있다.

③ 뉴욕증권시장지수 :

스탠다드·푸어의 지수방법에 따라 기업의 총발행주식 가치로 가중하여 계산한다. 뉴욕증권 시장지수는 뉴욕증권시장에서 거래되는 주식을 모두 포함하여 계산하는데 1965년 12월 31일을 기준시점으로 하여 50의 기본지수로 시작하였다.

④ 동증지수와 日經다우평균 :

일본 동경 증권거래소에서 발표하는 것이 동증지수이다. 1950년부터 다우·존스방법에 의한 동증지수를 발표해 오다가 1969년 이를 폐지하고 시가총액법으로 바꾸고, 채용종목도

전종목으로 바꾸어 1968년 1월 4일을 기준전으로 계산하고 있다. 종전에 사용하던 다우·존스 방법은 일본경제신문에서 이어받아, 日經다우평균이라하여 발표되고 있으며, 이 일경다우평균의 기준시점은 1949년 5월 16일로 하고 있고, 지수계산을 위한 채용종목수는 225이다.

　⑤ 주가지표 산정의 주의점

　가. 채용종목 :

　시장지표를 작성하는데 포함되어야 할 채용종목은 주식시장에서 거래되는 모든 주식들이어야 하나 편의를 위하여 몇 개의 주식만을 택하여 채용종목을 삼는 것이 일반적이다. 따라서 시장지표가 진정한 의미의 시장의 가격지표로서의 역할을 하지 못하는 부분이 존재하게 된다.

　나. 가중방법

　가중평균의 목적은 각 주식의 상대적 중요도를 반영하는 것이므로 시장지표는 주식 시장 전체의 가격수준 뿐 아니라 주식투자가 전체의 부의 변동을 나타내 줄 수 있는 지표로도 이용될 수 있어야 한다. 이를 위해서 가치가중평균이 사용되는데, 이는 채용종목 전체의 시장가치총계에 대한 각 주식별 시장가치합계의 비율을 가중치로 한 가중평균이다.

　다. 평균의 선택

　산술평균은 어떤 특정 시점에 있어서의 평균치를 나타내는 데 적합하고, 기하평균은 변화의 패턴 또는 상태를 나타내는 데 적합하므로 사용목적에 따라 어떤 평균의 방법을 택할 것인가를 결정하여야 한다.

13. 채권옵션(bond options : BO)

- 채권옵션(bond options : BO)은 채권을 기초자산으로 하는 옵션이다.
- 미국의 경우 채권옵션으로 중기재정증권(T-Note), 장기재정증권(T-Bond) 등에 대한 현물옵션과 CBOT Bond 선물에 관한 옵션거래가 이루어지고 있다.

14. 통화옵션(currency options : CO)

- 통화옵션(currency options : CO)은 각국의 통화를 기초자산으로 하는 옵션이다.
- Australian dollar, British pound, Canadian dollar, French Franc, German

mark, Japanese Yen, Swiss franc 등을 기초자산으로 거래되고 있다.

15. 선물옵션(options on futures : OF)

- 선물옵션(options on futures : OF)은 선물계약을 기초자산으로 하는 옵션으로서, 일반적으로 선물 계약의 만기일은 옵션의 만기일에 가깝다.
- 미국의 경우 옥수수, 대두, 원유, 생우유, 유로달러, 통화선물, T-Bond 등에 대한 선물계약을 기초자산으로 하는 선물옵션이 활발히 거래되고 있다.

16. 스왑션(swaptions : options on swaps)

- 스왑션(swaptions : options on swaps)이란 스왑과 옵션의 결합된 형태로서 변동금리의 지급의무가 있는 거래당사자가 변동금리가 특정 이자율을 상회하거나 하락하는 경우에 변동금리를 고정금리로 전환할 수 있는 권리가 부여된 스왑거래를 말한다.
- 스왑션의 매입자는 특정금리보다 시장금리가 상회하는 경우에는 고정금리로 변환하는 옵션을 행사하게 되면 특정 금리보다 상회하는 부분만큼 스왑션의 매도자로부터 환급고, 특정금리보다 시장금리가 하락하는 경우에는 특정 금리보다 하락하는 부분만큼 스왑션의 매도자에게 지급함으로써 결과적으로 특정 금리에 지급의무를 고정시키는 효과를 가져온다.

17. 스왑(swaps)

- 스왑(swaps)이란 두 거래 당사자간에 각자의 지급의무를 일정기간 동안 서로 교환하여 부담하는 거래를 말한다. 스왑거래는 두 거래 당사자들이 자신의 지급의무로 인하여 발생하는 위험을 회피할 목적으로 사용하는 거래기법으로서 주로 채권과 관련된 지금의무를 그 교환의 대상으로 한다.

18. 옵션관련용어

- 롱(long : buy)과 숏(short : sell, write)

- 포지션(position)
- 등가격(at-the money)
- 내가격(in-the money)
- 외가격(out-of-the money)

19. 등가격(at-the money)

- 기초자산의 가격과 행사가격이 동일한 상태에 있는 콜옵션 또는 풋옵션을 등가격(at-the money)상태라고 한다.
- 기초자산의 시장가격 = 행사가격
- 등가격 상태에서 옵션을 행사하게 되면 이익도 손실도 발생하지 않게 된다.

20. 내가격(in-the money)

- 기초자산의 가격보다 행사가격이 낮은(높은)상태에 있는 콜옵션(풋옵션)을 내가격(in-the money)상태라고 한다.
- 콜옵션의 경우 : 기초자산의 시장가격 $>$ 행사가격
- 풋옵션의 경우 : 기초자산의 기장가격 $<$ 행사가격
- 특히 기초자산의 가격보다 행사가격이 매우 낮은(높은)상태에 있는 콜옵션 (풋옵션)을 큰 내가격 (deep-in-themoney)상태라고 하며, 큰 내가격 (deep-in-the money) 상태의 콜옵션 또는 풋옵션은 만기 또는 만기이전에 행사될 가능성이 매우 높다. 따라서 이러한 상태의 옵션은 상대적으로 높은 가격에 판매된다. 즉, 내가격에서는 이익의 실현이 가능한 상태라는 것을 의미한다.

21. 외가격(out-of-the money)

- 기초자산의 가격보다 행사가격이 높은(낮은)상태에 있는 콜옵션(풋옵션)을 외가격(out-of-the money)상태라고 한다.
- 콜옵션의 경우 : 기초자산의 시장가격 $<$ 행사가격
- 풋옵션의 경우 : 기초자산의 시장가격 $>$ 행사가격

- 특히 기초자산의 가격보다 행사가격이 매우 높은(낮은)상태에 있는 콜옵션(풋옵션)을 큰 외가격(deep-out-of-the money)상태라고 하며, 큰 외가격(deep-out-of-the money)상태의 콜옵션 또는 풋옵션은 만기 또는 만기이전에 행사될 가능성이 매우 낮다. 따라서 이러한 옵션은 상대적으로 낮은 가격에 판매가 된다. 즉, 외가격에서는 손실을 부담하게 되는 상태라는 것을 의미한다.

22. 옵션의 기능

- 위험 헷징(hedging)기능
- 주식투자의 레버리지효과 : 콜옵션의 경우
- 새로운 투자수단의 제공
- 공매에 대한 제약회피가능 : 풋옵션의 경우

23. 주식투자의 레버리지효과 : 콜옵션의 경우

- 옵션을 이용하는 경우에는 상대적으로 저렴한 옵션가격을 지불하고 주식투자의 효과를 달성할 수 있다. 즉, 콜옵션에 대한 투자의 경우 기초자산의 가격이 상승하면 일정한 투자자금으로 기초자산의 가격이 상승하면 일정한 투자자금으로 기초자산인 주식에 투자할 때 보다 많은 기초자산에 대한 콜옵션을 구입함으로써 훨씬 높은 투자수익을 실현할 수 있고, 기초자산의 가격이 하락하면 기초자산인 주식에 투자하는 경우보다 상대적으로 적은 콜옵션 매입가격만 큼의 손실만 부담하면 된다.

  따라서 옵션은 주식투자에 대한 레버리지(수익확대)효과를 가져다주는 기능을 수행하고 있는 것이다.

- 예 : 현재주식의 가격이 40,000원이고, 1기간 후에 주가가 50,000원이 되었다고 할 때, 투자자가 현재 주식시장에서 직접 주식을 매입하는 경우의 수익률은 다음과 같이 25%이다.(단, 수수료와 화폐의 시간가치는 무시한다.)

$$R_S = \frac{P_{t+1} + P_t}{P_t} = \frac{50,000 - 40,000}{40,000} = 0.25(25\%)$$

● 그러나 투자자가 미래 1기간 후에 주식을 40,000원에 매입할 수 있는 권리(콜옵션)를 현재 2,000원에 매입하는 경우의 수익률은 다음과 같이 400%이다.

$$R_C = \frac{P_{t+1} - E - C}{C} = \frac{50,000 - 40,000 - 2,000}{2,000} = 4(400\%)$$

24. 공매에 대한 제약회피가능 : 풋옵션의 경우

● 기초자산에 대한 공매(short selling)가 불가능한 경우 또는 제약이 있는 경우에 풋옵션을 이용함으로써 이러한 제약을 극복할 수 있다. 만약 미래에 기초자산의 가격이 하락할 것으로 예상이 된다면 기초자산을 대주(貸株)하여 현재 매도하고 미래에 실제로 기초자산의 가격이 하락하였을때 낮은 가격으로 해당 기초자산인 주식을 매입하여 되돌려 줌으로써 차익을 실현하는 공매가 불가능할 때 풋옵션을 이용할 수 있다.

즉, 미래에 주가가 하락할 것으로 예상되는 경우 당해 주식에 대한 풋옵션을 매입하고 미래에 실제로 기초자산의 가격이 하락하게 되면 시장에서 동일한 주식을 낮은 가격으로 구입하여 풋옵션을 행사하면 차익의 실현이 가능하다.

25. 콜옵션의 이익의 행태(profits profile)

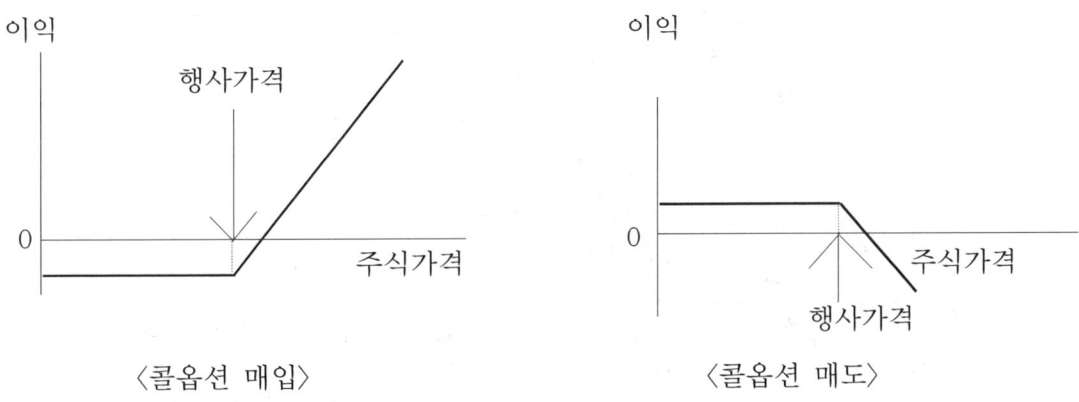

〈콜옵션 매입〉　　　〈콜옵션 매도〉

26. 콜옵션 가치의 행태(value profile)

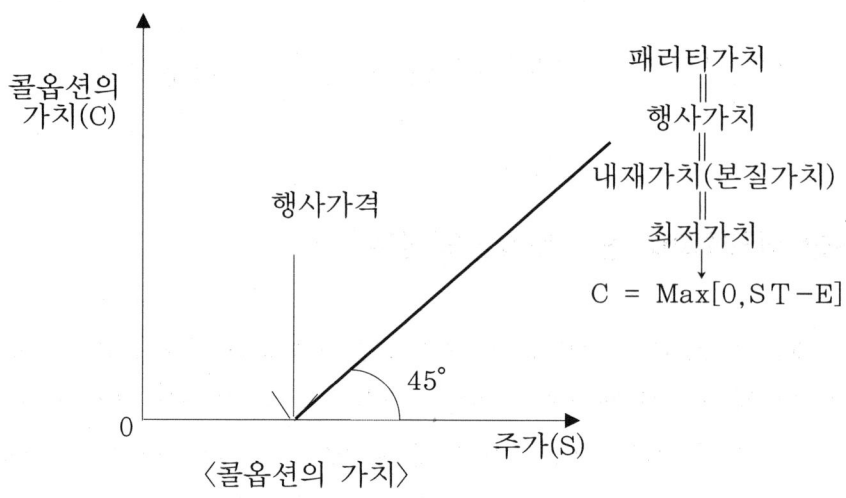

〈콜옵션의 가치〉

27. 미국형 콜옵션 가치의 행태

27. 미국형 콜옵션 가치의 행태

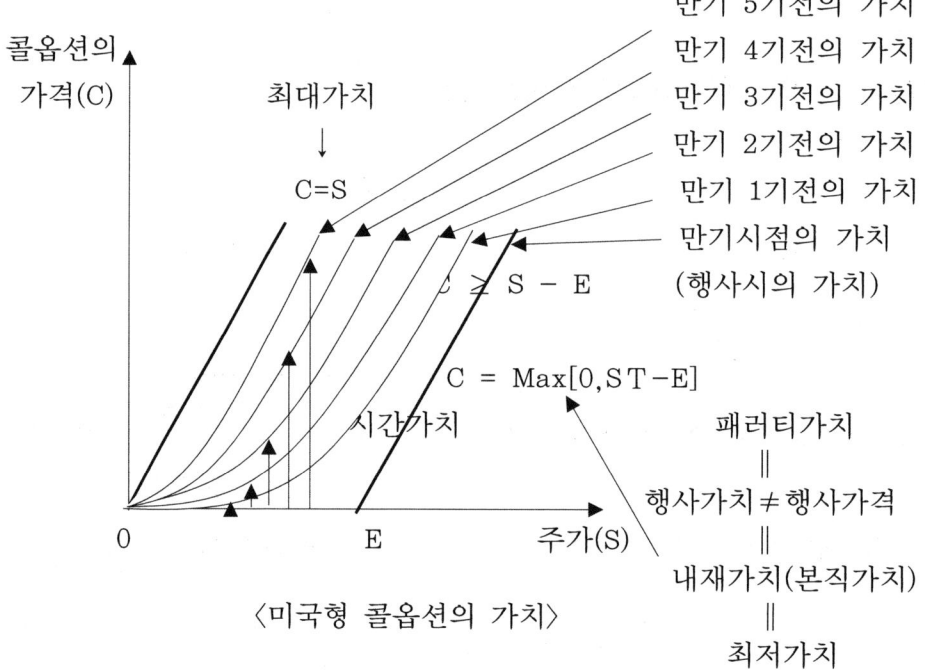

〈미국형 콜옵션의 가치〉

28. 유럽형 콜옵션의 가치의 행태

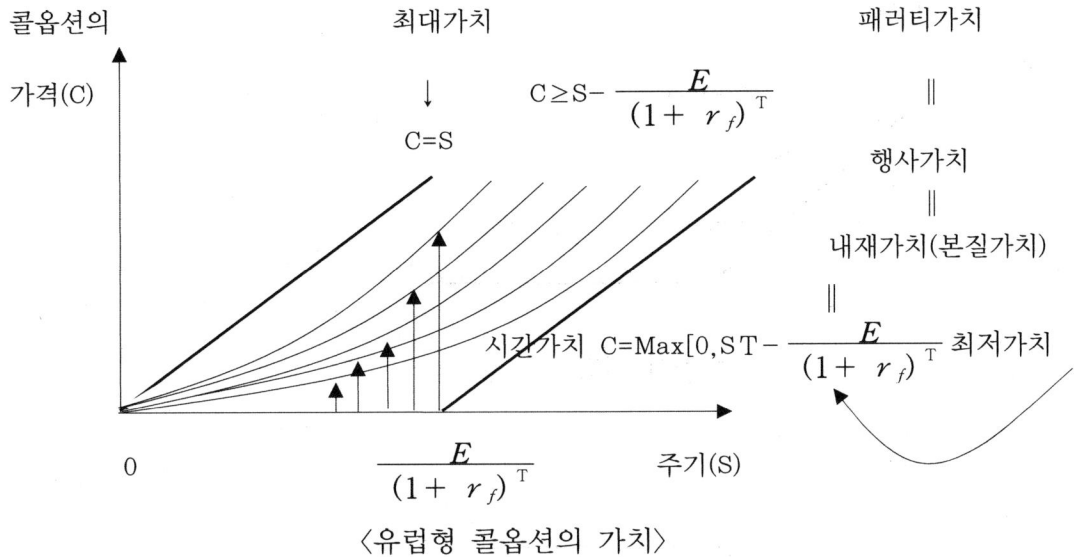

〈유럽형 콜옵션의 가치〉

29. 콜옵션의 시간가치의 행태

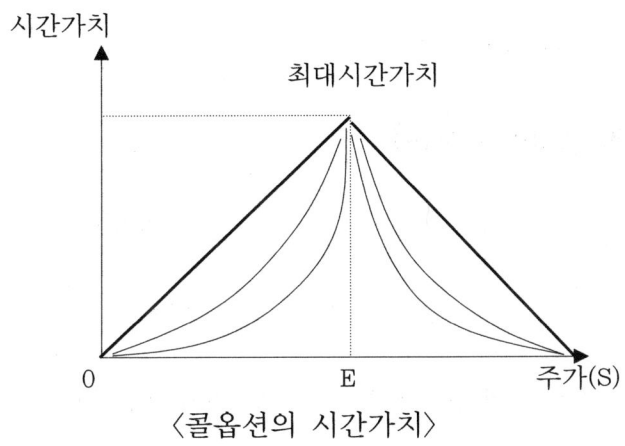

〈콜옵션의 시간가치〉

30. 풋옵션 이익의 행태(profits profile)

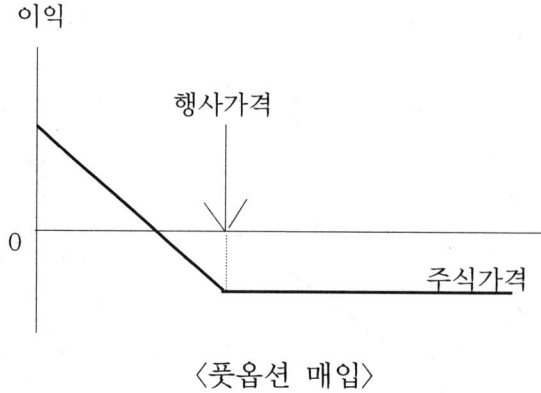

〈풋옵션 매입〉

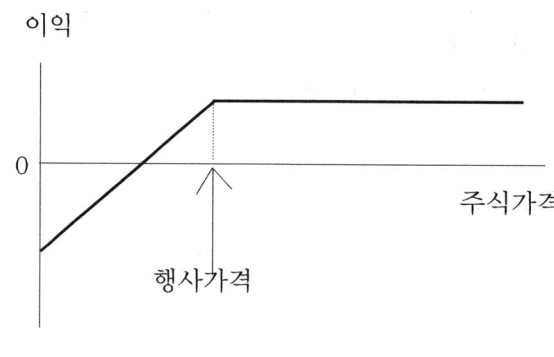

〈풋옵션 매도〉

31. 풋옵션 가치의 행태(value profile)

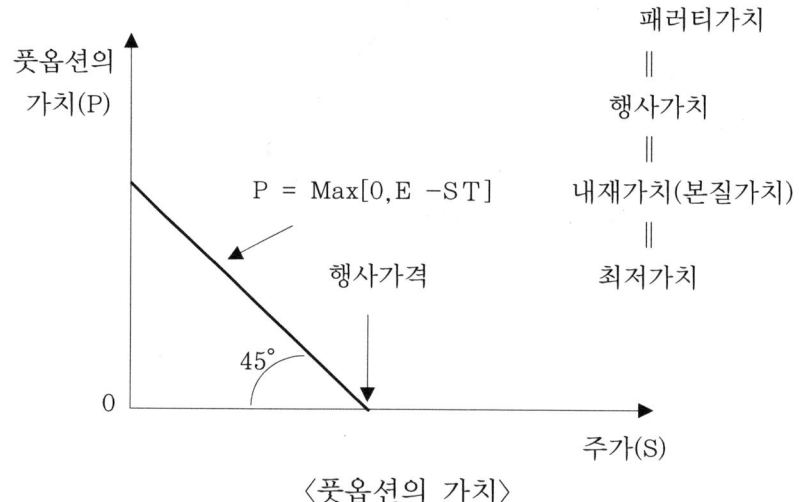

〈풋옵션의 가치〉

패러티가치
∥
행사가치
∥
내재가치(본질가치)
∥
최저가치

32. 미국형 풋옵션 가치의 행태

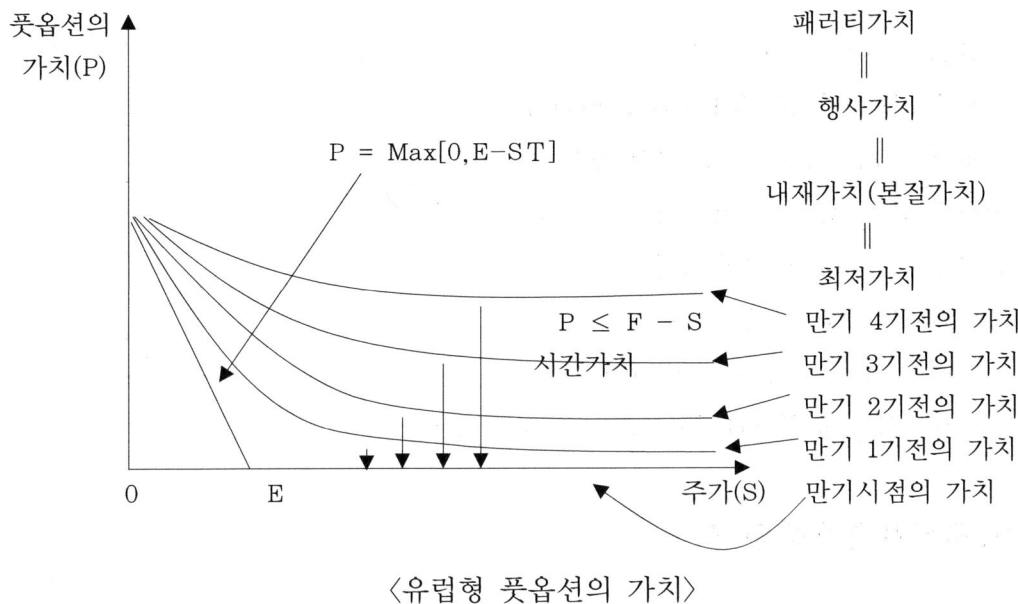

<유럽형 풋옵션의 가치>

33. 유럽형 풋옵션 가치의 행태

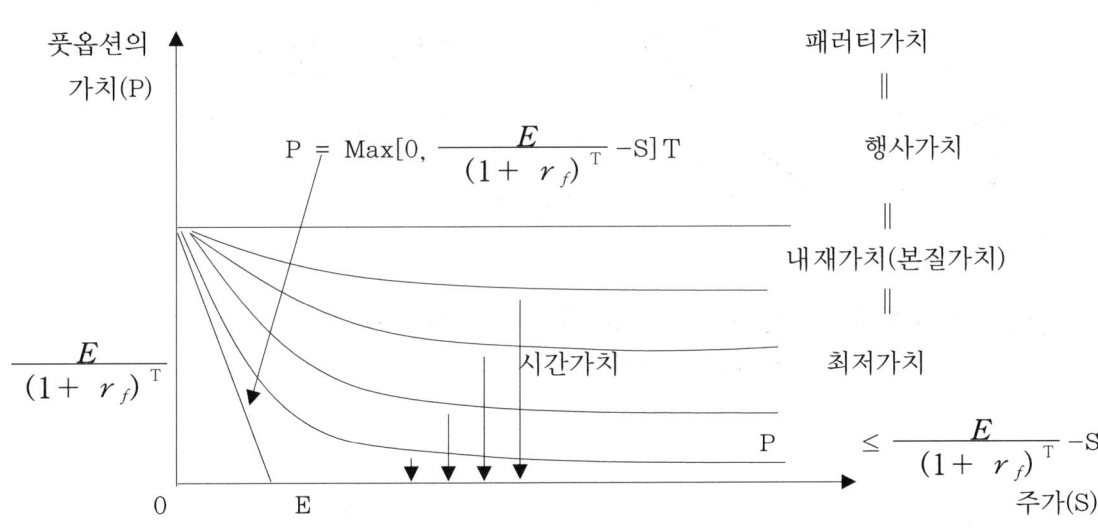

34. 콜옵션(call options)의 가격결정요인

$C = f(S, E, T, \sigma^2, R, d)$

단, C = 콜옵션의 가격(call price or premium)
S = 기초자산(underlying asset)의 가격
E = 행사가격(striking or exercise price)
T = 만기(expiration)까지의 기간
σ^2 = 기초자산가격의 일일 분산(variance)
R = 시장이자율(market interest rate)
d = 기초자산의 주당 현금배당률 (cash dividend ratio)

35. 기초자산가격과의 관계

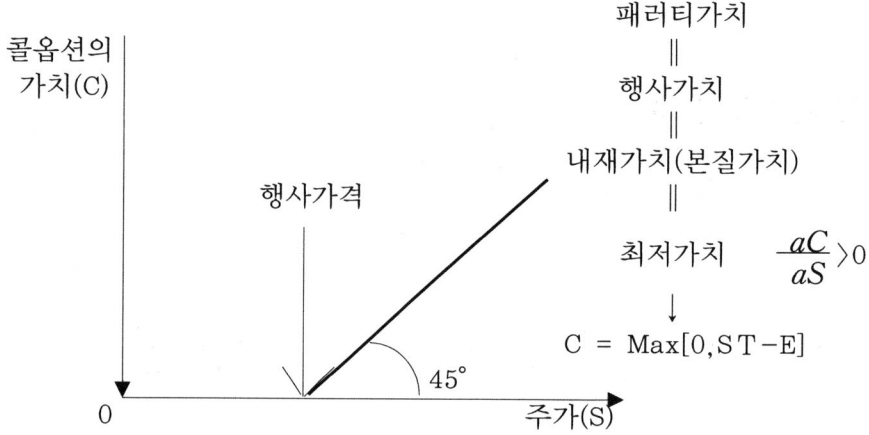

기초자산의 가격 ↑ => 콜옵션의 이익(또는 이익 실현 가능성) ↑
=> 콜옵션의 가치 ↑

36. 행사가격과의 관계

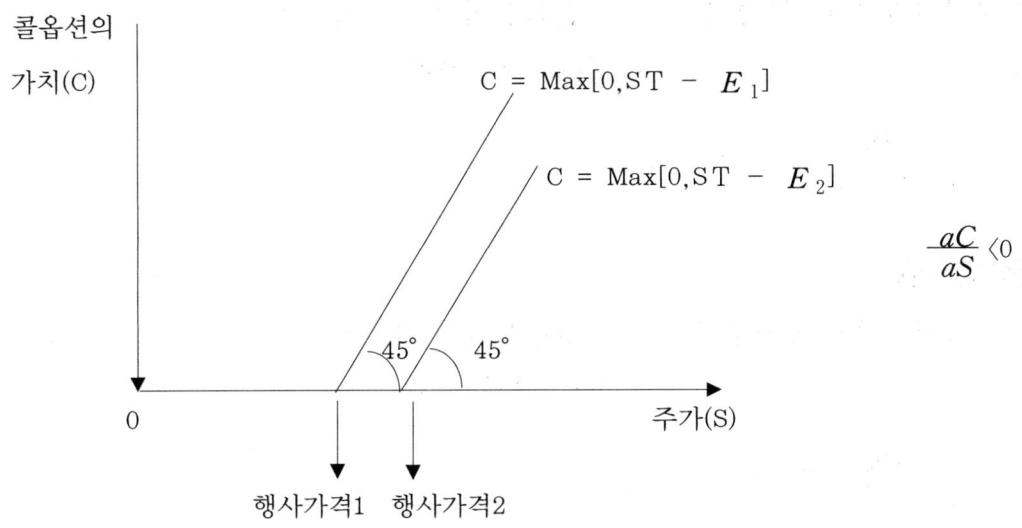

〈콜옵션의 행사가격과 콜옵션의 가치〉

37. 만기까지의 기관과의 관계

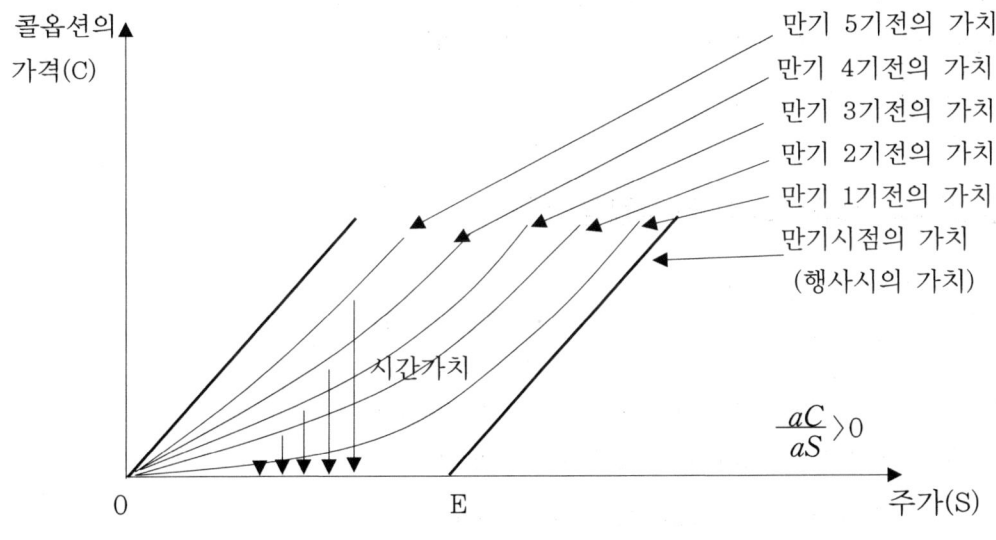

〈만기까지의 기간과 콜옵션의 가치〉

만기까지의 기간 ↑ => 콜옵션의 시간가치 ↑ => 풋옵션의 가치 ↑

38. 기초자산가격의 일별 분산

- 기초자산가격의 일별분산 ↑ => 콜옵션의 시간가치 ↑
  => 콜옵션의 가치 ↑

$$\frac{\partial C}{\partial \sigma^2_{Asset}} > 0$$

39. 시장이자율

- 기초자산가격의 일별분산 ↑ => 콜옵션의 시간가치 ↑
  => 콜옵션의 가치 ↑

$$\frac{\partial C}{\partial \sigma^2_{Asset}} > 0$$

40. 기초자산의 현금배당률

- 현금배당이 클수록 기초자산의 가격이 많이 하락하게 되므로 콜옵션의 가치는 하락하게 된다. 즉, 행사가격이 주어져 있을 때, 다음의 콜옵션 등가식(parity)식에서 현금배당에 의해 기초자산의 가격이 하락하면 콜옵션의 가치도 하락한다.
- 현금배당 ↑ => 기초자산가격 ↓ => 콜옵션가치 ↓

$$C = Max(0, S_T - E)$$

41. 콜옵션(call options)의 가격결정요인

$$C = f(S, E, T, \sigma^2, R, d)$$
$$+ \ - \ + \ + \ + \ -$$

단, C = 콜옵션의 가격(call price or premium)

S = 기초자산(under lying asset)의 가격

E = 행사가격(striking or exercise price)

T = 만기(expiration)까지의 기간

σ^2 = 기초자산가격의 일일 분산(variance)

R = 시장이자율(market interest rate)

d = 기초자산의 주당 현금배당율(cash dividend ratio)

42. 기초자산가격과의 관계

$$P = f(S, E, T, \sigma^2, R, d)$$

단, P = 풋옵션의 가격(put price or premium)
　　S = 기초자산(underlying asset)의 가격
　　E = 행사가격(striking or exercise price)
　　T = 만기(expiration)까지의 기간
　　σ^2 = 기초자산가격의 일일 분산(variance)
　　R = 시장이자율(market interest rate)
　　d = 기초자산의 주당 현금배당률(cash dividend ratio)

43. 기초자산가격과의 관계

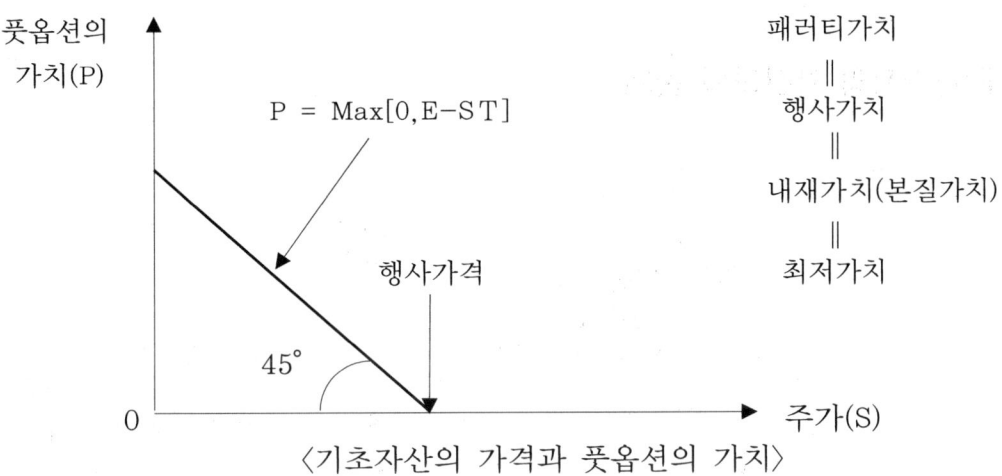

〈기초자산의 가격과 풋옵션의 가치〉

기초자산의 가격 ↑ => 풋옵션의 이익(또는 이익 실현 가능성) ↓
　　　　　　　　 => 풋옵션의 가치 ↓

44. 행사가격과의 관계

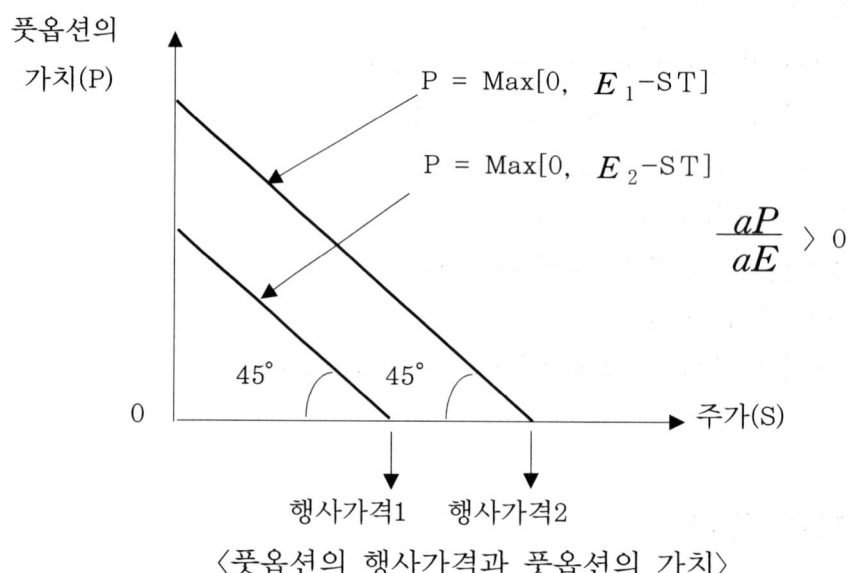

〈풋옵션의 행사가격과 풋옵션의 가치〉

45. 만기까지의 기간과의 관계

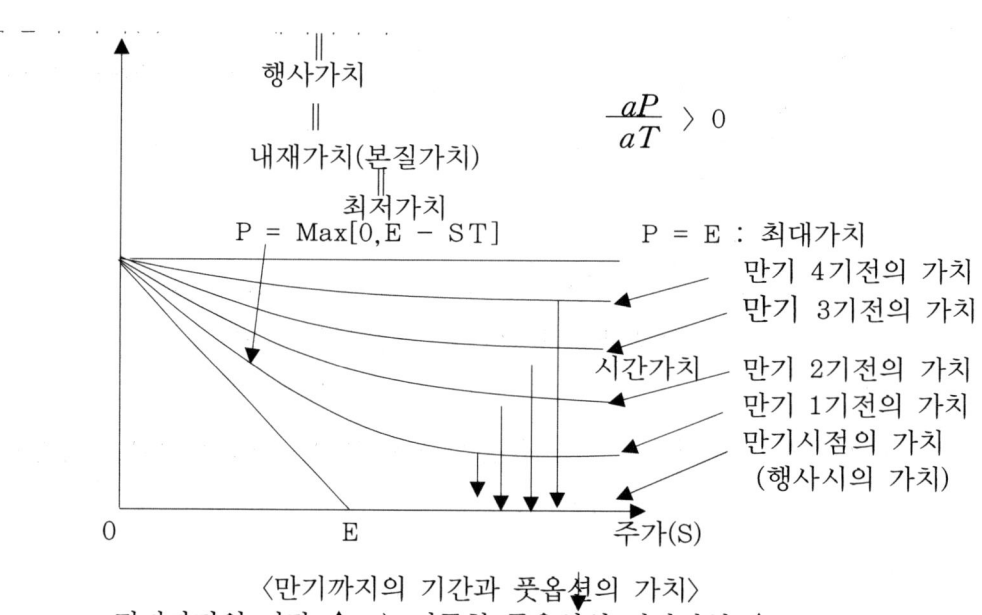

〈만기까지의 기간과 풋옵션의 가치〉
만기까지의 기간 ↑ => 미국형 풋옵션의 시간가치 ↑
=> 미국형 풋옵션의 가치 ↑

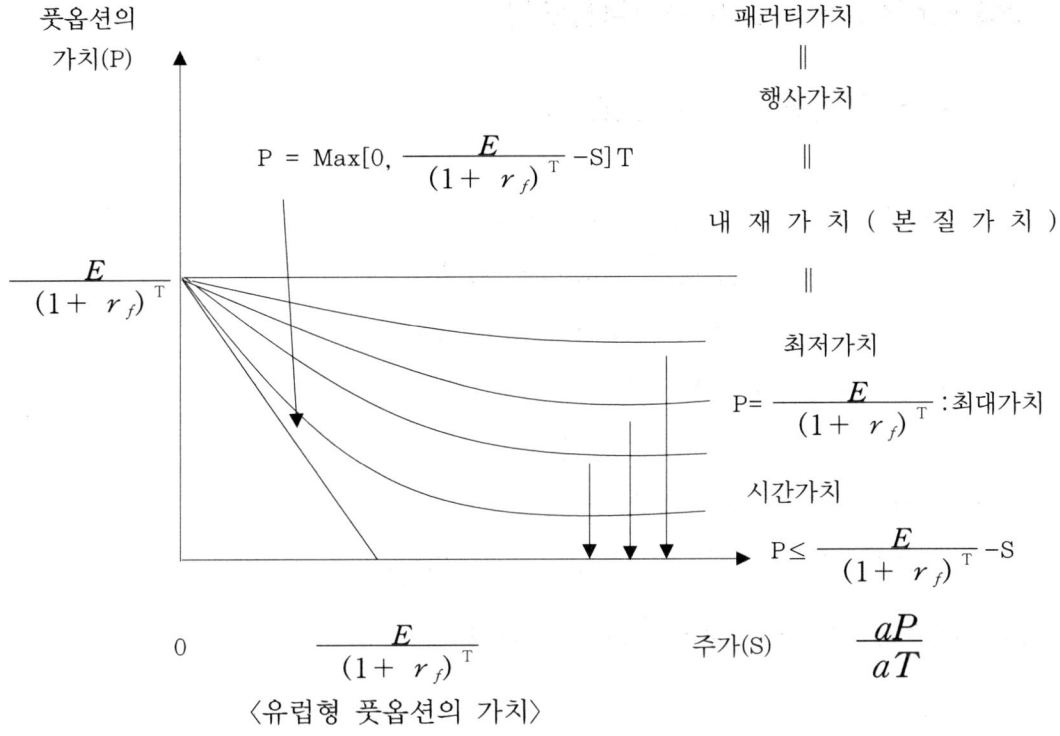

〈유럽형 풋옵션의 가치〉

유럽형 풋옵션 : 만기의 증가에 따른 이익실현가능성의 증가(+)
　　　　　　　만기의 증가에 따른 이자소득기회상실의 기회손실증가(−)

46. 기초자산가격의 일별 분산

● 기초자산가격의 일별 분산 ↑ => 풋옵션의 시간가치 ↑
　　　　　　　　　　　　　　　 => 풋옵션의 가치 ↑

$$\frac{\partial P}{\partial \sigma^2_{Asset}} > 0$$

47. 풋옵션(put options)의 가격결정요인

$$P = f(S, E, T, \sigma^2, R, d)$$
$$-+++-+$$

단, P = 풋옵션의 가격(put price or premium)
    S = 기초자산(underlying asset)의 가격
    E = 행사가격(striking or exercise price)
    T = 만기(expiration)까지의 기간
    σ^2 = 기초자산가격의 일일 분산(variance)
    R = 시간이자율(market interest rate)
    d = 기초자산의 주당 현금배당율(cash dividend ratio)

48. 옵션가격결정요인과 옵션가격과의 관계

● 가격결정 요인	콜옵션	풋옵션
1. 기초자산의 가격	+	−
2. 행사가격	−	+
3. 만기까지의 기간	+	+
4. 기초자산가격의 일일 분석	+	+
5. 시장이자율	+	−
6. 기초자산의 형금배당률	−	+

49. 증권거래의 유형

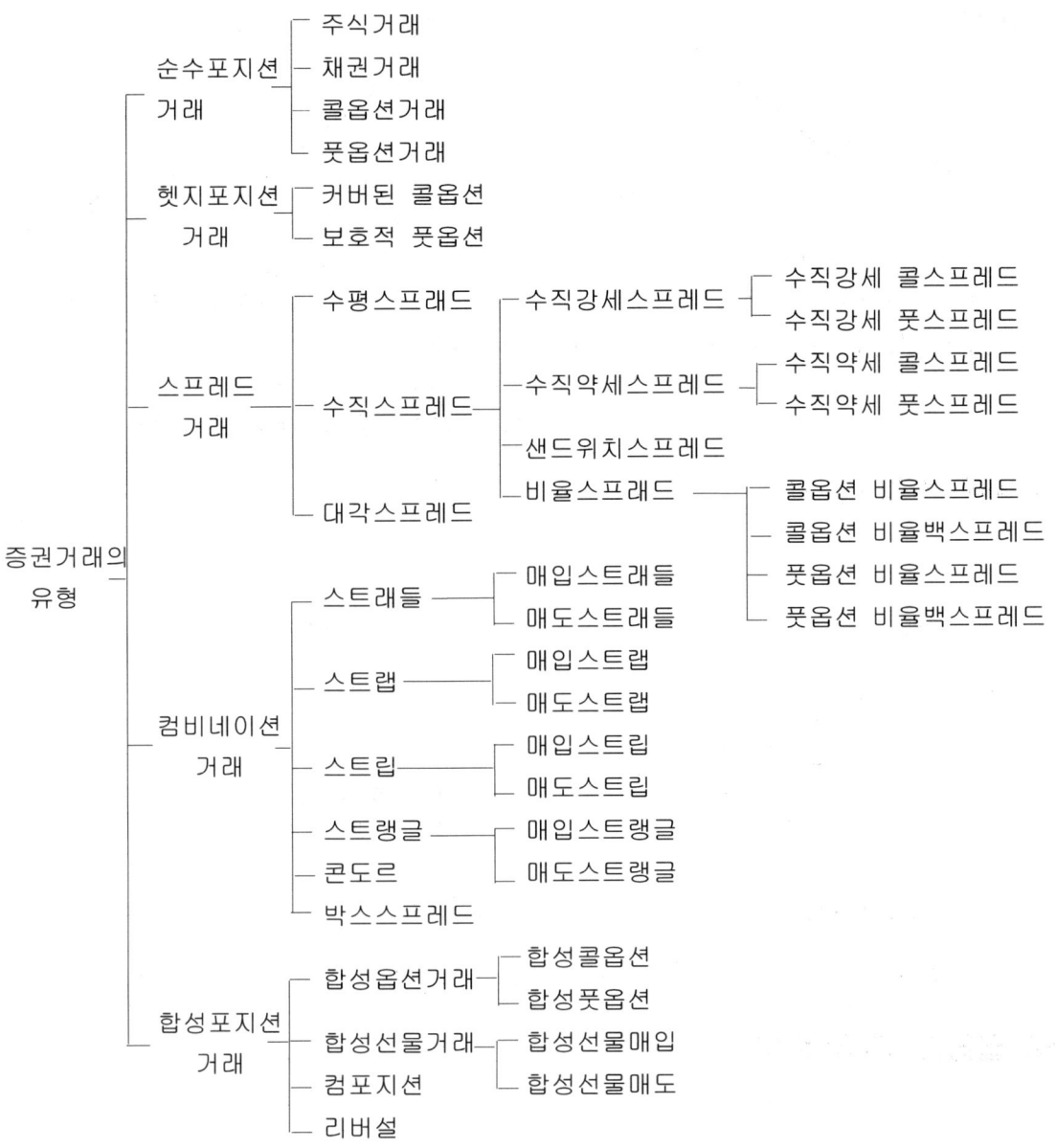

50. 주식거래의 손익

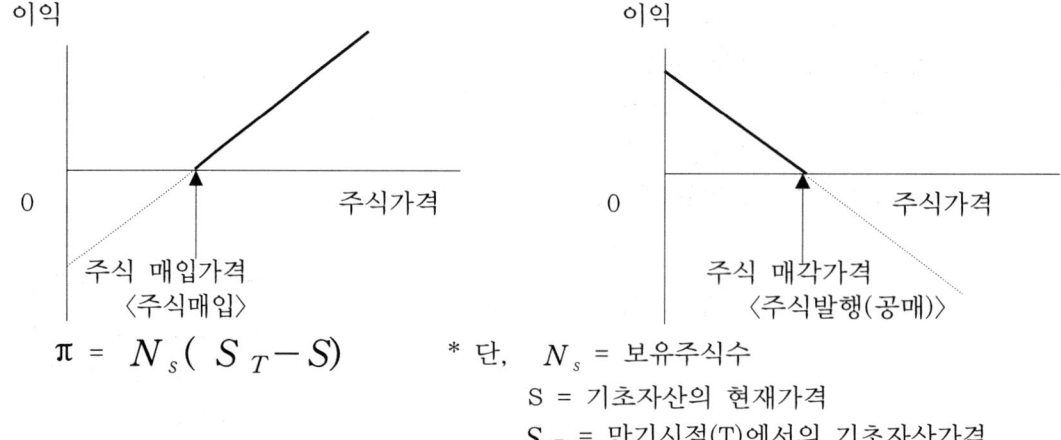

$$\pi = N_s(S_T - S)$$

* 단, N_s = 보유주식수
S = 기초자산의 현재가격
S_T = 만기시점(T)에서의 기초자산가격

51. 채권거래의 손익

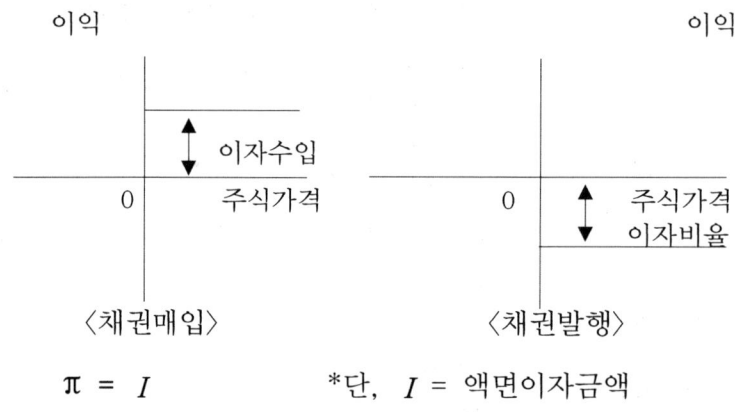

$$\pi = I$$

*단, I = 액면이자금액

52. 콜옵션거래의 손익

$$\pi = N_c[Max(0, S_T - E) - C]$$

- 단, N_C = 콜옵션 단위수(매입 : $N_C > 0$, 매도 : $N_C < 0$)
  C = 콜옵션의 가치(가격)
  E = 콜옵션의 행사가격
  S = 기초자산의 현재가격
  S_T = 만기시점(T)에서의 기초자산가격

53. 풋옵션거래의 손익

$$\pi = N_P[Max(0, E - S_T) - P]$$

단, N_P = 풋옵션 단위수(매입 : $N_P > 0$, 매도 : $N_P < 0$)

  P = 풋옵션의 가치(가격)

  E = 풋옵션의 행사가격

  S = 기초자산의 현재가격

  S_T = 만기시점(T)에서의 기초자산가격

54. 헷지포지션(hedge position)거래

- 헤지포지션거래란 기초자산인 주식과 옵션의 결합에 의하여 위험을 헤지하기 위한 거래로서, 커버된 콜옵션(covered call options), 보호적 풋옵션(protective put options) 등의 헤지포지션거래가 있다.
- (주식+ 콜옵션) 또는 (주식+ 풋옵션)

55. 커버된 콜옵션(covoered call options)

- 주식매입+콜옵션매도

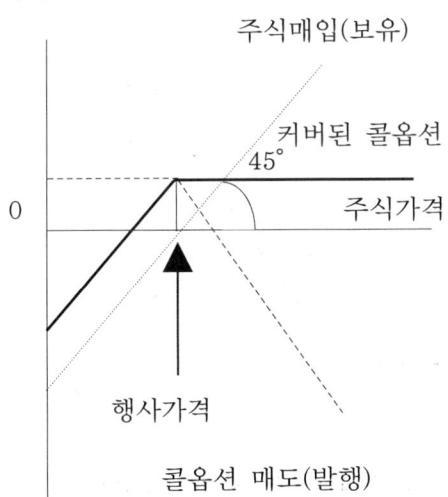

⟨커버된콜옵션(covered call option)⟩

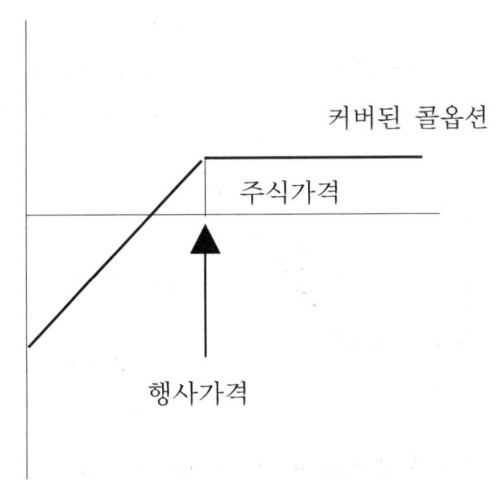

⟨커버된 콜옵션(covoered call option)⟩

56. 커버된 콜옵션거래의 손익

- 주식매입+콜옵션매도

$$\pi = N_S(S_T - S) + N_C[Max(0, S_T - E) - C]$$

- 단, $N_S > 0$, $N_C < 0$, & $N_S = -N_C$

    N_S = 기초자산(주식)수 (매입, 보유, 공매 : $N_S > 0$, 매도 : $N_S < 0$)

    N_C = 콜옵션 단위수 (매입 : $N_C > 0$, 매도 : $N_C < 0$)

    C = 콜옵션의 가치(가격)

    N_P = 풋옵션 단위수 (매입 : $N_P > 0$, $N_P < 0$)

    P = 풋옵션의 가치(가격)

    E = 콜옵션의 행사가격

    S = 기초자산의 현재가격

    S_T = 만기시점(T)에서의 기초자산가격

57. 보호적 풋옵션(protective put options)

- 주식매입 + 풋옵션매입

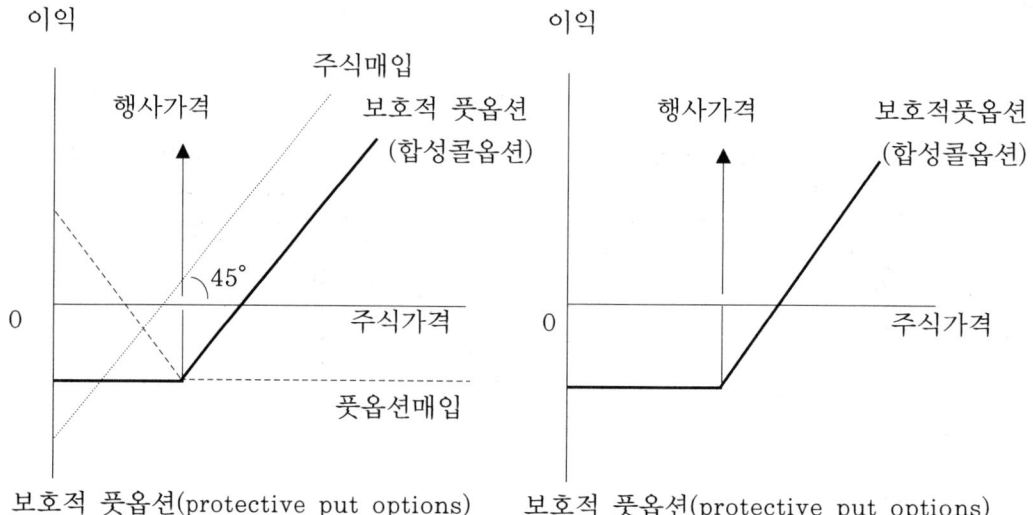

보호적 풋옵션(protective put options)   보호적 풋옵션(protective put options)

58. 보호적 풋옵셔거래의 손익

- 주식매입 + 풋옵션매입

$$\pi = N_S(S_T - S) + N_P[Max(0, E - S_T) - P]$$

단, $N_S > 0$, $N_P > 0$, & $N_S = N_P$

N_S = 기초자산(주식)수 (매입, 보유, 공매 : $N_S > 0$, 매도 : $N_S < 0$)

N_C = 콜옵션 단위수(매입 : $N_C > 0$, 매도 : $N_C < 0$)

C = 콜옵션의 가치(가격)

N_P = 풋옵션 단위수(매입 : $N_P > 0$, 매도 : $N_P < 0$)

P = 풋옵션의 가치(가격)

E = 콜옵션의 행사가격

S = 기초자산의 현재가격

S_T = 만기시점(T)에서의 기초자산가격

59. 스프레드(spreads)거래

- (콜옵션 매입 + 콜옵션 매도) 또는 (풋옵션 매입 + 풋옵션 매도)
- 특정 기초자산에 대한 동일한 종류의 옵션, 즉 콜옵션이나 풋옵션 중의 한 종류의 옵션으로서 만기가 다르거나 행사가격이 서로 다른 두 개의 옵션을 하나는 매입하고, 다른하나는 매도하는 거래를 스프레드(spreads)거래라고한다. 스프레드거래는 수평스프레드(horizontal·time·calendar spreads) 거래, 수직스프레드(vertical·strike·money spreads)거래, 대각스프레드(Diagonal spreads)로 구분된다.
- 수평스프레드는 동일한 종류의 옵션으로서 만기가 서로 다른 옵션의 결합으로 구성된 거래이다.
- 수직스프레드는 동일한 종류의 옵션으로서 행사가격이 서로 다른 옵션의 결합으로 구성된 거래이다.

만기 행사가격	T_1	T_2	T_3	T_4	T_5
E_1	←	수	평스프	레드	→
E_2	수				
E_3	직스	대	각스프	레드	
E_4	프레				
E_5	드				

* 대각스프레드는 동일한 종류의 옵션으로서 만기와 행사가격이 모두 다른 옵션의 합으로 구성된 거래이다.

60. 콜옵션을 이용한 수평스프레드

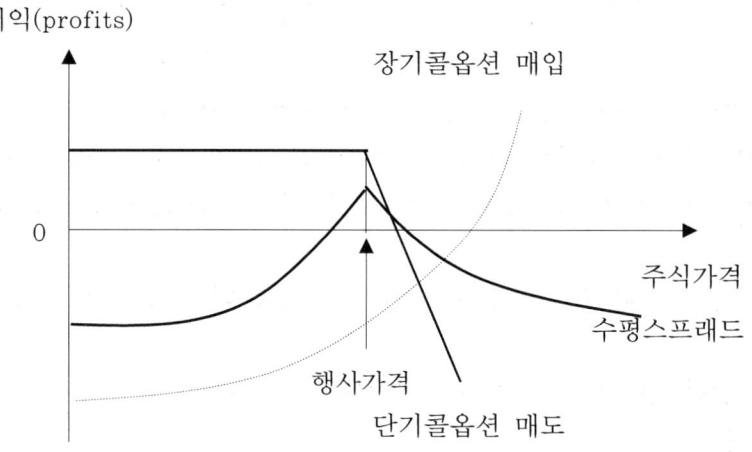

〈콜옵션을 이용한 수평스프래드〉

61. 풋옵션을 이용한 수평스프레드

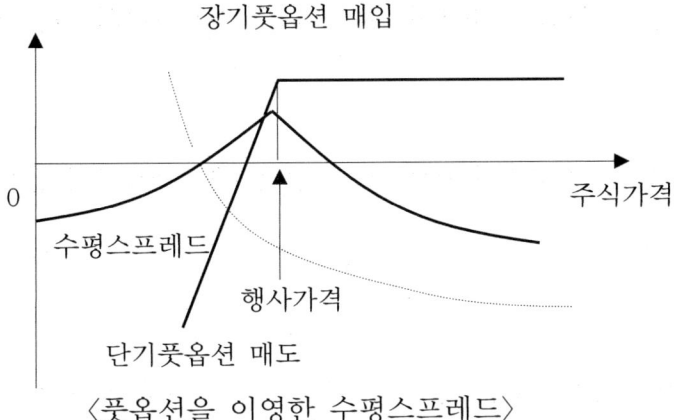

〈풋옵션을 이영한 수평스프레드〉

62. 수직스프레드와 그 유형

● 동일한 종류의 옵션, 즉 콜옵션이나 풋옵션 중의 한 종류의 옵션으로서 행사가격이 서로 다른 옵션을 하나는 매입하고 다른 하나는 매도하는 거래를 수직스프레드 또는 행사스프레드(vertical·strike· money spreads)라고 한다.
 1. 수직강세 콜스프레드(Bull call money spreads)
 2. 수직강세 풋스프레드(Bull put money spreads)
 3. 수직약세 콜스프레드(Bear call money spreads)
 4. 수직약세 풋스프레드(Bear put money spreads)
 5. 나비스프레드(Butterfly spreads)
 6. 샌드위치스프레드(Sandwith spreads, 역나비스프레드)
 7. 콜옵션 비율스프레드(call ratio spreads)
 8. 콜옵션 비율백스프레드(call ratio back spreads)
 9. 풋옵션 비율스프레드(put ratio spreads)
 10. 풋옵션 비율백스프레드(put ratio back spreads)

63. 수직강세 콜스프레드 (Bull call money spreads)

1) 매입(long)
두 종류의 행사가격을 갖는 콜옵션 중에서, 보다 낮은 행사가격의 콜옵션 한 단위를 매입한다.

2) 매도(short)
두 종류의 행사가격을 갖는 콜옵션 중에서, 보다 높은 행사가격의 콜옵션 한 단위를 매도한다.

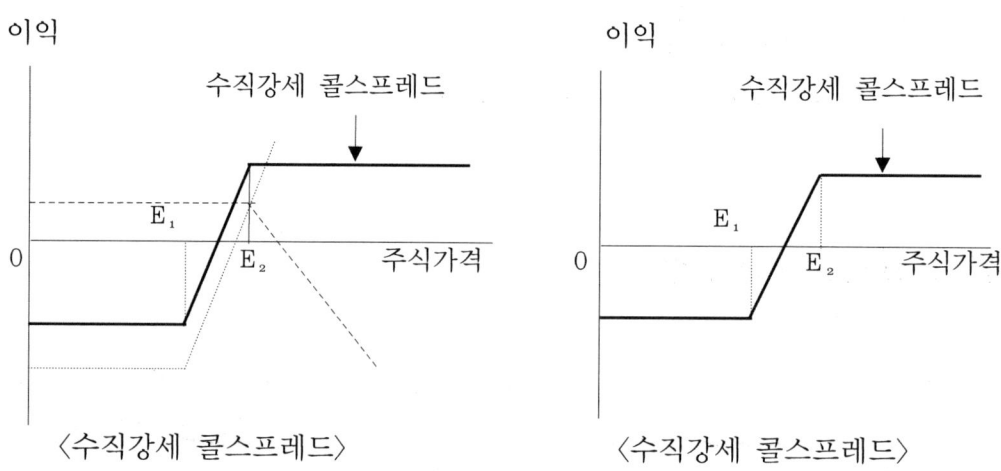

〈수직강세 콜스프레드〉   〈수직강세 콜스프레드〉

64. 수직강세 콜스프레드의 손익

$$\pi = N_{C_1}[Max(0, S_T - E_1) - C_1] + N_{C_2}[Max(0, S_T - E_2) - C_2]$$

* 단, $N_{C_1} > 0$, $N_{C_2} < 0$, & $N_{C_1} = -N_{C_2}$

$E_1 < E_2$, $C_1 > C_2$

$\pi = -C_1 + C_2$ if $S_T \leq E_1 < E_2$

$\pi = S_T - E_1 - C_1 - C_2$ if $E_1 < S_T \leq E_2$

$\pi = S_T - E_1 - C_1 - S_T - E_2 - C_2$ if $E_1 < E_2 < S_T$

 $= -E_1 - C_1 - E_2 - C_2$

65. 수직강세 풋스프래드 (Bull put noney spreads)

1) 매입(long)

두 종류의 행사가격을 갖는 콜옵션 중에서, 보다 낮은 행사가격의 콜옵션 한 단위를 매입한다.

2) 매도(short)

두 종류의 행사가격을 갖는 콜옵션 중에서, 보다 높은 행사가격의 콜옵션 한 단위를 매도한다.

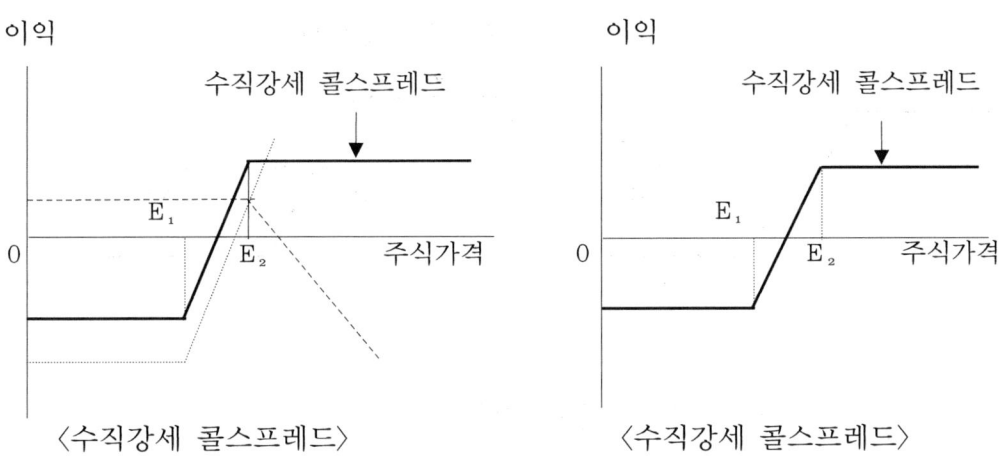

〈수직강세 콜스프레드〉　　〈수직강세 콜스프레드〉

66. 수직강세 풋스프레드의 손익

$$\pi = N_{C_1}[Max(0, S_T - E_1) - C_1] + N_{C_2}[Max(0, S_T - E_2) - C_2]$$

* 단, $N_{C_1} > 0$, $N_{C_2} < 0$, & $N_{C_1} = -N_{C_2}$

　　　　$E_1 < E_2$, 　　$C_1 > C_2$

$\pi = -C_1 + C_2$ 　　　　　　　　　if $S_T \leq E_1 < E_2$

$\pi = S_T - E_1 - C_1 - C_2$ 　　　　if $E_1 < S_T \leq E_2$

$\pi = S_T - E_1 - C_1 - S_T - E_2 - C_2$ 　if $E_1 < E_2 < S_T$

　　$= -E_1 - C_1 - E_2 - C_2$

67. 수직약세 콜스프레드 (Bear call money spreads)

1) 매입(long)

두 종류의 행사가격을 갖는 콜옵션 중에서, 보다 높은 행사가격의 콜옵션 한 단위를 매입한다.

2) 매도(short)

두 종류의 행사가격을 갖는 콜옵션 중에서, 보다 낮은 행사가격의 콜옵션 한 단위를 매도한다.

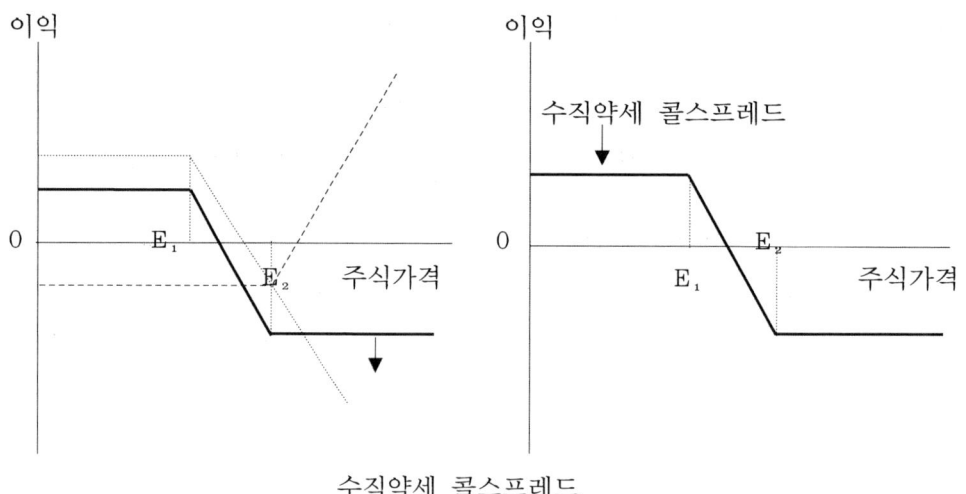

〈수직약세 콜스프레드〉　　　　〈수직약세 콜스프레드〉

68. 수직약세 콜스프레드의 손익

$\pi = N_{C_1}[Max(0, S_T - E_1) - C_1] + N_{C_2}[Max(0, S_T - E_2) - C_2]$

* 단, $N_{C_1} \langle 0, N_{C_2} \rangle 0, \& -N_{C_1} = N_{C_2}$

$\quad E_1 \langle E_2, \quad C_1 \rangle C_2$

$\pi = C_1 - C_2$ 　　　　　　　　if $S_T \leq E_1 \langle E_2$

$\pi = -S_T + E_1 + C_1 - C_2$ 　　if $E_1 \langle S_T \leq E_2$

$\pi = -S_T + E_1 + C_1 + S_T - E_2 - C_2$ 　if $E_1 \langle E_2 \langle S_T$

69. 수직약세 풋스프레드 (Bear put money spreads)

1) 매입(long)

두 종류의 행사가격을 갖는 콜옵션 중에서, 보다 높은 행사가격의 콜옵션 한 단위를 매입한다.

2) 매도(short)

두 종류의 행사가격을 갖는 콜옵션 중에서, 보다 낮은 행사가격의 콜옵션 한 단위를 매도한다.

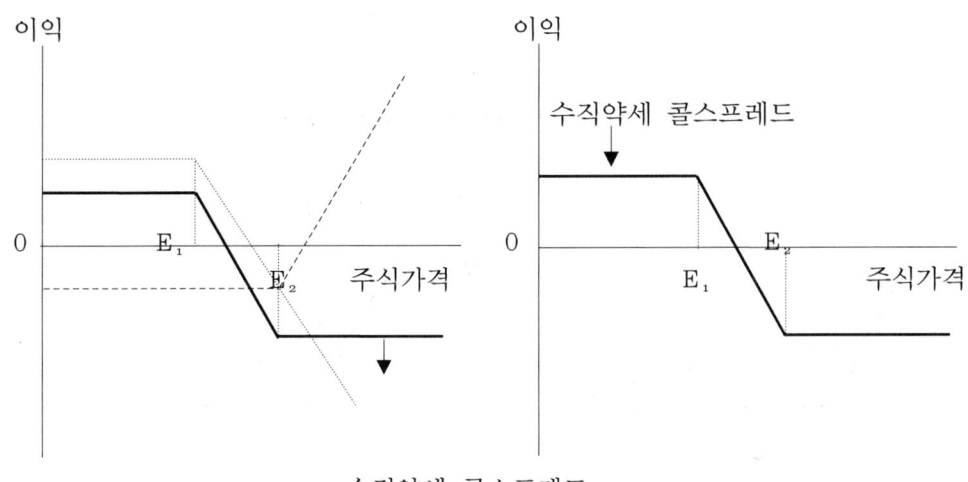

〈수직약세 콜스프레드〉   〈수직약세 콜스프레드〉

70. 수직약세 풋스프레드의 손익

$\pi = N_{C_1}[Max(0, S_T - E_1) - C_1] + N_{C_2}[Max(0, S_T - E_2) - C_2]$

* 단, $N_{C_1} < 0$, $N_{C_2} > 0$, & $-N_{C_1} = N_{C_2}$

$E_1 < E_2$, $C_1 > C_2$

$\pi = C_1 - C_2$ if $S_T \leq E_1 < E_2$

$\pi = -S_T + E_1 + C_1 - C_2$ if $E_1 < S_T \leq E_2$

$\pi = -S_T + E_1 + C_1 + S_T - E_2 - C_2$ if $E_1 < E_2 < S_T$

71. 나비스프레드(Butterfly spreads)

1) 매입(long)
두 종류의 행사가격을 갖는 풋옵션 중에서, 보다 높은 행사가격의 풋옵션 한 단위를 매입한다.

2) 매도(short)
두 종류의 행사가격을 갖는 풋옵션 중에서, 보다 낮은 행사가격의 풋옵션 한 단위를 매도한다.

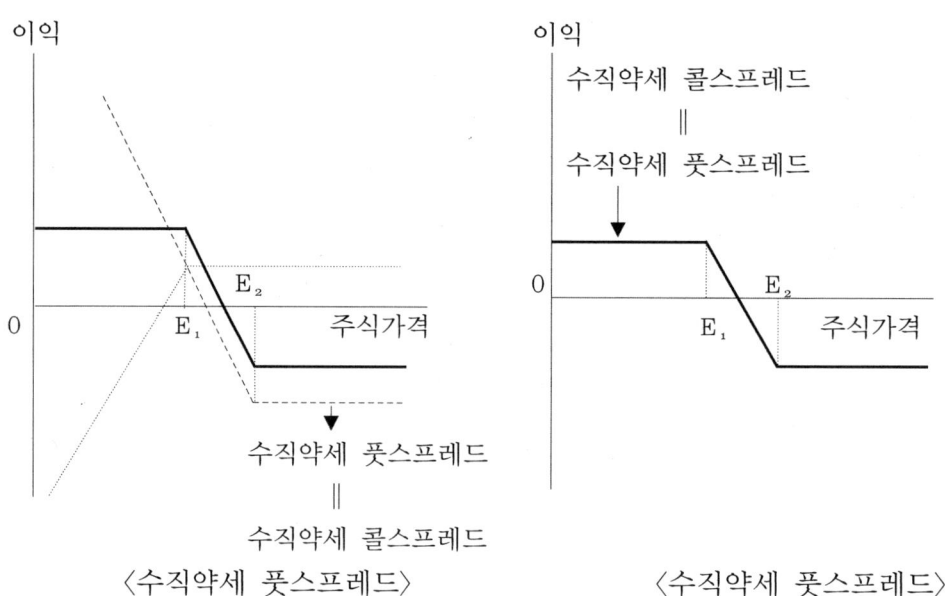

〈수직약세 풋스프레드〉   〈수직약세 풋스프레드〉

72. 나비스프레드의 손익

$$\pi = N_{P_1}[Max(0, E_1 - S_T) - P_1] + N_{P_2}[Max(0, E_2 - S_T) - P_2]$$

* 단, $N_{P_1} < 0$, $N_{P_2} > 0$, & $-N_{P_1} = N_{P_2}$

$$E_1 < E_2, \quad P_1 > P_2$$

$$\pi = E_1 - S_T - P_1 - P_2 \quad \text{if} \quad S_T \leq E_1 < E_2$$

$$\pi = P_1 + E_2 - S_T - P_2 \quad \text{if} \quad E_1 < S_T \leq E_2$$

$$\pi = P_1 - P_2 \quad \text{if} \quad E_1 < E_2 < S_T$$

$$\begin{aligned}\pi =\ & S_T - E_1 - C_1 - 2S_T + 2E_2 + 2C_2 - C_3 \\ =\ & -E_1 - C_1 - S_T + 2E_2 + 2C_2 - C_3 \\ & \quad\text{if}\ \ E_1 < E_2 < S_T \leq E_3 \\ \pi =\ & S_T - E_1 - C_1 - 2S_T + 2E_2 + 2C_2 + S_T - E_3 - C_3 \\ =\ & -E_1 - C_1 + 2E_2 + 2C_2 - E_3 - C_3 \\ & \quad\text{if}\ \ E_1 < E_2 < E_3 < S_T\end{aligned}$$

73. 샌드위치스프레드(Sandwich spreads)

● 역나비스프레드(reverse Butterfly spreads)

1) 매입(long)

세 종류의 행사가격을 갖는 콜옵션 중에서 중간수준의 행사가격을 갖는 콜옵션 두 단위를 매입한다.

2) 매도(short)

세 종류의 행사가격을 갖는 콜옵션 중에서, 가장 낮은 행사가격의 콜옵션과 가장 높은 행사가격의 콜옵션을 각각 한 단위씩 매도한다.

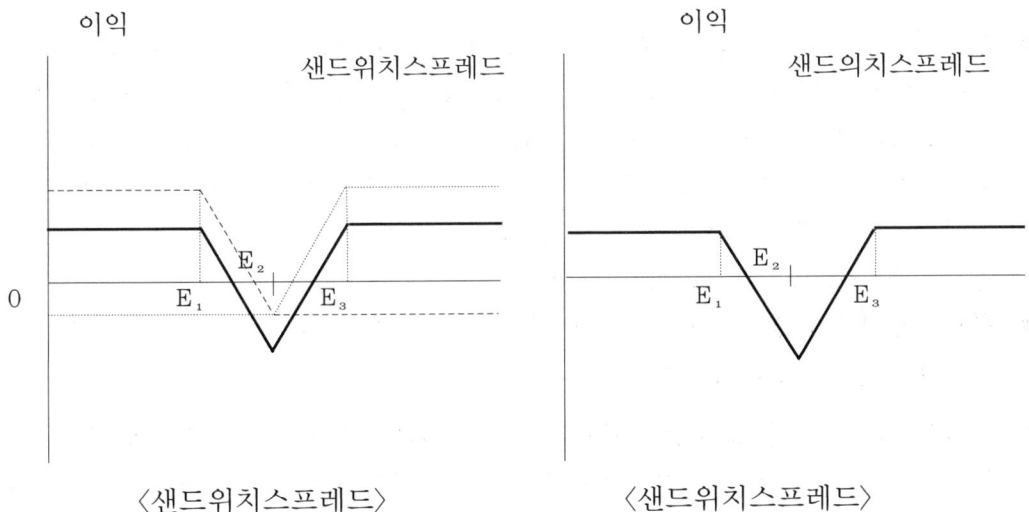

〈샌드위치스프레드〉   〈샌드위치스프레드〉

74. 샌드위치스프레드의 손익

$$\pi = N_{C_1}[Max(0, S_T - E_1) - C_1] + N_{C_2}[Max(0, S_T - E_2) - C_2] + N_{C_3}[Max(0, S_T - E_3) - C_3]$$

단, $N_{C_1} < 0$, $N_{C_2} > 0$, $N_{C_3} < 0$ & $-2N_{C_1} = N_{C_2} = -2N_{C_3}$
$E_1 < E_2 < E_3$, $C_1 > C_2 > C_3$

$\pi = C_1 - 2C_2 + C_3$ if $S_T \leq E_1 < E_2 < E_3$

$\pi = -S_T + E_1 + C_1 - 2C_2 + C_3$ if $E_1 < S_T \leq E_2 < E_3$

$\pi = -S_T + E_1 + C_1 + 2S_T - 2E_2 - 2C_2 + C_3$
$\quad = E_1 + C_1 + S_T - 2E_2 - 2C_2 + C_3$
$\qquad\qquad$ if $E_1 < E_2 < S_T \leq E_3$

$\pi = -S_T + E_1 + C_1 + 2S_T - 2E_2 - 2C_2 - S_T + E_3 + C_3$
$\quad = E_1 + C_1 - 2E_2 - 2C_2 + E_3 + C_3$
$\qquad\qquad$ if $E_1 < E_2 < E_3 < S_T$

75. 비율스프레드(ratio spreads)

- 이상에서 살펴본 것과 같은 스프레드를 이용하여, 과소평가된(underprice) 콜(풋)옵션을 매입하고 과대평가된(overpriced) 콜(풋)옵션 또는 균형가격의 (풋)옵션을 매도함으로써 투자자들은 위험이 전혀 없는 포지션(riskless position) 취할 수가 있다. 이와 같이 무위험 포지션을 가능하게 해주는 특정 행사가격 콜(풋)옵션과 다른 행사가격의 콜옵션의 적절한 비율로 이루어 지는 거래를 율스프래드(ratio spreads)라고 한다.
- 특히, 콜옵션의 경우 비율스프레드의 가치는 다음과 같이 나타낼 수 있다.
$$V = N_1 C_1 + N_2 C_2$$
- 위험이 없는 헷지 포지션(hedged position)은 주식가격의 변화에 의하여 트폴리오의 가치가 영향을 받지 않는 포지션을 뜻하므로 다음과 같이 나낼 수 있다.
$$\frac{aV}{aS} = N_1 \frac{aC_1}{aS} + N_2 \frac{aC_2}{aS} = 0$$

* 그러므로 무위험 포지션은 다음과 같은 비율로 이루어 질 수 있다.

$$\frac{N_1}{N_2} = \frac{[\frac{aC_2}{aS}]}{[\frac{aC_1}{aS}]}$$

76. 콜옵션 비율스프레드(call options ratio spreads)

1) 매입(long)
두 종류의 행사가격을 갖는 콜옵션 중에서, 보다 낮은 행사가격의 콜옵션 한 단위를 매입한다.

2) 매도(short)
두 종류의 행사가격을 갖는 콜옵션 중에서, 보다 높은 행사가격의 콜옵션 두 단위 또는 그 이상을 매도(발행)한다.

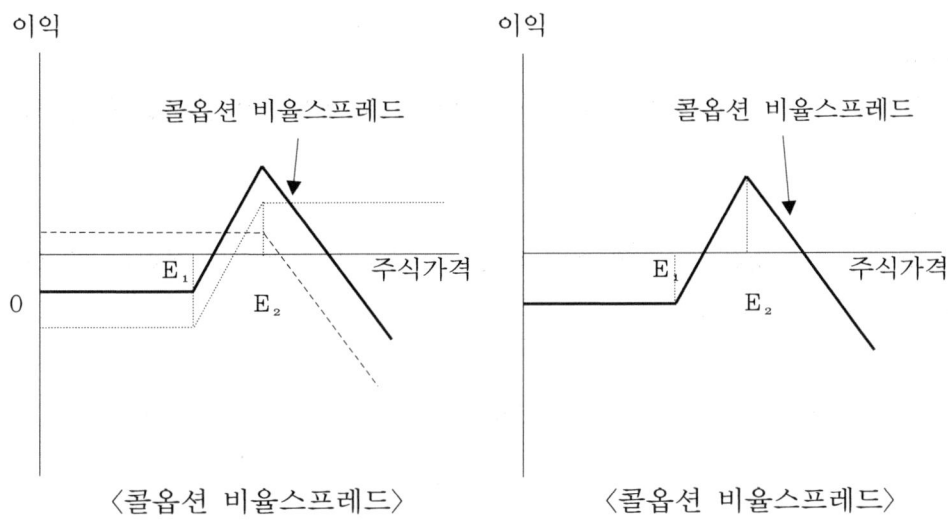

〈콜옵션 비율스프레드〉   〈콜옵션 비율스프레드〉

77. 콜옵션 비율백스프레드(call options ratio back spreads)

1) 매입(long)
두 종류의 행사가격을 갖는 콜옵션 중에서, 보다 높은 행사가격의 콜옵션 두 단위 또는 그 이상을 매입한다.

2) 매도(short)
두 종류의 행사가격을 갖는 콜옵션 중에서, 보다 낮은 행사가격의 콜옵션 한 단위를 매도(발행)한다.

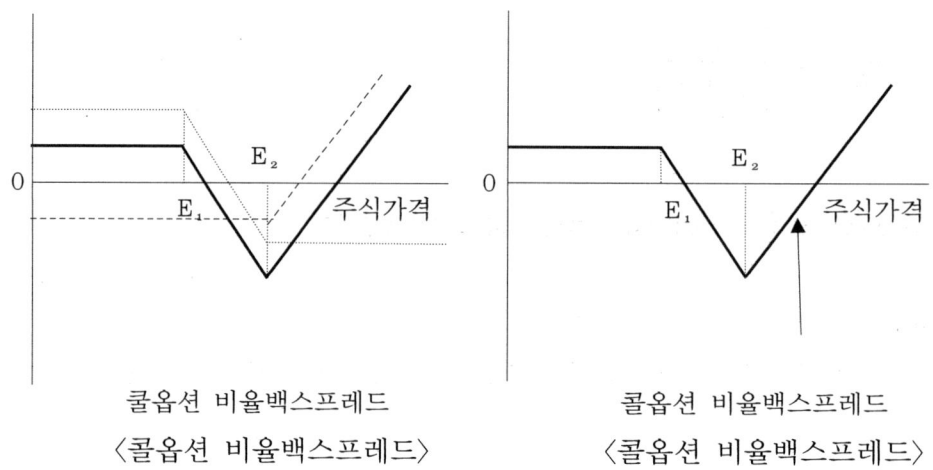

쿨옵션 비율백스프레드　　　　콜옵션 비율백스프레드
〈콜옵션 비율백스프레드〉　　〈콜옵션 비율백스프레드〉

78. 풋옵션 비율스프레드(put options ratio spreads)

1) 매입(long)

　두 종류의 행사가격을 갖는 풋옵션 중에서, 보다 높은 행사가격의 풋옵션 한 단위를 매입한다.

2) 매도(short)

　두 종류의 행사가격을 갖는 풋옵션 중에서, 보다 낮은 행사가격의 풋옵션 두 단위 또는 그 이상을 매도(발행)한다.

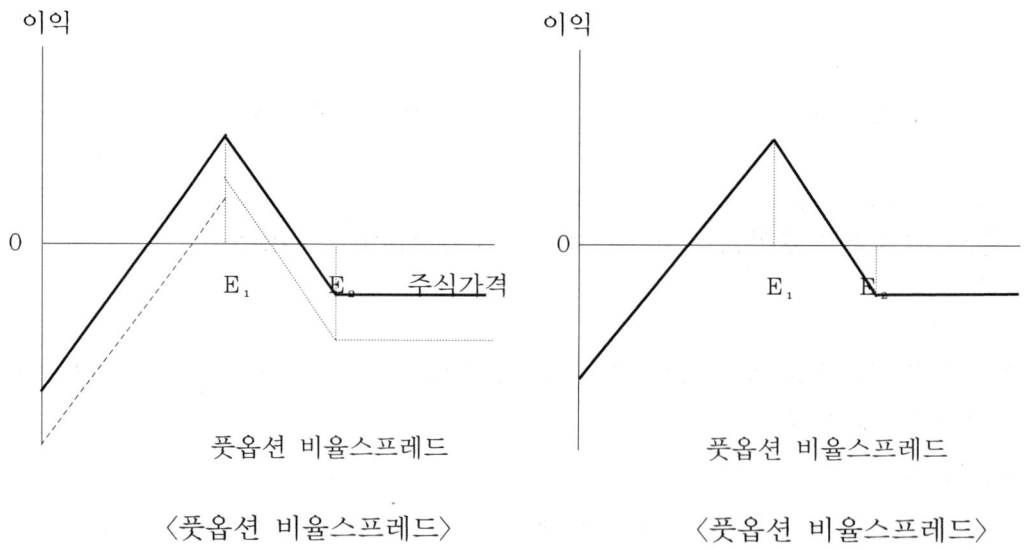

풋옵션 비율스프레드　　　　풋옵션 비율스프레드
〈풋옵션 비율스프레드〉　　〈풋옵션 비율스프레드〉

79. 풋옵션 비율백스프레드(put options ratio back spreads)

1) 매입(long)

두 종류의 행사가격을 갖는 풋옵션 중에서, 보다 낮은 행사가격의 풋옵션 두 단위 또는 그 이상을 매입한다.

2) 매도(short)

두 종류의 행사가격을 갖는 풋옵션 중에서, 보다 높은 행사가격의 풋옵션 한 단위를 매도(발행)한다.

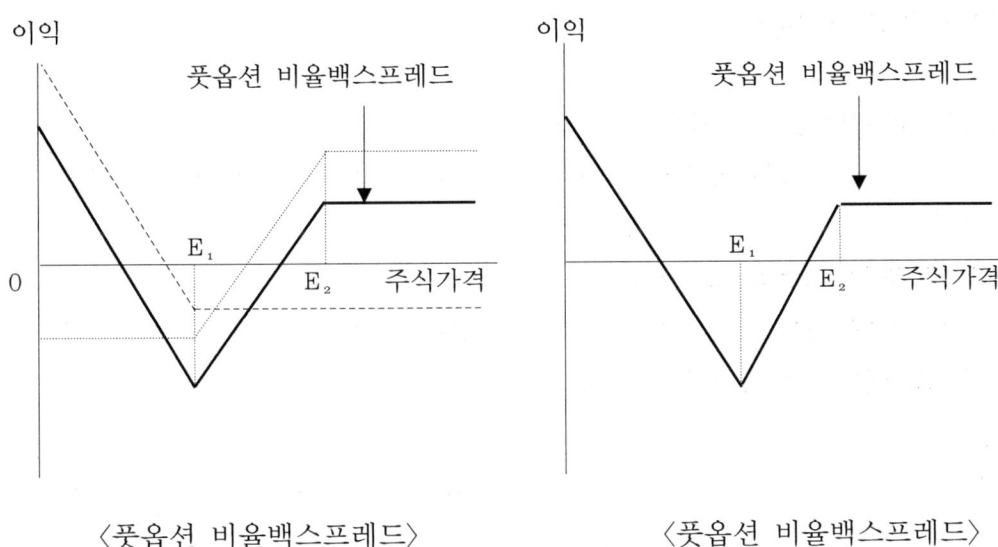

〈풋옵션 비율백스프레드〉　　　　〈풋옵션 비율백스프레드〉

80. 컴비네이션(combination)거래

- 콜옵션 + 풋옵션
- 컴비네이션(combination)거래란 특정한 기초자산에 대하여 콜옵션과 풋옵션을 각각 매입하는 거래 또는 매도하는 거래를 말한다.
- 콜옵션과 폿옵션을 각각 매입하는 거래를 매입컴비네이션이라고하며, 콜옵션과 풋옵션을 각각 매도하는 거래를 매도컴비네이션이라고 한다.

81. 컴비네이션거래의 유형

- 스트래들(straddles)
- 스트랩(straps)
- 스트립(strips)
- 스트랭글(Strangles)
- 콘도르(Condor)
- 박스스프레드(Box spreads)

82. 스트래들(straddles)

1) 매입스트래들(long straddles)
특정 기초자산에 대하여 만기와 행사가격이 같은 콜옵션 한 단위와 풋옵션을 각각 동일한 단위로 매입하는 거래를 말한다.

2) 매도스트래들(short straddles)
특정 기초자산에 대하여 만기와 행사가격이 같은 콜옵션 한 단위와 풋옵션을 각각 동일한 단위로 매도하는 거래를 말한다.

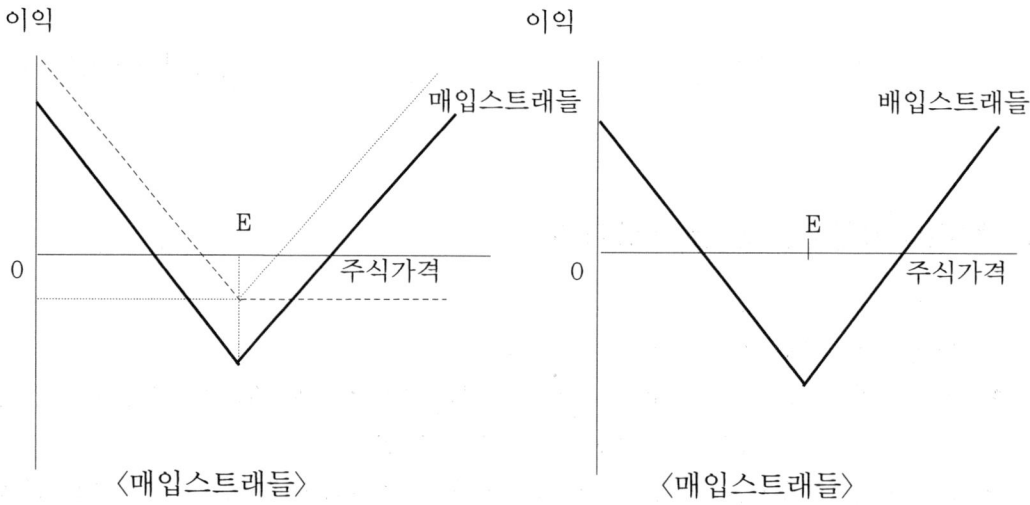

$$\pi = N_C[Max(0, S_T - E) - C] + N_P[Max(0, E - S_T) - P]$$

- 매입스트래들 : $N_C > 0,\ N_P > 0,\ \&\ N_C = N_P$
- 매도스트래들 : $N_C < 0,\ N_P < 0,\ \&\ N_C = N_P$

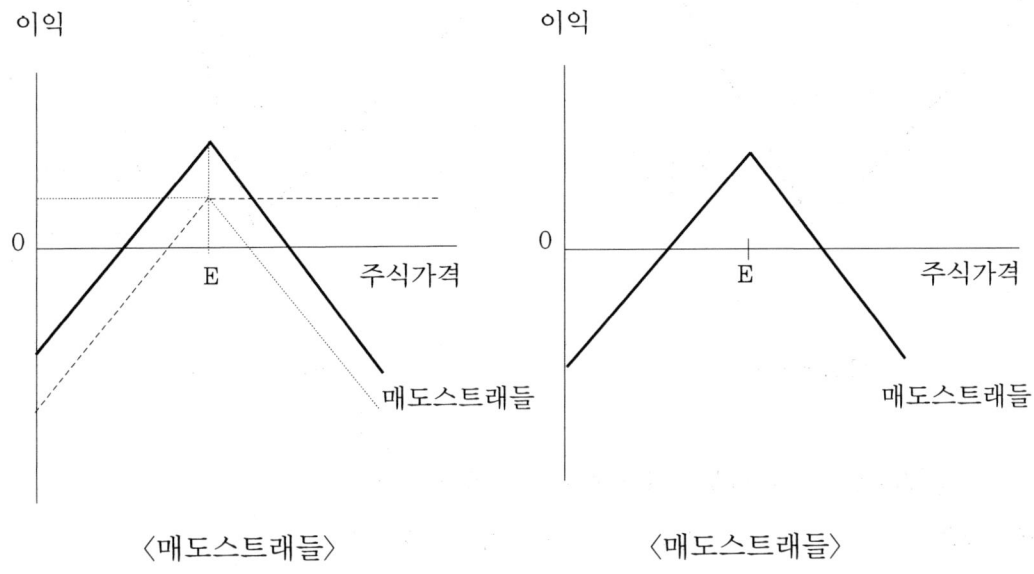

〈매도스트래들〉　　　　　〈매도스트래들〉

$$\pi = N_C[Max(0,\ S_T - E) - C] + N_P[Max(0, E - S_T) - P]$$

매입스트래들 : $N_C > 0,\ N_P > 0,\ \&\ N_C = N_P$

매도스트래들 : $N_C < 0,\ N_P < 0,\ \&\ N_C = N_P$

83. 스트랩(straps)

1) 매입스트랩(long straps)

특정 기초자산에 대하여 만기와 행사가격이 같은 콜옵션 두 단위와 풋옵션 한 단위를 각각 매입하는 거래를 말한다. 즉, 풋옵션 매입단위의 두 배에 해당되는 콜옵션단위를 매입하는 거래이다.

2) 매도스트랩(short straps)

특정 기초자산에 대하여 만기와 행사가격이 같은 콜옵션 두 단위와 풋옵션 한 단위를 각각 매도하는 거래를 말한다. 즉, 풋옵션 매입단위의 두 배에 해당되는 콜옵션단위를 매도하는 거래이다.

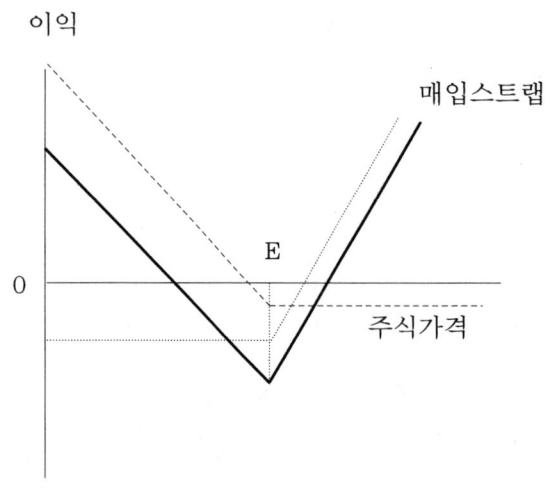
〈매입스트랩〉

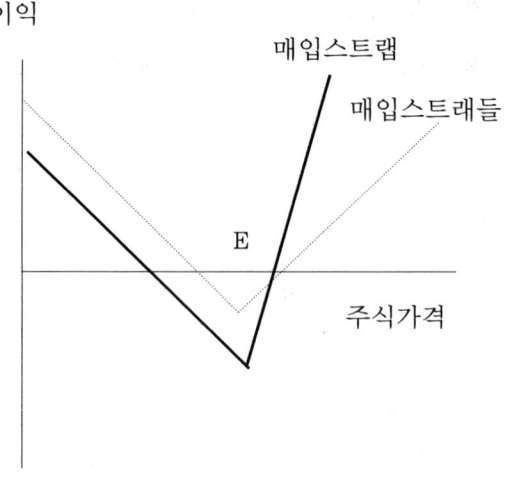
〈매입스트랩〉

$$\pi = N_C[Max(0, S_T - E) - C] + N_P[Max(0, E - S_T) - P]$$
매입스트랩 : $N_c > 0, \quad N_P > 0, \quad \& \quad N_c = 2N_P$
매도스트랩 : $N_c < 0, \quad N_P < 0, \quad \& \quad N_c = 2N_P$

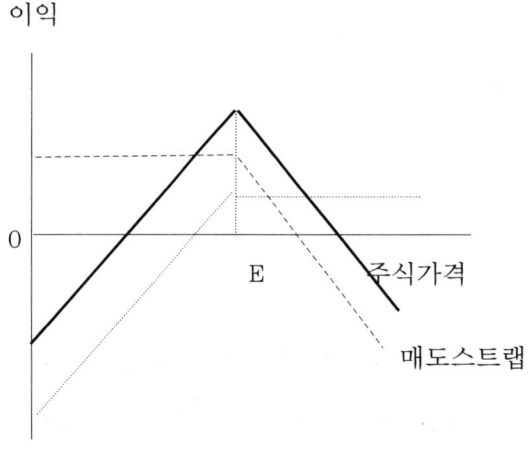
〈매도스트랩〉

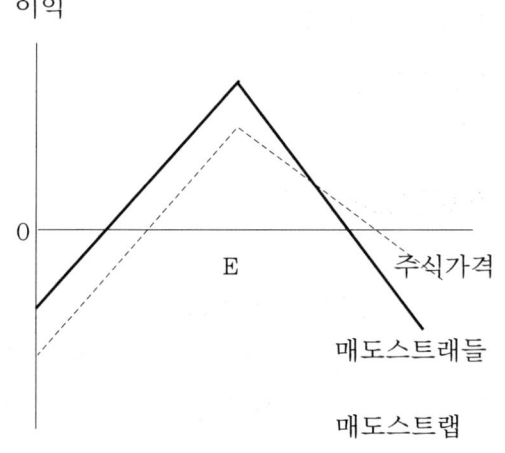
〈매도스트랩〉

$$\pi = N_C[Max(0, S_T - E) - C] + N_P[Max(0, E - S_T) - P]$$
매입스트랩 : $N_c > 0, \quad N_P > 0, \quad \& \quad N_c = 2N_P$
매도스트랩 : $N_c < 0, \quad N_P < 0, \quad \& \quad N_c = 2N_P$

84. 스트립(strips)

1) 매입스트립(long strips) :
특정 기초자산에 대하여 만기와 행사가격이 같은 콜옵션 한 단위와 풋옵션 두 단위를 각각 매입하는 거래를 말한다. 즉, 콜옵션 매입단위의 두 배에 해당되는 풋옵션 거래단위를 매입하는 거래이다.

2) 매도스트립(short strips)
특정 기초자산에 대하여 만기와 행사가격이 같은 콜옵션 한 단위와 풋옵션 두 단위를 각각 매도하는 거래를 말한다. 즉, 콜옵션 매도단위의 두 배에 해당되는 풋옵션 거래단위를 매도하는 거래이다.

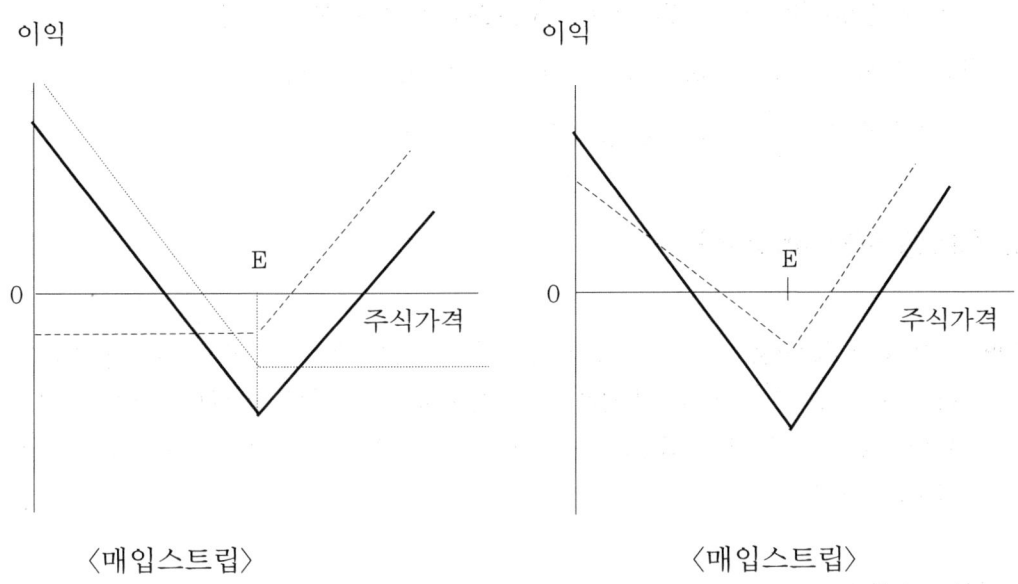

〈매입스트립〉　　　　　　　〈매입스트립〉

$$\pi = N_C[Max(0,\ S_T - E) - C] + N_P[Max(0, E - S_T) - P]$$

매입스트립 : $N_c > 0,\ N_P > 0,\ \&\ 2N_c = N_P$

매도스트립 : $N_c < 0,\ N_P < 0,\ \&\ 2N_c = N_P$

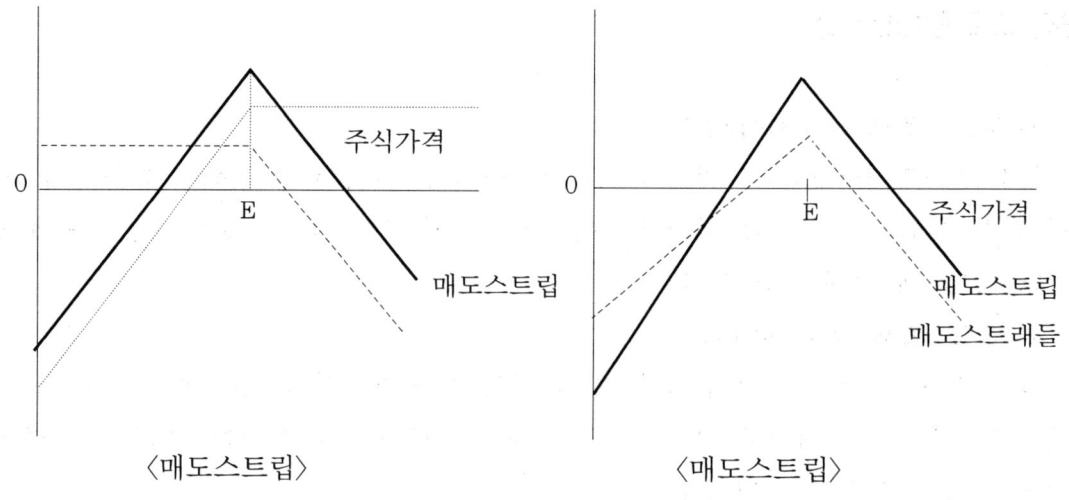

$$\pi = N_C[Max(0, S_T-E)-C] + N_P[Max(0, E-S_T)-P]$$

매입스트립 : $N_c > 0, \ N_P > 0, \ \& \ 2N_c = N_P$

매도스트립 : $N_c < 0, \ N_P < 0, \ \& \ 2N_c = N_P$

85. 스트랭클(Strangles)

● 스트랭글(Strangles)은 서로 다른 행사가격을 갖는 서로 다른 종류의 옵션을 각각 동일한 단위만큼 매입하거나 매도하는 거래를 말한다. 이때 스트랭글은 행사가격이 서로 다른 옵션을 선택하므로 스트랭글 스프레드 (Strangles spreads) 라고도 한다.

1) 매입스트랭글(long Strangles) :

특정 기초자산에 대하여 만기는 동일하고 행사가격이 서로 다른 콜옵션 한 단위와 풋옵션 한 단위를 매입하는 거래를 말한다. 즉, 행사가격 및 종류가 서로 다른 옵션을 각각 동일한 거래단위만큼 매입하는 거래이다 이 때 두 종류의 행사가격 중에서 콜옵션의 행사가격이 풋옵션의 행사가격 보다 높다.

2) 매도스트랭글(short Strangles)

특정 기초자산에 대하여 만기는 동일하고 행사가격이 서로 다른 콜옵션 한 단위와 풋옵션 한 단위를 매도하는 거래를 말한다. 즉, 행사가격 및 종류가 서로 다른 옵션을 각각 동일한 거래단위만큼 매도하는 거래이다. 이 때 두 종류의 행사가격 중에서 콜옵션의 행사가격이 풋옵션의 행사가격 보다 높다.

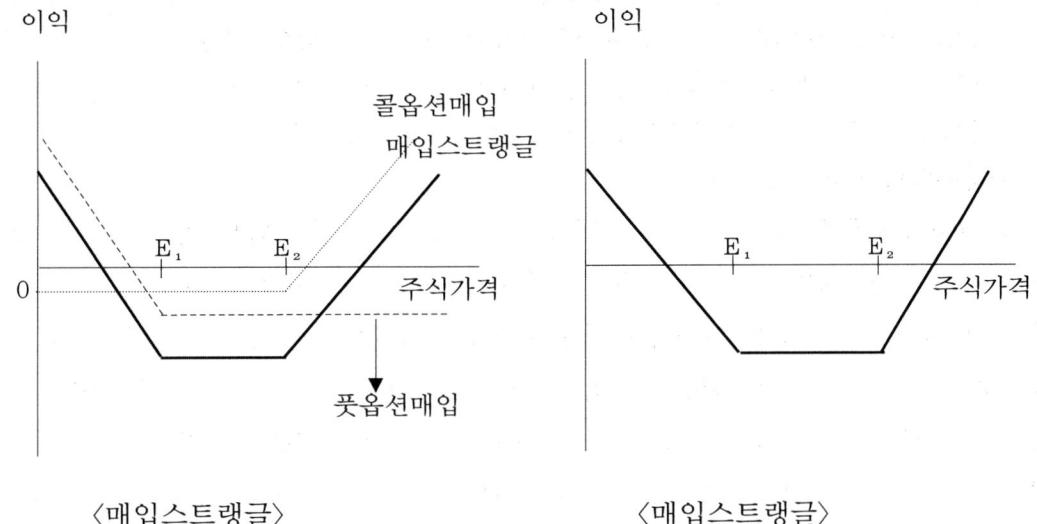

〈매입스트랭글〉　　　　　　　　〈매입스트랭글〉

$$\pi = N_{C_2}[Max(0, S_T - E_2) - C_2] + N_{P_1}[Max(0, E_1 - S_T) - P_1]$$

매입스트랭글 : $N_{C_2} > 0,\ N_{P_1} > 0,\ \&\ N_{C_2} = N_{P_1}$

매도스트랭글 : $N_{C_2} < 0,\ N_{P_1} < 0,\ \&\ N_{C_1} = N_{P_1}$

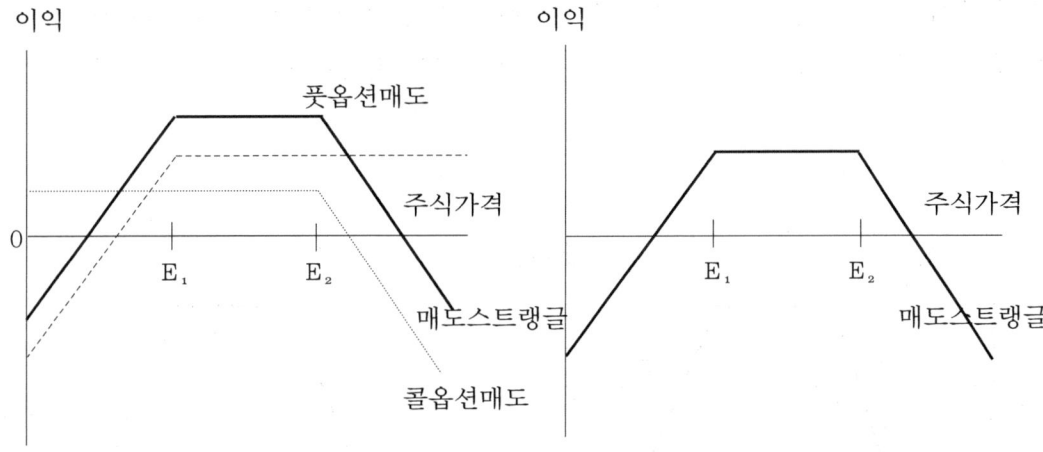

〈매도스트랭글〉　　　　　　　　〈매도스트랭글〉

$$\pi = N_{C_2}[Max(0, S_T - E_2) - C_2] + N_{P_1}[Max(0, E_1 - S_T) - P_1]$$

매입스트랭글 : $N_{C_2} > 0,\ N_{P_1} > 0,\ \&\ N_{C_2} = N_{P_1}$

매도스트랭글 : $N_{C_2} < 0,\ N_{P_1} < 0,\ \&\ N_{C_1} = N_{P_1}$

86. 콘도르(Condor)

- 콘도르(Condor)는 동일한 기초자산에 대하여 만기가 동일한 매입스트랭글(long Strangles)과 매도스트랭글(short Strangles)의 결합으로 이루어지는 스프레드(컴비네이션)이다. 이 때 콘도르는 행사가격이 서로 다른 옵션을 선택하므로 콘도르 스프레드(Condor spreads)라고도 한다.

1) 매입콘도르(long Condor)

특정 기초자산에 대하여 만기는 동일하고 행사가격이 서로 다른 콜옵션 한 단위와 풋옵션 한 단위를 매입하는 거래, 즉, 행사가격 및 종류가 서로 다른 옵션을 각각 동일한 거리단위만큼 매입하는 거래와 동시에 특정 기초자산에 대하여 만기는 동일하고 행사가격이 서로 다른 콜옵션 한 단위와 풋옵션 한 단위를 매도하는 거래, 즉, 행사가격 및 종류가 서로 다른 옵션을 각각 동일한 거래단위만큼 매도하는 거래를 말한다.

결국, 매입스트랭글(long Strangles)과 매도스트랭글(short Strangles)의 결합을 의미하며, 이 때 서로 다른 네 종류의 행사가격 중에서 매입하는 옵션의 행사가격은 가장 큰 것과 가장 작은 것이 된다. 따라서 매도하는 옵션의 행사가격은 두 번째와 세 번째로 큰 행사가격이 된다.

2) 매도콘도르(short Condor)

매입콘도르(long condor)와 거래의 내용이 동일하며, 다만 서로 다른 네 종류의 행사가격 중에서 매입하는 옵션의 행사가격은 두 번째와 세 번째로 큰 행사가격이며, 매도하는 옵션의 행사가격은 가장 큰 것과 가장 작은 것이 된다는 점에서 차이가 있다.

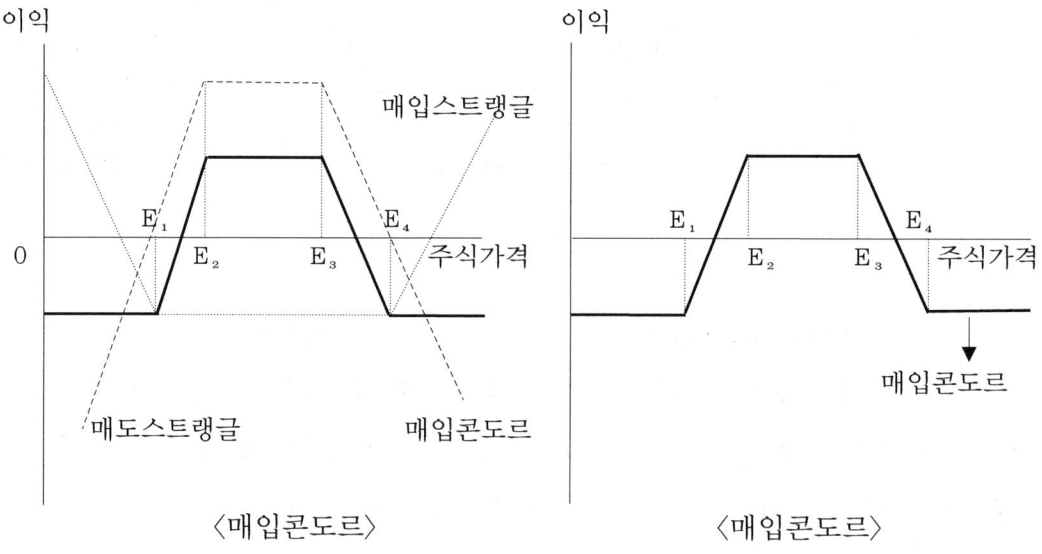

〈매입콘도르〉　　　　　〈매입콘도르〉

$$\pi = N_{C_4}[Max(0, S_T - E_4) - C_4] + N_{P_1}[Max(0, E_1 - S_T) - P_1]$$
$$+ N_{C_3}[Max(0, S_T - E_3) - C_3] + N_{P_2}[Max(0, E_2 - S_T) - P_2]$$

매입콘도르 : $N_{C_4} > 0$, $N_{P_1} > 0$, $N_{C_3} < 0$, $N_{P_2} < 0$, & N_{C_4}
$= N_{P_1} = -N_{C_4} = -N_{P_2}$

매도콘도르 : $N_{C_4} < 0$, $N_{P_1} < 0$, $N_{C_3} > 0$, $N_{P_2} > 0$, & $-N_{C_4}$
$= -N_{P_1} = N_{C_4} = N_{P_2}$

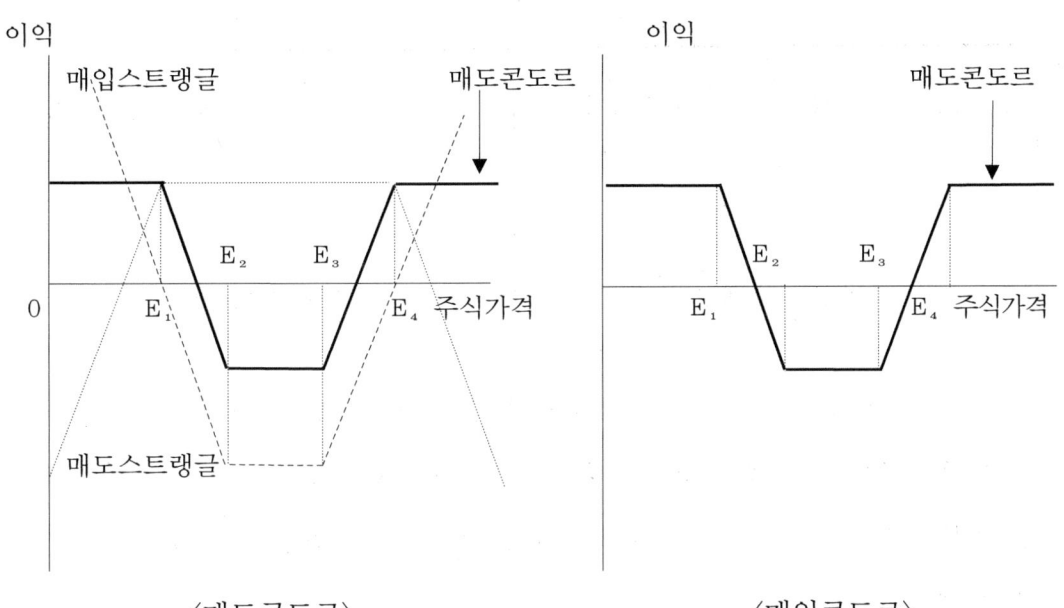

〈매도콘도르〉　　　　　　〈매입콘도르〉

$$\pi = N_{C_4}[Max(0, S_T - E_4) - C_4] + N_{P_1}[Max(0, E_1 - S_T) - P_1]$$
$$+ N_{C_3}[Max(0, S_T - E_3) - C_3] + N_{P_2}[Max(0, E_2 - S_T) - P_2]$$

매입콘도르 : $N_{C_4} > 0$, $N_{P_1} > 0$, $N_{C_3} < 0$, $N_{P_2} < 0$, & N_{C_4}
$= N_{P_1} = -N_{C_4} = -N_{P_2}$

매도콘도르 : $N_{C_4} < 0$, $N_{P_1} < 0$, $N_{C_3} > 0$, $N_{P_2} > 0$, & $-N_{C_4}$
$= -N_{P_1} = N_{C_4} = N_{P_2}$

87. 박스스프레드(Box spreads)

- 박스스프레드(Box spreads)는 콜옵션으로 구성된 강세스프레드(Bull-call
- =money spreads)와 풋옵션으로 구성된 약세스프레드(Bear-put-money spreads)의 결합으로 이루어지는 스프레드(컴비네이션)이다.

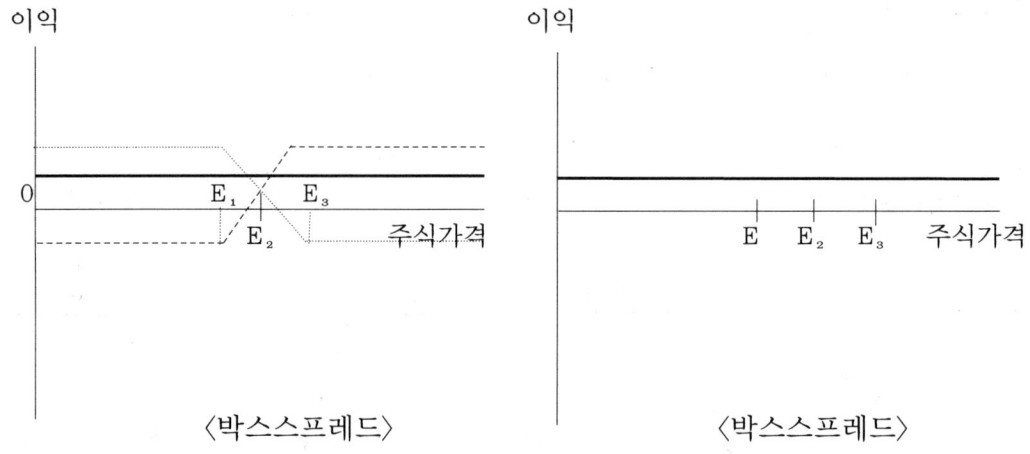

〈박스스프레드〉　　　　　　〈박스스프레드〉

$$\pi = N_{C_1}[Max(0, S_T - E_1) - C_1] + N_{C_2}[Max(0, S_T - E_2) - C_2]$$
$$+ N_{P_1}[Max(0, E_1 - S_T) - P_1] + N_{P_2}[Max(0, E_2 - S_T) - P_2]$$
$$N_{C_1} > 0,\ N_{C_2} < 0,\ N_{P_1} < 0,\ N_{P_2} > 0,\ \&\ N_{C_1} = -N_{C_2}$$
$$= -N_{P_1} = N_{P_2}$$

88. 합성포지션(synthetic position)거래

- (주식+옵션) 또는
- (콜옵션+풋옵션) 또는
- (콜옵션+풋옵션+주식)
- 합성포지션(synthetic position)거래는 주식과 옵션, 콜옵션과 풋옵션, 콜옵션과 풋옵션 및 주식(기초자산)등을 각각 이용하여 새로운 형태의 옵션포지션이나 기초자산(주식선물)포지션을 창출하는 거래를 말한다.

89. 합성포지션거래의 유형

1. 합성콜옵션(synthetic call options)
2. 합성풋옵션(synthetic put options)
3. 합성선물(synthetic futures)매입
4. 합성선물(synthetic futures)매도
5. 컴포지션(composition)
6. 리버설(reversal)

90. 합성콜옵션(synthetic call options)

- 주식매입+ 풋옵션매입
- 합성 콜옵션(synthetic call options)전략은 주식과 풋옵션을 이용하여 콜옵션을 보유한 것과 같은 이익의 형태를 가져다 주는 전략이다. 즉, 기초자산인 주식의 매입과 동시에 풋옵션을 매입함으로써 콜옵션을 매입한 것과 동일한 손익을 실현할 수 있는 위험헤지 전략이 합성 콜옵션이다.

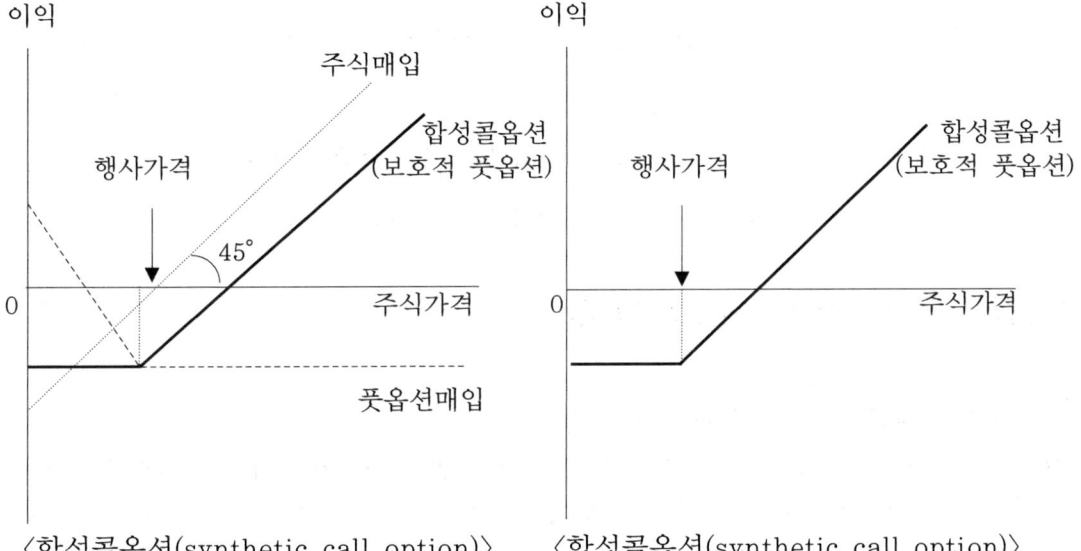

〈합성콜옵션(synthetic call option)〉　　〈합성콜옵션(synthetic call option)〉

$$\pi = N_S(S_T - S) + N_P[Max(0, E - S_T) - P]$$
$$N_S > 0, \quad N_P > 0, \quad \& \quad N_S = N_P$$

91. 합성풋옵션(synthetic put options)

- 주식매도+ 콜옵션매입
- 합성풋옵션(synthetic put options)포지션은 주식과 콜옵션을 이용하여 풋옵션을 보유한 것과 같은 이익의 형태를 가져다 주는 전략이다. 즉, 주식을 공매(발행, 매도)하고 동일한 단위수만큼의 콜옵션을 매입함으로써 풋옵션보유와 동일한 효과 실현할 수 있는 전략이다.

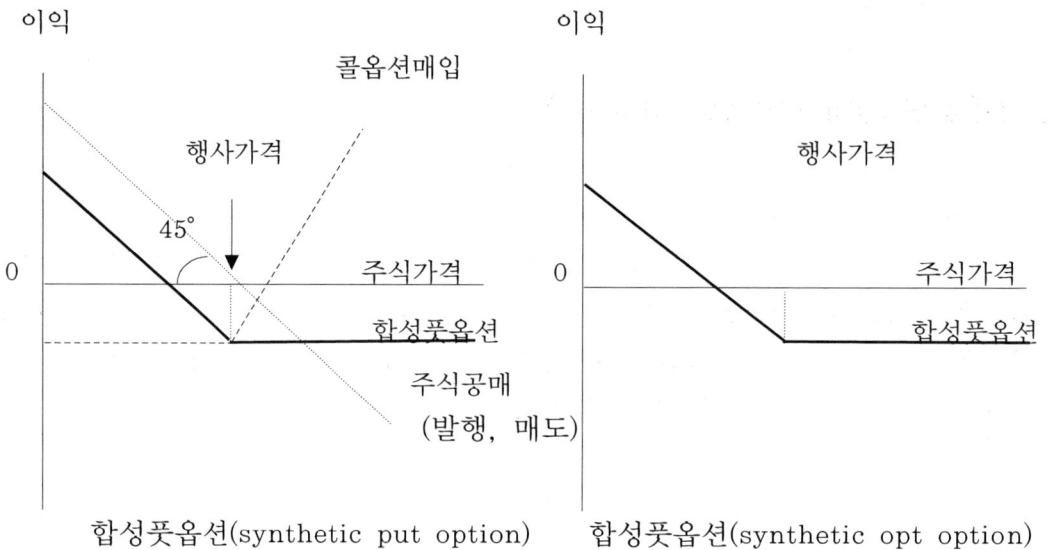

합성풋옵션(synthetic put option)   합성풋옵션(synthetic opt option)

$$\pi = N_S(S_T - S) + N_C[Max(0, S_T - E) - C]$$
$$N_S < 0, \quad N_C > 0, \quad \& \quad -N_S = N_C$$

92. 합성선물(synthetic futures)매입

- 콜옵션 매입 + 풋옵션 매도(발행)
- 합성선물(synthetic futures)의 매입포지션은 콜옵션을 매입하고 풋옵션을 매도(발행)함으로써 기초자산인 주식의 매입과 동일한 손익을 실현하는 전략이다. 즉, 콜옵션을 매입하고 풋옵션을 매도(발행)함으로써 선물매입포지션과 동일한 효과를 실현할 수 있는 전략이다.

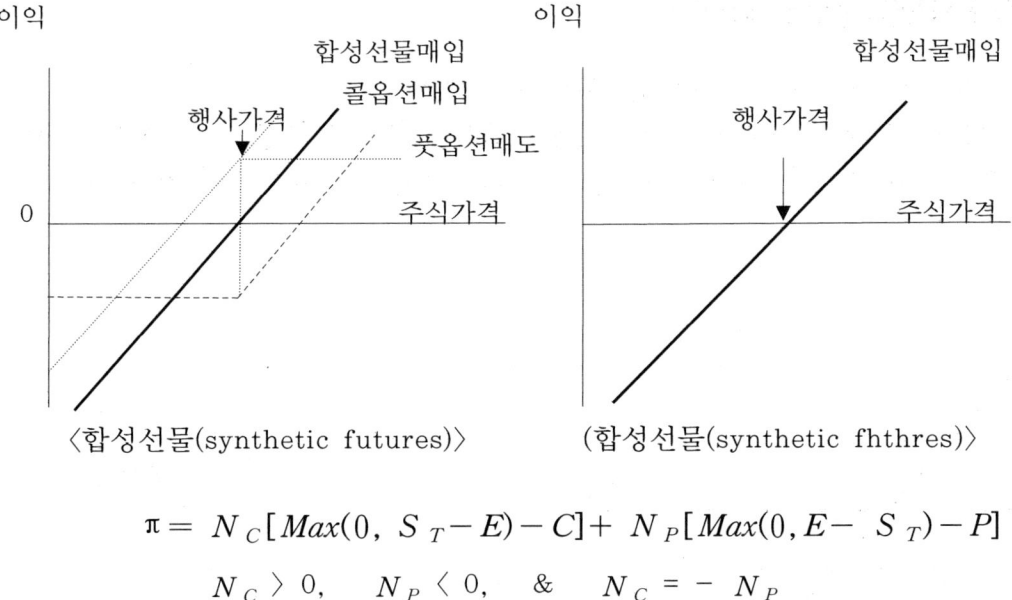

$$\pi = N_C[Max(0, S_T - E) - C] + N_P[Max(0, E - S_T) - P]$$
$$N_C > 0, \quad N_P < 0, \quad \& \quad N_C = -N_P$$

93. 합성선물(synthetic furures)매도

- 콜옵션 매도(발행) + 풋옵션 매입
- 합성선물(synthetic futures)의 매도포지션은 콜옵션을 매도(발행)하고 풋옵션을 매입함으로써 기초자산인 주식의 매도와 동일한 손익을 실현하는 전략이다. 즉, 콜옵션을 매입하고 풋옵션을 매도(발행)함으로써 선물매도와 동일한 효과를 실현할 수 있는 전략이다.

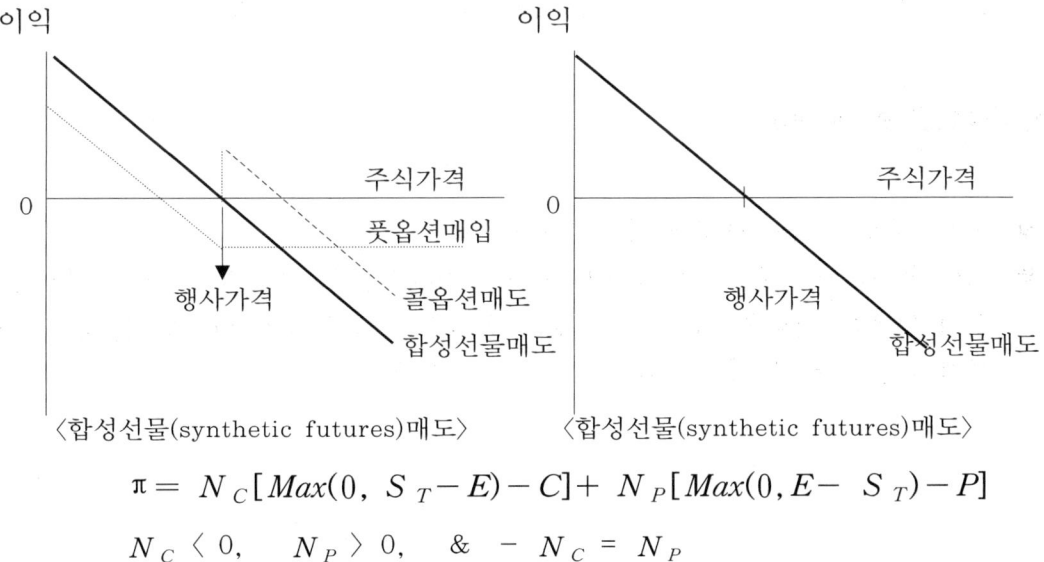

$$\pi = N_C[Max(0, S_T - E) - C] + N_P[Max(0, E - S_T) - P]$$
$$N_C < 0, \quad N_P > 0, \quad \& \quad -N_C = N_P$$

94. 컴포지션(composition)

- 콜옵션매도(발행) + 풋옵션매입 + 주식(선물)매입
- 컴포지션(composition)은 콜옵션매도(발행), 풋옵션 매입, 기초자산(선물)매입을 통하여 일정한 이익을 실현할 수 있는 전략을 말하며, 컨버젼(conversion)이라고도 한다.
-

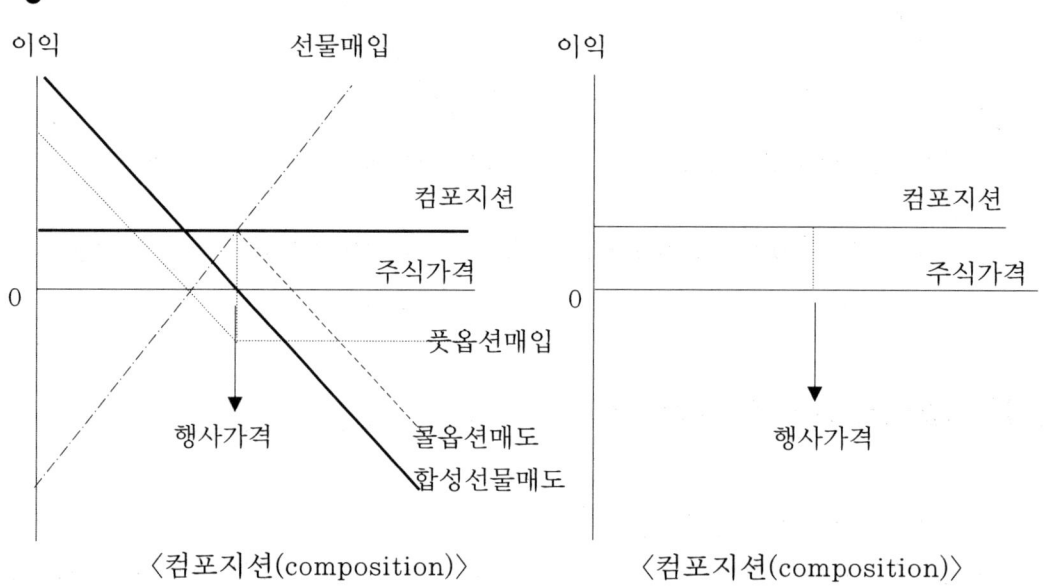

〈컴포지션(composition)〉 〈컴포지션(composition)〉

$$\pi = N_S(S_T - S) + N_C[Max(0, S_T - E) - C] + N_P[Max(0, E - S_T) - P]$$

$$N_S > 0, \quad N_C < 0, \quad N_P > 0, \quad \& \quad N_S = -N_C = N_P$$

95. 리버설(reversal)

- 콜옵션매입 + 풋옵션매도(발행) + 주식매도
- 리버설(reversal)은 콜옵션 매입, 풋옵션 매도(발행), 기초자산 매도(발행)을 통하여 일정한 이익을 실현할 수 있는 전략으로서, 컴포지션과 반대되는 거래를 통하여 동일한 이익을 실현하는 방법을 말한다.

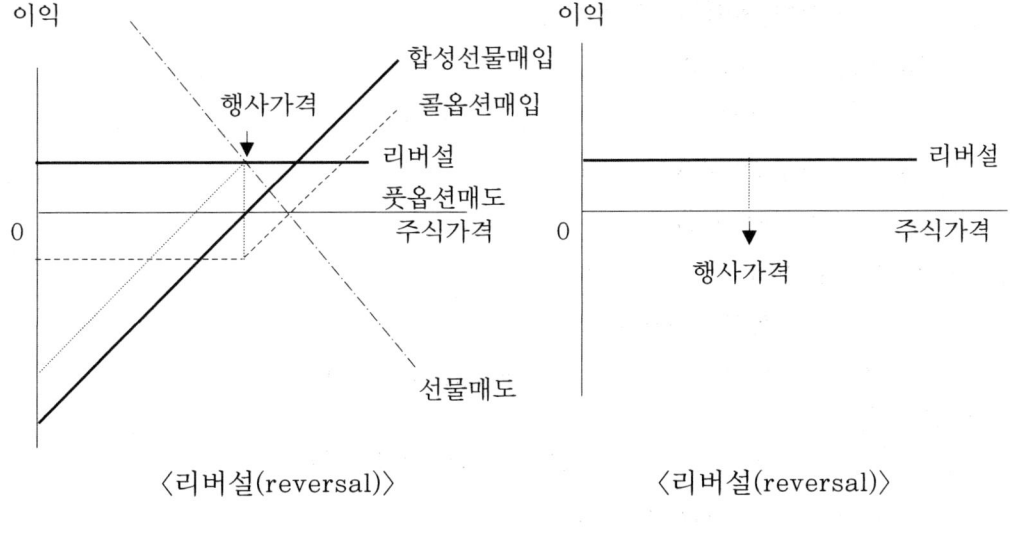

⟨리버설(reversal)⟩　　　　⟨리버설(reversal)⟩

$$\pi = N_S(S_T - S) + N_C[Max(0, S_T - E) - C] + N_P[Max(0, E - S_T) - P]$$

$$N_S < 0, \quad N_C > 0, \quad N_P < 0, \quad \& \quad -N_S = N_C = -N_P$$

96. 옵션가격결정모형(options pricing model)

- 이항분포모형(binomial distribution model)
- 블랙-숄즈모형(black-Scholes model)
- CEV(constant elasticity of variance)모형
- 확산-도약과정(diffusion-jump process)모형
- 불연속적 과정(discontinuous process)모형
- 다항분포(multinomial distribution)모형

97. 이항분포모형

1) 단일기간모형(single-period model)
   ① 주가의 변화

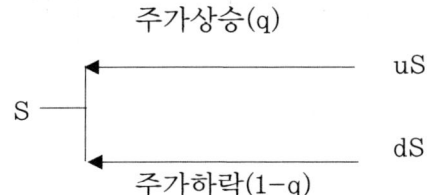

단, S = 주식(기초자산)의 현재가격
d = 1-주가하락률
u = 1+주가상승률
q = 주가상승 확률
(1-q) = 주가하락 확률

② 콜옵션가치의 변화

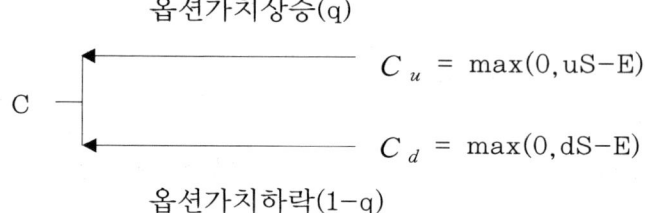

98. 무위험 헷지포트폴리오

● 무위험헤지 포트폴리오(covered call options)
= 주식보유+콜옵션의 발행(매도)
● 무위험 헷지포트폴리오의 가치 : $V = S - m_C \cdot C$

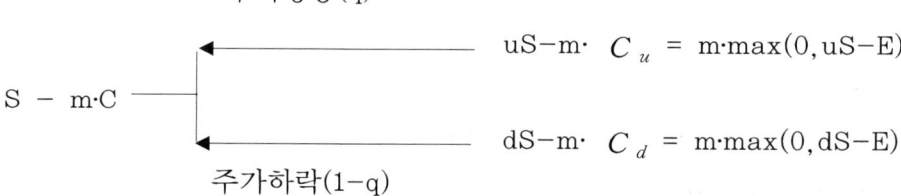

99. 헤지비율(hedge ratio)

● 균형하에서는 기초자산의 가격이 상승할 때의 헷지포트폴리오의 가치와 기초자산의 가격이 하락할때의 헷지포트폴리오의 가치가 동일하여야 위험이 없는 상태가 된다. 즉, 헷지포트폴리오가 되는 것이다. 그러므로 균형하에서는 $V_u = V_d$ 이어야 한다.

$V_u = (u \cdot S) = m_C \cdot C_u$

$V_d = (d \cdot S) = m_C \cdot C_d$

$$V_u = V_d$$
$$(u \cdot S) - m_C \cdot C_u = (d \cdot S) - m_C \cdot C_d$$
$$m_C = \frac{(u \cdot S) - (d \cdot S)}{C_u - C_d} = \frac{(u-d) \cdot S}{C_u - C_d} \Rightarrow$$

- 그러므로 주식 1주를 보유한 콜옵션 m_C개를 발행(매도)함으로써 위험을 완전히 헷지(hedge)할 수 있다.

$$\boxed{\therefore m_C = \frac{(u-d)S}{C_u - C_d}}$$

100. 콜옵션의 균형가격결정

- 균형하에서는 주가의 상승이나 하락의 경우에 투자자가 받게 되는 현금흐름의 현재가치나 현재시점에서의 투자자들의 현금흐름과 동일해야 한다.

$$S - m_C \cdot C = \frac{(u \cdot S) - m_C \cdot C_u}{(1+R_f)} = \frac{(d \cdot S) - m_C \cdot C_d}{(1+R_f)}$$

$$= \frac{(u \cdot S) - m_C \cdot C_u}{R} = \frac{(d \cdot S) - m_C \cdot C_d}{R}$$

$$S - m_C \cdot C = \frac{(u \cdot S) - m_C \cdot C_u}{R} \Rightarrow$$

$$m_C \cdot C = S - \frac{(u \cdot S) - m_C \cdot C_u}{R}$$

$$C = \frac{1}{R}[\frac{S \cdot R}{m_C} - \frac{(u \cdot S) - m_C \cdot C_u}{m_C}] = \frac{1}{R}[\frac{S \cdot R}{m_C} - \frac{(u \cdot S)}{m_C} + C_u]$$

- 앞의 식에 헤지비율 m_C을 대입하면 다음과 같다.

$$C = \frac{1}{R}[\frac{S}{m_C} - \frac{(u \cdot S)}{m_C} + C_u] = \frac{1}{R}[\frac{S \cdot R}{\frac{(u-d)S}{C_u - C_d}} - \frac{(u \cdot S)}{\frac{(u-d)S}{C_u - C_d}} + C_u]$$

- 이것을 정리하면 다음과 같은 균형하에서의 이항분포모형의 단일기간 콜옵션가격결정식을 구할 수 있다.

$$C = \frac{1}{R}[(\frac{R-d}{u-d})C_u + (\frac{u-R}{u-d})C_d] = \frac{1}{R}[P C_u + (1-P)C_d]$$

- 단, R = 1 + R_f

  R = 무위험수익률

  $P = (\dfrac{R-d}{u-d})$ = 헤지확률(hedge probability)

- 만약 투자자들이 위험중립적(risk-neutral)이라면, 기초자산의 투자에 대하여 단지 무위험수익률만큼의 수익률을 요구할 것이므로,

  $(1 + R_f)S = q \cdot (u \cdot S) + (1-q) \cdot (d \cdot S)$

  $R \cdot S = q \cdot (u \cdot S) + (1-q) \cdot (d \cdot S)$

  라고 할 수 있다. 위의 식을 q에 관하여 정리하면 다음과 같다.

  $R = q \cdot u + (1-q) \cdot d \Rightarrow q = (\dfrac{R-d}{u-d}) = p$

따라서 위험중립적인 투자자를 가정하는 경우에는 기초자산인 주식가격의 상승확률은 헤지확률(hedge probability)과 동일하다는 것을 알 수 있다.

101. 이항분포모형

2) 2기간모형(two-period model)

　① 주가의 변화

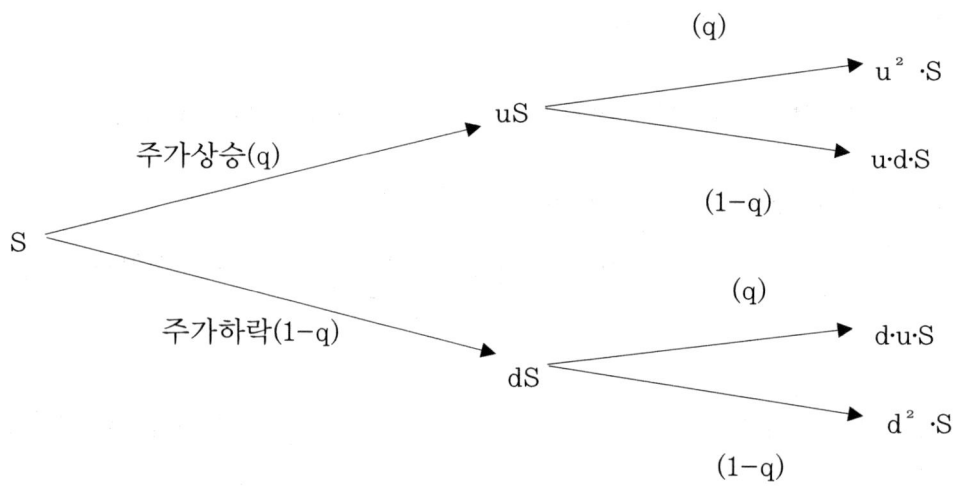

　단, S = 주식(기초자산)의 현재가격
　　　d = 1 - 주가하락률

q=주가상승 확률
(1-q)=주가하락 확률

② 콜옵션가치의 변화

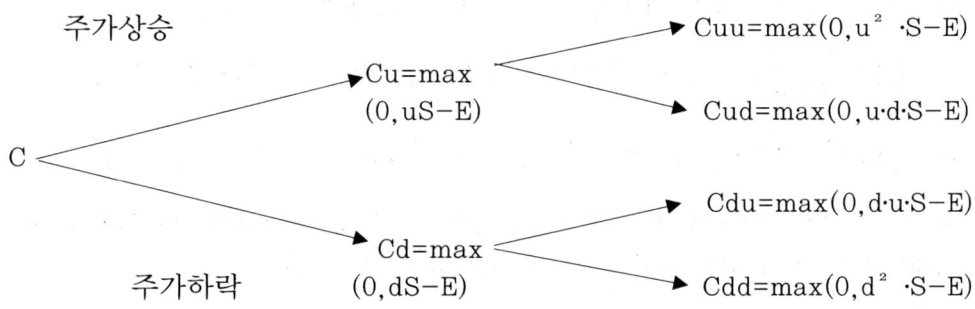

단, E=행사가격(exercise price)
C=현재시점의 콜옵션가치

C_d =1기말 주가하락의 경우 콜옵션가치

C_u =1기말 주가상승의 경우 콜옵션가치

C_{du} =1기말 주가하락 후 2기말 주가상승의 경우 콜옵션가치(= C_{ud})

C_{ud} =1기말 주가상승 후 2기말 주가하락의 경우 콜옵션가치(= C_{du})

C_{dd} =1기말 주가하락 후 2기말 주가하락의 경우 콜옵션가치

C_{uu} =1기말 주가상승 후 2기말 주가상승의 경우 콜옵션가치

102. 무위험 헷지포트폴리오

- 무위험헤지 포트폴리오(covered call options)=주식보유+ 콜옵션의 발행(매도)
- 무위험 헷지포트폴리오의 가치: $V = S - m_C \cdot C$

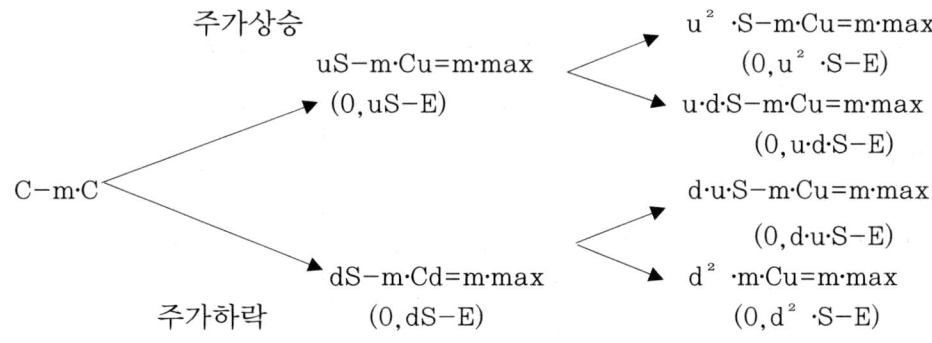

103. 콜옵션의 균형가격결정식

● 단일기간모형에서의 공식을 이용하면 1기간 후에 주식가격이 상승할 때와 하락할 때의 콜옵션의 가치는 다음과 같이 나타낼 수 있다.

$$C_u = \frac{1}{R}[(\frac{R-d}{u-d})C_{uu} + (\frac{u-R}{u-d})C_{ud}] = \frac{1}{R}[PC_{uu} + (1-P)C_{ud}]$$

$$C_d = \frac{1}{R}[(\frac{R-d}{u-d})C_{du} + (\frac{u-R}{u-d})C_{dd}] = \frac{1}{R}[PC_{du} + (1-P)C_{dd}]$$

● 위의 식을 단일기간모형의 콜옵션균형가격결정식에 대입하면, 다음과 같은 2기간모형에서의 콜옵션의 균형가격결정식을 구할 수 있다.

$$C = \frac{1}{R^2}[P^2 C_{uu} + 2P(1-P)C_{ud} + (1-P)^2 C_{dd}]$$

● 단일기간 모형에서 구한 공식을 반복적으로 대입하면 다음과 같은 n기간 모형에서의 콜옵션의 균형가격결정식을 구할 수 있다.

$$C = \frac{1}{R^n} \sum_{t=0}^{n} \frac{n!}{t!(n-t)!} P^t (1-P)^{n-t} Max[0, S \cdot (u)^t \cdot (d)^{n-t} - E]$$

단, n=만기까지의 기간(time to expiration)

R=1+R

R_f =무위험수익률

$p = (\frac{R-d}{u-d})$ =헤지확률(hedge probability)

104. 풋-콜 등가(put-call parity)식

● 다음과 같은 차익거래포트폴리오를 이용하여 풋옵션의 가격과 콜옵션의 가격간의 관계식인 풋-콜등가식을 유도할 수 있다.

[만기시점에서의 현금흐름]

포트폴리오	현재가치	$S_t \leq E$	$E < S_t$
주식 1주 매입 풋옵션 1단위 매입 콜옵션 1단위 매도 액면금액 E만큼 차입	S_0 P -C $-E/\{(1+R_f)^T\}$	S_t $E - S_t$ 0 -E	S_t 0 $-(S_t - E)$ -E
순효과	$S_0 + P - C - E/\{(1+R_f)^T\}$	0	0

● 앞의 표에서 알 수 있는 바와 같이 만기시점에서의 주식가격의 크기와는 무관하게 만기시점의 현금 흐름은 항상 '0'이 된다. 따라서 이러한 포트폴리오의 현재가치 역시 다음과 같이 '0'이 되어야 한다.

$$S_0 + P - C - \frac{E}{(1+R_f)^T} = 0$$

* 이것을 다시 정리하면 풋옵션의 가치와 콜옵션의 가치와의 관계는 다음과 같은 향수식으로 나타낼 수 있다.

$$P = C - S_0 + \frac{E}{(1+R_f)^T}$$

단, S_0=기초자산(under lying asset)의 현재가격
  E=행사가격(exercise price)
  C=콜옵션의 가치(가격)
  P=풋옵션의 가치(가격)
  T=만기(expiration)까지의 기간
  R_f=무위험수익률

● 만약 콜옵션과 풋옵션의 모든 조건이 동일하고 기초자산의 현재가격과 행사가격이 같다면 콜옵션의 가치는 풋옵션의 가치보다 높게 나타난다.

$$C - P = S_0 - \frac{E}{(1+R_f)^T} > 0$$

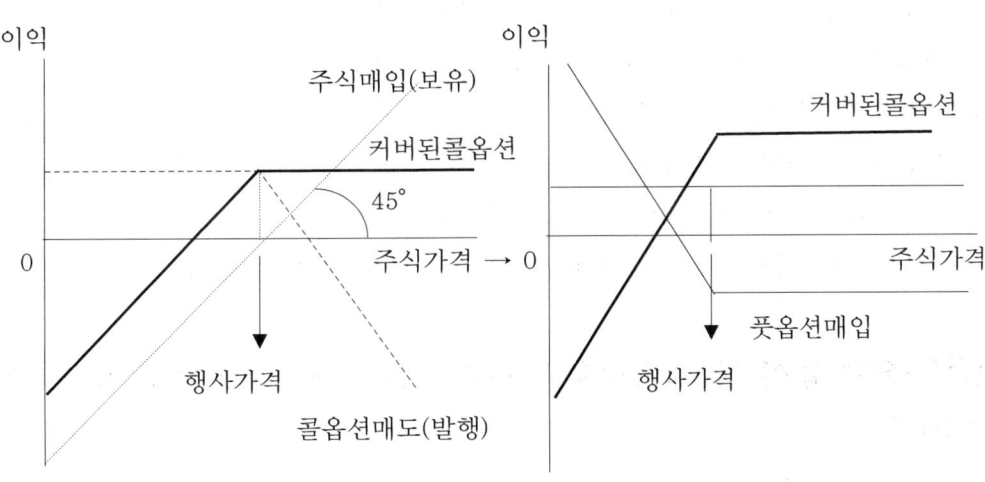

(주식매입+콜옵션매도)의 결과
〈커버된 콜옵션(covered call option)〉

(커버된 콜옵션+풋옵션매입)의 결과
〈풋-콜패러티와 차익거래포트폴리오〉

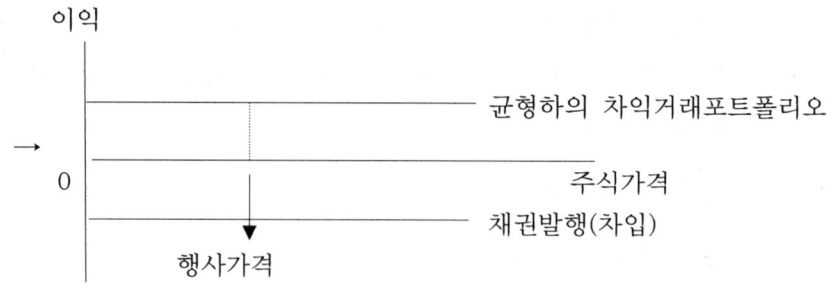

(커버된 콜옵션+풋옵션매입+채권발행(차입))의 결과
〈풋-콜패러티와 차익거래포트폴리오〉

105. 블랙-숄져 옵션가격결정모형(Black-Scholes options pricing model)

1) 가정

① 기초자산의 수익률은 로그정규분포(log-normal distribution)를 따르며, 기초자산가격의 변동성을 위너과정(Wiener process)를 따른다.
② 기초자산은 충분히 분할가능하며, 자산의 거래는 연속적으로 이루어진다.
③ 기초자산은 공매(sgort selling)가 가능하다.
④ 무위험수익률은 확률변수가 아니며 만기시점까지 일정한 값을 갖는다.
⑤ 기초자산인 주식에 대하여 배당은 지급되지 않는다.
⑥ 옵션은 만기이전에는 행사되지 않는 유럽형 옵션이다.
⑦ 차익거래기회는 존재하지 않는다.
⑧ 시장은 완전자본시장이다.
⑨ 투자자들은 위험중립적(risk neutral)이다.
⑩ 완전대체자산들(perfect substitutes)의 균형수익률은 동일하다.

106. 블랙-숄져 옵션가격결정모형의 도출(Black-Scholes options pricing model)

● 커버된 콜옵션(covered call options), 즉 기초자산인 주식의 매입과 동시에 콜옵션의 발행을 통하여 위험이 완전히 제거된 무위험 헤지 포트폴리오(hedge portfolio)의 구성이 가능하다. 이렇게 구성된 헤지포트폴리오의 현지

가치를 다음과 같이 나타낼 수 있다.

$$V = N_S \cdot S - N_C \cdot C$$

단, S = 기초자산(under lying asset)의 가격

C = 콜옵션의 가치(가격)

N_S = 기초자산의 개수

N_C = 콜옵션의 단위 수

이 때 헷지 포트폴리오의 가치변화는 다음과 같이 나타낼 수 있다.

$$dV = N_S \cdot dS - N_C \cdot dC$$

블랙-숄즈모형에서 투자자들은 위험중립적이라는 가정과 완전대체자산들의 균형수익률은 동일하다는 가정이 성립한다면(Cox and Ross의 가정), 모든 자산들의 기대수익률은 무위험수익률과 같게 ($\mu = R_f$)된다. 그러므로 연속적인 자산수익률의 변화를 가정할 때의 콜옵션가격 결정모형은 다음과 같다.

$$C = e^{-R_f T} \cdot [e^{\mu T + \frac{1}{2}\sigma_T^2} \cdot [1 - N(Z_1)] + E \cdot [1 - N(Z_2)]]$$

$$= e^{-R_f T} \cdot e^{\mu T + \frac{1}{2}\sigma_T^2} \cdot [1 - N(Z_1)] + e^{-R_f T} \cdot E \cdot [1 - N(Z_2)]]$$

$$[S = E(S_T) \cdot e^{-R_f T} = e^{\mu T + \frac{1}{2}\sigma_T^2} \cdot e^{-R_f T}]$$

$$= S \cdot [1 - N(Z_1)] / E \cdot e^{-R_f T} \cdot [1 - N(Z_2)]$$

$$= S \cdot N(d_1) / E \cdot e^{-R_f T} \cdot N(d_2)$$

이와 같은 과정에 따라 도출된 블랙-숄즈의 옵션가격결정 모형을 정리하면 다음과 같다.

$$S \cdot N(d_1) - E \cdot e^{-R_f T} \cdot N(d_2)$$

단, $\quad d_1 = \dfrac{\ln \dfrac{S}{E} + [\mu + \dfrac{\sigma_2}{2}]T}{\sigma\sqrt{T}} = \dfrac{\ln \dfrac{S}{E} + [R_f + \dfrac{\sigma_2}{2}]T}{\sigma\sqrt{T}}$

$\quad d_2 = \dfrac{\ln \dfrac{S}{E} + [\mu - \dfrac{\sigma_2}{2}]T}{\sigma\sqrt{T}} = \dfrac{\ln \dfrac{S}{E} + [R_f - \dfrac{\sigma_2}{2}]T}{\sigma\sqrt{T}}$

$\quad f(z) = \dfrac{1}{\sqrt{2\pi}} e^{-z^2}$

단, $d_1 = \dfrac{\ln\dfrac{S}{E} + [R_f + \dfrac{\sigma_2}{2}]T}{\sigma\sqrt{T}}$

$d_2 = \dfrac{\ln\dfrac{S}{E} + [R_f - \dfrac{\sigma_2}{2}]T}{\sigma\sqrt{T}} = d_1 - \sigma\sqrt{T}$

$N(d_1) = \int_{-\infty}^{d_1} f(z)dz$

= 의 누적표준정규확률밀도함수값

Z = 표준정규확률변수

e = 2.7182818…(자연대수의 밑수)

S_0 = 기초자산(under lying asset)의 현재가격

E = 행사가격(exercise price)

C = 콜옵션의 가치(가격)

P = 풋옵션의 가치(가격)

T = 만기(expiration)까지의 기간

107. 블랙-숄져 옵션가격결정모형: 풋-콜 등가(put-call parity)식

- 앞에서 살펴 본 풋-콜 등가식을 연속적인 할인모형으로 나타내면 다음과 같다.
  $P = C - S_0 + E \cdot e^{-(R \cdot T)}$
- 이 모형에 블랙-숄져모형(Black-Scholes model)의 모형을 대입하여 정리하면 연속적인 모형하에서의 풋-콜 등가(put-call parity)식을 구할 수 있다.

$P = C - S_0 + E \cdot e^{-(R_f \cdot T)}$

$= [S_0 \cdot N(d_1) - E \cdot e^{-(R_f \cdot T)} \cdot N(d_2)] - S_0 + E \cdot e^{-(R_f \cdot T)}$

$= -S_0 \cdot [1 - N(d_1)] + E \cdot e^{-(R_f \cdot T)} \cdot [1 - N(d_2)]$

$= E \cdot e^{-(R_f \cdot T)} \cdot [1 - N(d_2)] - S_0 \cdot [1 - N(d_1)]$

108. 풋옵션가격결정모형(OPM)

1) 유럽형 풋옵션(European put options)의 가격결정모형

① 이항분포모형(binomial distribution model)을 이용한 풋-콜 등가식을 사용하는 경우
　　② 블랙-숄즈모형(Black-Scholes model)을 이용하는 경우
　　③ 블랙-숄즈모형(Black-Scholes model)을 이용한 풋-콜 등가식을 사용하는 경우
2) 미국형 풋옵션(American put option)의 가격결정모형

109. 유럽형 풋옵션의 가격결정모형

1) 이항분포모형(binomial distribution model)을 이용한 풋-콜 등가식을 사용하는 경우
● 이항분포모형(binomial distribution model)을 이용한 풋-콜 등가식은 앞에 증명한 내용에 의하면 다음의 식과 같이 정리할 수 있다. 이러한 식을 이용할 때 기초자산의 가격과 행사가격 및 무위험 이자율과 만기까지의 기간 등은 현재시점에서 쉽게 알 수 있으며, 콜옵션 가격결정 모형을 이용하여 구한 콜옵션의 가치를 이용하면 풋옵션의 가격을 구할 수 있다. 일반적으로 풋옵션의 가격을 구할 때 가장 많이 사용하는 관계식이다.

$$P = C - S_0 + \frac{E}{(1+R_f)^T}$$

　　단, S_0 = 기초자산(under lying asset)의 현재가격
　　　　E = 행사가격(exercise price)
　　　　C = 콜옵션의 가치(가격)
　　　　P = 풋옵션의 가치(가격)
　　　　T = 만기(expiration)까지의 기간
　　　　R_f = 무위험 수익률

2) 블랙-숄즈모형(Black-Scholes model)을 이용하는 경우
● 풋옵션의 가격은 미래에 불확실한 풋옵션가치의 현재가치로 표현할 수 있다.

$$P = E(P_T) \cdot e^{-(R_f \cdot T)}$$

　　단, $P_T + Max[0, E - S_T]$
　　　　$E(P_T)$ = P_T의 기대치
　　　　E = 콜옵션의 행사가격(exercise price)

- 앞에서 살펴 존 블랙-숄즈모형(Black-Scholes model)의 콜옵션가격결 정
  형을 도출하는 과정을 활용하면 풋옵션가격결정모형은 다음과 같이 정리할
  있다.

$$P = E \cdot e^{-(R_f \cdot T)} \cdot N(d_4) - S_0 \cdot N(d_3)$$

$$= E \cdot e^{-(R_f \cdot T)} \cdot N(-d_2) - S_0 \cdot N(-d_1)$$

$$d_1 = \frac{\ln \frac{S}{E} + [R_f + \frac{\sigma_2}{2}]T}{\sigma \sqrt{T}}$$

$$d_2 = \frac{\ln \frac{S}{E} + [R_f - \frac{\sigma_2}{2}]T}{\sigma \sqrt{T}} = d_1 - \sigma \sqrt{T}$$

$$d_3 = \frac{\ln \frac{S}{E} + [R_f - \frac{\sigma_2}{2}]T}{\sigma \sqrt{T}}$$

$$d_4 = \frac{\ln \frac{S}{E} - [R_f - \frac{\sigma_2}{2}]T}{\sigma \sqrt{T}}$$

3) 블랙-숄즈모형(Black-Scholes model)을 이용한 풋-콜 등가식을 사용하는 경우

- 연속적인 옵션가격결정모형인 블랙-숄즈모형(Black-Scholes model)을 이
  하면, 앞에서 살펴본 풋-콜 등가식을 다음과 같이 나타낼 수 있다.

$$P = C - S_0 + E \cdot e^{-(R_f \cdot T)}$$

$$= [S_0 \cdot N(d_1) - E \cdot e^{-(R_f \cdot T)} \cdot N(d_2)] - S_0 + E \cdot e^{-(R_f \cdot T)}$$

$$= -S_0 \cdot [1 - N(d_1)] + E \cdot e^{-(R_f \cdot T)} \cdot [1 - N(d_2)]$$

$$= E \cdot e^{-(R_f \cdot T)} \cdot [1 - N(d_2)] - S_0 \cdot [1 - N(d_1)]$$

110. 미국형 풋옵션의 가격결정모형

- 미국형 콜옵션은 만기이전에 행사하는 것보다 콜옵션을 매도하거나 만기에
  사하는 것이 유리하다. 그러나 미국형 풋옵션은 만기이전에 행사할 수 있다.
  라서 2기간 이상의 경우에 풋옵션은 만기이전에 행사하는 것이 유리하게 되
  만기 이전에 행사하는 경우가 발생하므로 단순히 풋-콜 등가식을 이용하여

구할 수 있다. 즉, 미국형 풋옵션은 만기이전에 행사하는 것이 유리하면 만기가 되기 이전에 행사하게 된다. 따라서 2기간 이상의 경우에 미국형 풋옵션의 가치는 풋-콜 등가(put-call parity)식을 이용하여 구하면 잘못된 결과를 얻을 수 있다. 그러므로 미국형 풋옵션은 다음과 같은 과정으로 1기간 후에 풋옵션의 가치를 구하여 조기행사의 가치와 비교하여 평가하게 된다.

- 이항옵션가격결정모형에서 단일기간인 경우의 풋옵션의 가격을 구하는 산식은 다음과 같다.

$$P_u = Max[0, E - u \cdot S]$$

$$P_d = Max[0, E - d \cdot S]$$

- 미국형 옵션은 만기이전에 조기행사가 가능하다. 그러므로 1기간 후에 조기행사하는 것이 유리한지를 주가가 상승한 경우와 하락한 경우로 나누어 살펴 보아야 한다.

- 실제로 1기간 후 주가가 상승하는 경우에 주가가 행사가격보다 낮으면 조기행사를 하는 것이 유리하다. 1기간 후 주가가 하락하는 경우에도 주가가 행사가격보다 낮으면 조기행사를 하는 것이 유리하다.

- 한편, 단일기간 이항옵션가격결정모형을 이용하면 2기간 이항옵션가격결정모형에서 풋옵션의 가격을 다음과 같이 구할 수 있다.

* 이산복리의 경우 =>
$$P_u = \frac{1}{R}[(\frac{R-d}{u-d})P_{uu} + (\frac{u-R}{u-d})P_{ud}]$$
$$P_d = \frac{1}{R}[(\frac{R-d}{u-d})P_{du} + (\frac{u-R}{u-d})P_{dd}]$$

* 연속복리의 경우 =>
$$P_u = e^{-(R_f \cdot T)}[(\frac{R-d}{u-d})P_{uu} + (\frac{u-R}{u-d})P_{ud}]$$
$$P_d = e^{-(R_f \cdot T)}[(\frac{R-d}{u-d})P_{du} + (\frac{u-R}{u-d})P_{dd}]$$

$$P_{uu} = Max[0, E - u^2 \cdot S] \quad P_{ud} = Max[0, E - ud \cdot S]$$

$$P_{dd} = Max[0, E - d^3 \cdot S]$$

- 그러므로 이산복리를 가정하는 경우 미국형 풋옵션의 현재가격은 다음과 같이 구할 수 있다.

$$P = \frac{1}{R}[(\frac{R-d}{u-d})P_u + (\frac{u-R}{u-d})P_d]$$

- 이자율의 적용을 연속복리로 할 때에는 다음과 같이 자연대수의 밑수를 이용하여 미국형 풋옵션의 현재가격을 구할 수 있다. 그러나 이러한 과정을 통하여

미국형 풋옵션의 가격을 구하는 것은 이산적인 분포를 가정하는 이항모형의 기본가정과는 일치하지 않는 부분이라고 할 수 있다.

$$P = \frac{-R_f CDITT}{R}\left[\left(\frac{R-d}{u-d}\right)P_u + \left(\frac{u-R}{u-d}\right)P_d\right]$$

111. 옵션을 이용한 위험 헷지비율(hedge ratios)

1) 이항분포모형(binomial distribution model)을 이용하는 경우
   ① 주식 1주에 대해서 위험헷징을 하기 위한 콜옵션의 개수
   ② 콜옵션 1단위로 위험헷징을 할 수 있는 주식 수
2) 블랙-숄져모형(Black-Scholes model)을 이용하는 경우
   ① 주식 1주에 대해서 위험헷징을 하기 위한 콜옵션의 개수
   ② 콜옵션 1단위로 위험헷징을 할 수 있는 주식 수
   ③ 주식 1주에 대해서 위험헷징을 하기위한 풋옵션의 개수
   ④ 풋옵션 1단위로 위험헷징을 할 수 있는 주식 수

112. 이항분포모형을 이용하는 경우

1) 콜옵션 1단위로 위험헷징을 할 수 있는 주식 수
   : 커버된 콜옵션(covered call options) = 주식매입(보유) + 콜옵션매도
- 콜옵션 한 단위를 발행한 투자자의 입장에서 위험이 전혀 없는 상태가 되기 위하여 주식을 보유할 때, 이와 같은 콜옵션과 주식으로 구성된 포트폴리오를 헷지포트폴리오(hedge portfolio) 라고 한다. 이 때 헤지포트폴리오의 현재 가치를 다음과 같다고 한다
$$V = h_C \cdot S - C$$
- 균형하에서는 기초자산의 가격이 상승할 때의 헷지포트폴리오의 가치와 기초자산의 가격이 하락할 때의 헷지포트폴리오의 가치가 동일하여야 위험이 없는 상태가 된다. 즉, 헷지포트폴리오가 되는 것이다. 그러므로 균형하에 $V_u = V_d$ 이어야 한다.
$$V_u = h_C \cdot (u \cdot S) - C_u$$
$$V_d = h_C \cdot (d \cdot S) - C_d$$
$$V_u = V_d$$

$$h_C \cdot (u \cdot S) - C_u = h_C \cdot (d \cdot S) \, C_d$$

$$h_C = \frac{C_u - C_d}{(u \cdot S) - (d \cdot S)} = \frac{C_u - C_d}{(u-d) \cdot S}$$

$$\boxed{h_C \equiv \frac{C_u - C_d}{(u-d) \cdot S}}$$

113. 블랙-숄저모형을 이용하는 경우

1) **주식 1주에 대해서 위험헷징을 하기위한 콜옵션의 개수**

   : 커버된 콜옵션 (covered call options)=주식매인(보유)-콜옵션매도

- 주식 1주를 보유(매입)한 투자자의 입장에서 위험이 전혀 없는 상태가 되기 위하여 콜옵션을 발행할 때, 이와 같은 콜옵션과 주식으로 구성된 포트폴리오를 헷지포트폴리오(hedge portfolio)라고 한다. 이 때 헤지포트폴리오의 현재가치를 다음과 같다고 하자.

$$V = S - m_C \cdot C$$

- 위험이 없는 경우에는 기초자산의 가격의 변화에 따른 헷지포트폴리오의 가치의 변동이 "0"이어야 된다. 따라서 헷지포트폴리오의 가치를 기초자산의 가격에 의하여 미분한 값이 "0"이어야 한다.

$$\boxed{m_C \cdot \frac{aC}{aS} = 1} \quad \boxed{\therefore m_C = \frac{aS}{aC} = \frac{1}{\frac{aC}{aS}}}$$

$$\frac{aV}{aS} = 1 - m_C \cdot \frac{aC}{aS} = 0$$

- 그러므로 블랙-숄즈의 콜옵션가격결정모형을 미분하여 헷지비을 구하면 다음과 같다.

$$\therefore m_C = \frac{1}{N(d_1)}$$

- 콜옵션 1단위로 위험헷징을 할 수 있는 주식수
- 커버된 콜옵션(covered call options) = 주식매입(보유) + 콜옵션매도
- 콜옵션 한 단위를 발행한 투자자의 입장에서 위험이 전혀 없는 상태가 되기 위하여 주식을 보유할때, 이와 같은 콜옵션과 주식으로 구성된 포트폴리오를 헷지포트폴리오(hedge portfolio)라고 한다.이 때 헤지포트 폴리오의 현재가치를 다음과 같다고 하자.

$$V = h_C \cdot S - C$$

- 위험이 없는 경우에는 기초자산의 가격의 변화에 따른 헷지포트폴리오의 가치의 변동이 "0"이어 된다. 따라서 헷지포트폴리오의 가치를 기초자산의 가격에 의하여 미분한 값이 "0"이어야 한다.

$$\frac{aV}{aS} = h_C - \frac{aC}{aS} = 0$$

$$\therefore h_C = \frac{aC}{aS}$$

- 그러므로 블랙-숄즈의 콜옵션가격결정모형을 미분하여 헷지비율을 구하면 다음과 같다.

$$\therefore h_C = N(d_1)$$

- 풋옵션을 이용하는 경우 주식 1주를 보유(매입)한 투자자의 입장에서 위험이 전혀 없는 상태가 되기 위하여 풋옵션을 매입할 수 있다. 이와 같이 풋옵션주식의 매입을 통하여 구성된 포트폴리오 역시 헷지포트폴리오(hdege portfolio)라고 할 수 있다. 이렇게 구성된 헤지포트폴리오의 현재가치를 다음과 같다고 하자.

$$V = S + m_P \cdot P$$

- 한편, 위험이 없는 경우에는 기초자산의 가격의 변화에 따른 헷지포트폴리오의 가치의 변동이"0"이어야 된다. 따라서 헷지포트폴리오의 가치를 기초자산의 가격에 의하여 미분한 값이"0'이어야 한다.

$$\boxed{m_P \cdot \frac{aP}{aS} = -1} \quad \Rightarrow \quad \boxed{\therefore m_P = -\frac{aP}{aS}}$$

$$\frac{aV}{aS} = 1 + m_P \cdot \frac{aP}{aS} = 0$$

- 한편, 블랙-숄즈의 옵션가격결정모형을 이용한 풋-콜패러티식을 기초자산가격으로 미분하면 다음과 같다.

$$\Rightarrow \quad \boxed{\therefore m_P = \frac{1}{1 - N(d_1)}}$$

$$\frac{aP}{aS} = -[1 - N(d_1)] \quad \Rightarrow \quad \therefore \frac{aS}{aP} = -\frac{1}{[1 - N(d_1)]}$$

- 풋옵션 한 단위를 매입한 투자자의 입장에서 위험이 전혀 없는 상태가 되기 위하여 주식을 보유할 때, 이와 같은 풋옵션과 주식으로 구성된 포트폴리오를 헷지포트폴리오 (hedge portfpolio)라고 한다. 이러한 헤지포트폴리오의 현재가

치를 다음과 같다고 하자.
$$V = h_P \cdot S + P$$

- 한편, 위험이 없는 경우에는 기초자산의 가격의 변화에 따른 헷지포트폴리오의 가치를 변동이 "0"이어야 된다. 따라서 헷지포트폴리오의 가치를 기초자산의 가격에 의하여 미분한 값이 "0"이어야 한다.

$$\frac{aV}{aS} = h_P + \frac{aP}{aS} = 0$$

$$\therefore h_P = -\frac{aP}{aS}$$

* 그러므로 블랙-숄즈모형(Black-Scholes model)을 이용한 풋-콜패러티식을 기초자산 가격으로 미분하면 다음과 같다.

$$\frac{aP}{aS} = -[1 - N(d_1)] \Rightarrow \therefore h_P = 1 - N(d_1)$$

114. 옵션을 이용한 헷지비율(hedge ratios

옵션가격결정모형 헷지비율	블랙-숄즈모형	이항분포모형
주식 1주에 대한 콜옵션 갯수	$m_C = \dfrac{1}{N(d_1)}$	$m_C = \dfrac{(u-d)S}{C_u - C_d}$
콜옵션 1단위에 대한 주식수	$h_C = N(d_1)$	$h_C = \dfrac{C_u - C_d}{(u-d)S}$
주식 1주에 대한 풋옵션 갯수	$m_P = \dfrac{1}{N(d_1)}$	$m_P = -\dfrac{(u-d)S}{P_u - P_d}$
풋옵션 1단위에 대한 주식수	$h_P = 1 - N(d_1)$	$h_P = -\dfrac{P_u - P_d}{(u-d)S}$

115. 콜옵션의 베타(Beta)

- 기초자산가격의 변화에 대한 콜옵션가격의 탄력성은 다음과 같이 구할 수 있다. 이 때, 탄력성을 구하는 산식은 콜옵션의 수익률을 기초자산의 수익률로 나눈것과 동일하다.

$$\varepsilon_c = \frac{(\frac{\Delta C}{C})}{(\frac{\Delta S}{S})} = (\frac{\Delta C}{\Delta S})(\frac{C}{S}) = h(\frac{C}{S}) = N(d_1)(\frac{C}{S})$$

$$= \frac{F_C}{R_S} => \therefore R_C = \varepsilon_c \cdot R_S$$

- 그러므로 콜옵션의 베타는 기초자산의 베타와 탄력성을 이용하여 구할 수 있다. 즉, 콜옵션의 베타는 콜옵션 가격의 기초자산가격에 대한 탄력성과 기초자산 베타의 곱으로 구할 수 있다.

$$\beta_C = \frac{\sigma_{cm}}{\sigma_m^2} = \frac{Cov(R_C, R_m)}{\sigma_m^2} = \frac{Cov(\epsilon_c \cdot R_S, R_m)}{\sigma_m^2} = \frac{Cov(R_S, R_m)}{\sigma_m^2}$$
$$= \epsilon_c \frac{\sigma_{sm}}{\sigma_m^2} = \epsilon_c \beta_s$$

116. 미국형 콜옵션의 조기행사여부

- 미국형 콜옵션은 배당이 없는 경우에는 만기이전에 조기행사를 하지 않고 시장에 매각하는 것이 유리하며, 배당이 있는 경우에는 배당과 콜옵션의 시간가치의 크기에 따라서 만기이전에 조기에 행사하는 것이 유리할 수도 불리할 수도 있다.

117. 미국형 콜옵션의 조기행사여부 : 배당이 없는 경우

- 배당인 없는 경우에 미국형의 콜옵션은 행사하게 되면 내재가치(intrinsic value)인 ($S_T - E$)의 금액을 받을 수 있으나 시장에 매도하는 경우에는 가치에 추가적으로 시간가치를 더한 값을 받을 수가 있다. 따라서 배당이 없는 경제에서는 미국형 콜옵션은 조기행사를 하지 않는 것이 유리하다.

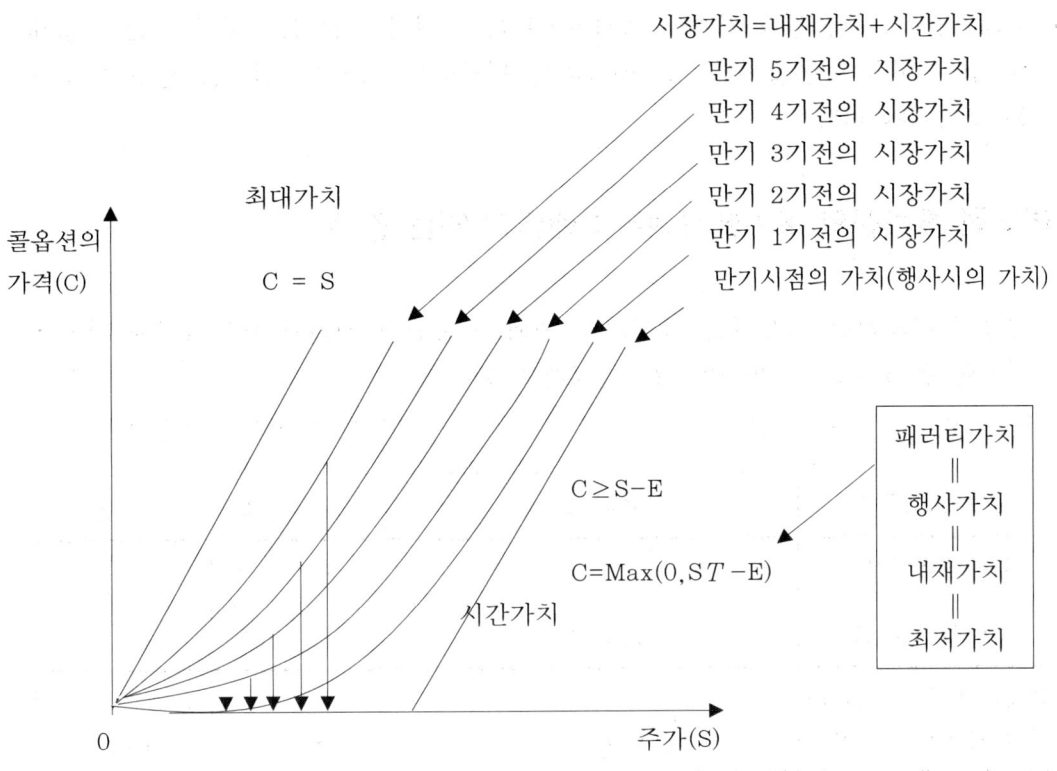

- 한편, 다음과 같은 포트폴리오를 구성함으로써 미국형 콜옵션이 만기이전에 조기행사되지 않는다는 것을 알 수 있다.

만기시점에서의 현금흐름

포트폴리오 A	현재가치	$S_T < E$	$E < S_T$
주식 1주 매입	S_0	S_T	S_T
포트폴리오 B	현재가치	$S_T \leq E$	$E < S_T$
콜옵션 1단위 매입	C	0	$(S_T - E)$
액면금액 E만큼 대출	$E/\{(1+R_f)^T\}$	E	E
포트폴리오가치비교	$S_0 \leq C + E/(1+R_f)^T$	$V_A \leq V_B$	$V_A = V_B$

- 앞의 두 포트폴리오에서 만기 시점에서 기초자산의 가격에 상관없이 포트폴리오 B의 현금흐름은 포트폴리오 A의 현금흐름 이상 유입되므로 현재시점에서 포트폴리오 B의 가치는 포트폴리오 A의 가치보다 크거나 같게 된다.

$$C + \frac{E}{(1+R_f)^T} \geq S_0 \Rightarrow C \geq S_0 - \frac{E}{(1+R_f)^T} \geq S_0 - E$$

- 위의 식에서 콜옵션의 가치는 행사가치보다 크거나 같으므로 배당이 없는 경제의 경우 미국형 콜옵션은 조기행사하는 것보다는 시장가치만큼을 받고 매도하는 것이 유리하다.

118. 미국형 콜옵션의 조기행사여부 : 배당이 있는 경우

- 배당이 존재하는 경우에는 배당의 가치와 콜옵션의 시간가치의 크기에 따라서 미국형 옵션의 조기 행사여부를 결정하게 된다.

단, $S_T = S^* = S - D$ 만기시점에서의 현금흐름

포트폴리오 A	현재가치	$S_T \leq E$	$E < S_T$
주식 1주 매입	S_0	$S_T + D$	$S_T + D$
포트폴리오 B	현재가치	$S_T \leq E$	$E < S_T$
콜옵션 1단위 매입액면 금액 E+D만큼 대출	C $(E+D)/\{(1+R_f)^T\}$	0 E+D	$(S_T - E)$ E+D
포트폴리오가치비교	$S_0 \leq C + (E+D)/(1+R_f)^T$	$V_A \leq V_B$	$V_A = V_B$

- 앞의 두 포트폴리오에서 만기 시점에서 기초자산의 가격에 상관없이 포트폴리오 B의 현금흐름은 포트폴리오 A의 현금흐름 이상 유입되므로 현재 시점에서 포트폴리오 B의 가치는 포트폴리오 A의 가치보다 크거나 같게 된다.

$$C + \frac{E+D}{(1+R_f)^T} \geq S \Rightarrow C \geq S - \frac{E+D}{(1+R_f)^T} - (E+D) = (S-E) + D$$

　　　　　　　　　　　　　　　　　　　　행사하여 배당받는 경우의 가치

① 행사하지 않을 경우의 콜옵션의 가치

　콜옵션의 가치 = 내재가치 + 시간가치

　　　　　　　= $S^* - E + \tau$

　　　　　　　= $(S - D) - E + \tau$

　　　　　　　= $(S - E) - D + \tau$

② 행사할 경우의 콜옵션의 가치

　콜옵션의 가치 = S - E

- 그러므로 행사하지 않을 경우의 콜옵션의 가치와 행사할 경우의 콜옵션의 가치를 비교하면, 행사하지 않을 경우의 추가적인 고려요소인 배당과 시간 가치의 크기에 따라 행사하지 않을 경우의 가치와 행사할 경우의 가치의 대소관계가 달라질 것이다. 즉, 배당의 크기가 콜옵션의 시간가치보다 큰 경우에는 행사하여 배당을 받는 것이 유리하며, 반대로 배당의 크기가 콜옵션의 시간가치보다 작은 경우에는 행사하지 않을 때의 콜옵션의 가치가 행사 할 때의 가치보다 크게 되므로 콜옵션을 행사하지 않는 것이 유리하다.

119. 미국형 풋옵션의 조기행사여부 : 배당이 없는 경우

- 미국형 풋옵션을 만기이전에 행사할 때의 가치가 만기이전시점에서의 유럽형 풋옵션의 시장가치, 즉 유럽형 풋옵션을 시장에 매도하는 가격보다 높다면 미국형 풋옵션은 만기이전에 행사하는 것이 바람직하다.
- 이 때 미국형 풋옵션의 행사가치가 유럽형 풋옵션의 시장가치보다 큰 경우 해당되는 기초자산의 가격상태를 충분한 내가격(sufficient in-the-money)상태라고 한다. 다시 말하면 충분한 내가격 상태에서는 미국형 풋옵션은 만기이전에 조기행사하는 것이 유리하다.

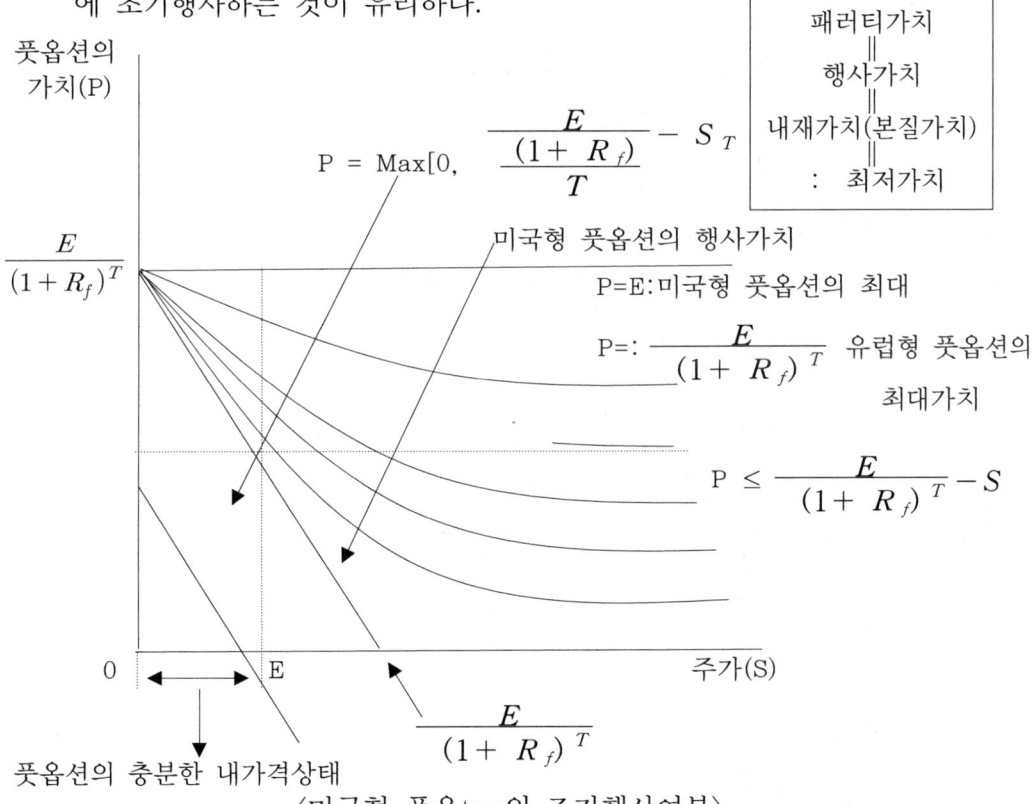

〈미국형 풋옵션의 조기행사여부〉

120. 미국형 풋옵션의 조기행사여부 : 배당이 있는 경우

● 배당이 있다고 가정할 때에는 배당의 가치만큼 기초자산의 가격이 하락하게 되므로 미국형 풋옵션은 분한 내가격(sufficient in-the-money)상태가 될 가능성이 더 크다. 이 때에도 역시 충분한 내가 격상태에서는 미국형 풋옵션은 조기행사되어 시장가격보다 높은 가격으로 매도함으로써 이득을 실현하는 것이 조기행사함으로써 상실하게 되는 배당소득의 기회비용과 풋옵션의 기간가치의 크기보다 크다면 조기행사하는 것이 유리하게 된다.

121. 옵션의 가격결정요인과 민감도

$$C = f(S, E, T, \sigma^2, R, d)$$
$$P = f(S, E, T, \sigma^2, R, d)$$

단, C = 콜옵션의 가격(call price or premium)
 P = 풋옵션의 가격(put price or premium)
 S = 기초자산(under lying asset)의 가격
 E = 행사가격(striking or exercise price)
 T = 만기(expiration)까지의 기간
 σ^2 = 기초자산가격의 일일 분산(variance)
 R = 시장이자율(market interest rate)
 d = 기초자산의 주당 현금배당률(cash dividend ratio)

$$C = f(S, E, T, \sigma^2, R, d)$$
$$P = f(S, E, T, \sigma^2, R, d)$$

$$v = \frac{\partial C}{\partial \sigma^2} \quad \Theta = \frac{\partial C}{\partial T} \quad \Delta = \frac{\partial C}{\partial S} \quad \rho = \frac{\partial C}{\partial R}$$

$$v = \frac{\partial P}{\partial \sigma^2} \quad \Theta = \frac{\partial P}{\partial T} \quad \Delta = \frac{\partial P}{\partial S} \quad \rho = \frac{\partial P}{\partial R}$$

$$\Gamma = \frac{\partial \Delta}{\partial S} \quad \Gamma = \frac{\partial \Delta}{\partial S}$$

122. 옵션의 가격결정요인과 민감도 : 델타(Δ)

- 델타(delta)란 기초자산의 가격변화에 대한 콜옵션 또는 풋옵션의 가격(premium)의 변화의 정도를 의미하며, 기초자산의 가격변화에 대한 옵션가치의 기울기가 된다. 기초자산의 가격변화의 절대치보다 옵션의 가격변화의 절대치가 작기 때문에 콜옵션의 델타는 '0'에서 '1'까지의 값을 가지며, 풋옵션의 델타는 '0'에서 '-1'까지의 값을 가진다. 즉, 기초자산 가치의 변화에 따른 콜옵션 가치의 기울기는 정(+)의 값을 가지며, 풋옵션가치의 기울기는 부(-)의 기울기를 갖는다.
- 델타 = 옵션가격(프리미엄)의 변화 / 기초자산가격의 변화

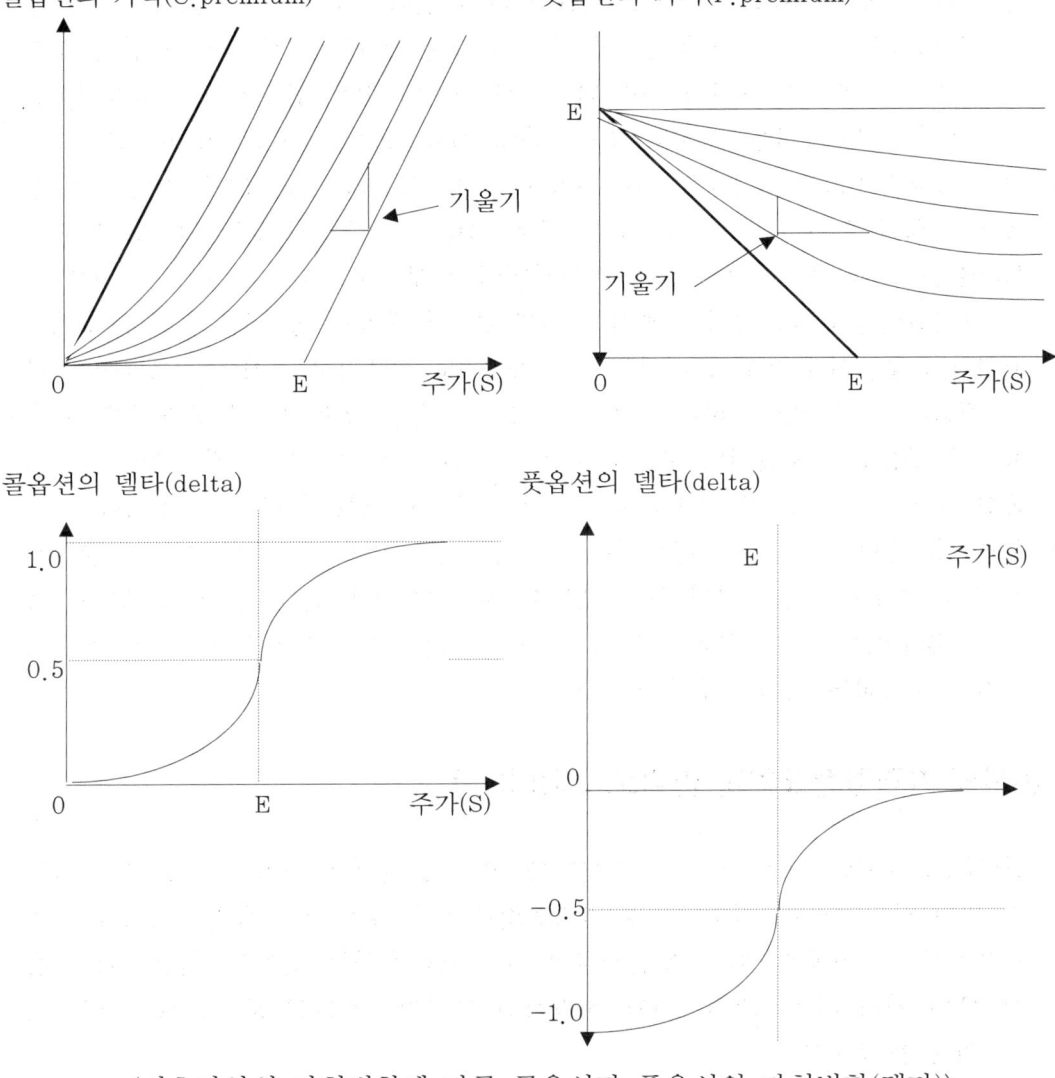

〈기초자산의 가치변화에 따른 콜옵션과 풋옵션의 가치변화(델타)〉

- 앞의 그림에서 기초자산의 가격변화에 따른 콜옵션의 가격변화는 정(+)의 관계가 있으므로 그 기울기는 정(+)의 값으로 나타나며, 기초자산의 가격 변화에 따른 풋옵션의 가격변화는 부(-)의 관계가 있으므로 그 기울기가 부(-)의 값으로 나타난다.

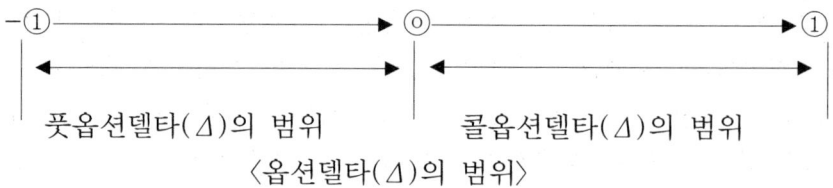

〈옵션델타(Δ)의 범위〉

- 그러므로 기초자산의 가격변화에 대하여 포지션의 위험을 상쇄시키기 위해서는 콜옵션에 대한 델타와 풋옵션에 의한 델타의 절대치가 같도록 함으로써 총 델타가'0'이 되도록 하면, 기초자산의 가격 변화에 대하여 전혀 영향을 받지 않게 된다. 이와 같이 총 델타가'0'이 되어 가격변화에 따른 옵션가격의 변화위험을 회피할 수 있는 포지션을 델타중립포지션(deltan neutral position)이라고 한다.
- 만약 델타가 0.5인 등가격(at-the money)상태의 콜옵션을 3계약 매입하면 콜옵션에 의한 포지션은 1.5가 되며, 콜포지션의 가치는 기초자산의 가격변화의 1.5배만큼 하락하거나 상승하는 변동위험이 존재하게 된다. 이 때 콜옵션에 의한 포지션위험을 상쇄하기 위해서 델타가-0.5인 등가격 상태의 풋옵션을 3계약 매입하면 풋옵션에 의한 포지션은 -1.5가 되며, 풋포지션 가치는 기초자산의 가격 변화의 -1.5배만큼 하락하거나 상승할 수 있는 변동위험이 존재하게 된다. 따라서 콜옵션과 풋옵션의 총 델타는'0'이 되어 기초자산의 가격변화에 대하여 옵션 가격의 변동위험은 완전히 상쇄되어 총포지션위험은'0'이 되는 것이다.
- 한편, 총 델타가 양(+)인 경우에는 기초자산의 가격이 상승하면 이익이 발생하게 되고 기초자산의 가격이 하락하면 손실이 발생하게 된다. 반면, 총델타가 음(-)인 경우에는 기초자산의 가격이 상승하면 손실이 발생하게 되고 기초자산의 가격이 하락하면 이익이 발생하게 된다.

123. 옵션의 가격결정요인과 민감도 : 감마(Γ)

- 감마(gamma)란 기초자산의 가격변화에 따른 옵션의 델타(delta)의 변화 정도를 의미하는 것으로, 기초자산의 가격변화에 대한 델타의 기울기를 말한다. 즉, 기초자산 가격변화에 따른 옵션가치의 기울기를 뜻하는 것이다. 콜옵션과 풋옵션 모두 기초자산의 가격변화가 하락하면 델타가 상승하므로 감마는 항상 정(+)의 값을 갖는다.

　　감마 = 델타의 변화 / 기초자산가격의 변화

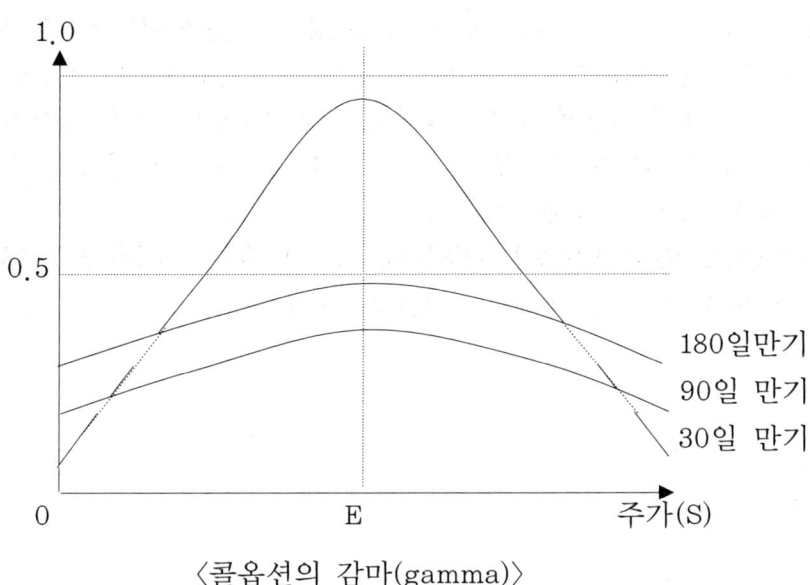

〈콜옵션의 감마(gamma)〉

124. 옵션의 가격결정요인과 민감도 : 쎄타(Θ)

- 쎄타(theta)란 시간의 변화에 따른 옵션가치(premium)의 변화정도를 측정하는 것으로, 콜옵션과 풋옵션의 쎄타(theta)는 등가격상태에서 최대가 된다. 옵션의 시간가치가 만기에 가까워질수록 급격히 감소하기 때문에 옵션의 매입자의 입장에서는 쎄타에 대한 정보가 중요하게 된다.

    쎄타 = 옵션가격(프리미엄)의 변화 / 시간의 변화

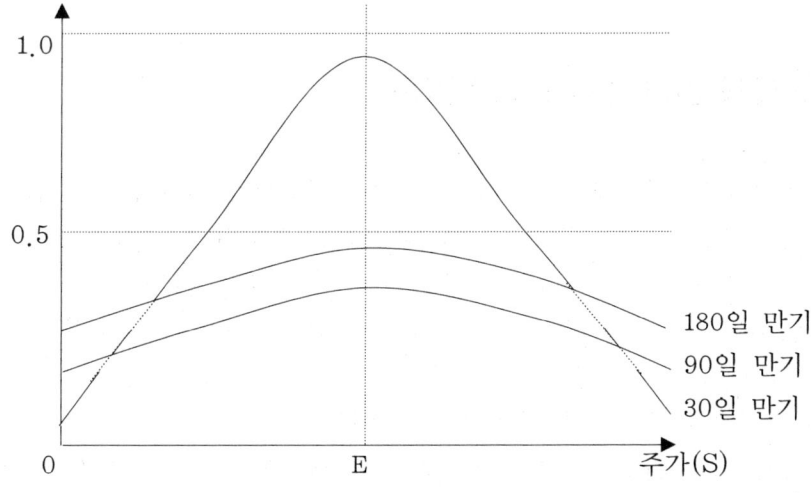

125. 옵션의 가격결정요인과 민감도 : 베가(v, 시그마, 카파, 람다)

- 베가(vega)란 기초자산의 가격변동성(volatility)의 변화에 따른 옵션(premium)의 변화의 정도를 의미하는 것으로, 기초자산의 가격변동성이 높을수록 옵션의 시간가치는 커지게 되어 옵션의 가치는 증가하게 된다. 즉, 기초자산의 가격변동성이 높을수록 콜옵션과 풋옵션의 가치는 증가하고, 기초자산의 가격변동성이 낮을수록 콜옵션과 풋옵션의 가치는 감소하게 된다. 따라서 옵션의 람다(lambda) 또는 베가(vega)는 정(+)의 값을 갖는다.
- **옵션의 베가(vega)는 람다(lambda), 카파(kappa), 시그마(sigma)라고도 한다.**
  베가 = 옵션가격(프리미엄)의 변화 / 기초자산가격 변동성의 변화(람다, 카파, 시그마)

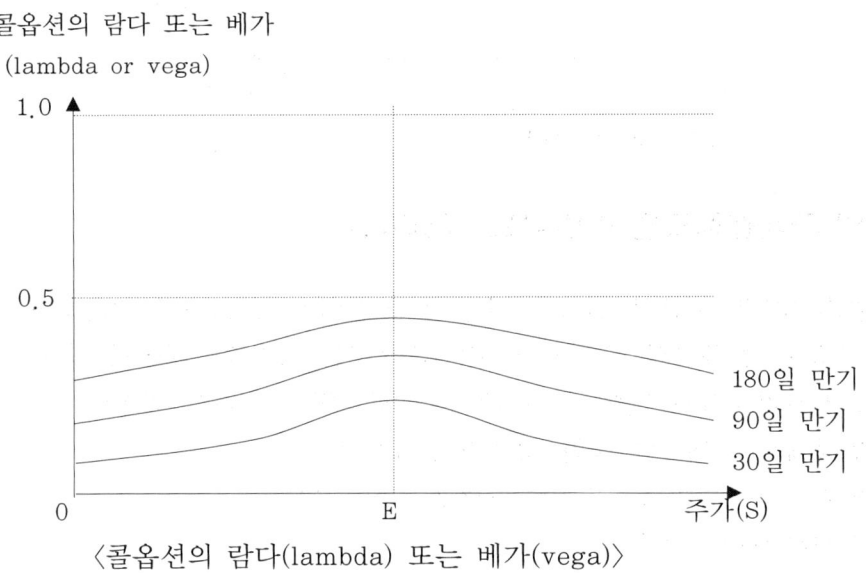

〈콜옵션의 람다(lambda) 또는 베가(vega)〉

126. 옵션의 가격결정요인과 민감도 : 로우(ρ)

- 로우(rho)란 이자율의 변화에 따른 옵션가치(premium)의 변화정도를 측정하는 것으로, 풋옵션의 가격은 이자율의 변화와 역(-)의 관계에 있으며 콜옵션의 가격은 이자율의 변화와 정(+)의 관계에 있다. 대부분의 옵션은 로우가 낮으며, 캡(caps), 플로어(floors), 칼라(collars)등과 같이 만기가 긴옵션은 이자율의 변화에 의하여 특히 많은 영향을 받는다.
  로우 = 옵션가격(프리미엄)의 변화 / 이자율의 변화
- 이자율이 변화에 따른 콜옵션의 가격변화는 정(+)의 관계가 있으므로 그 기울

기는 정(+)의 값으로 나타나며, 기초자산의 가격변화에 따른 풋옵션의 가격변화는 부(-)의 관계가 있으므로 그 기울기가 부(-)의 값으로 나타난다.

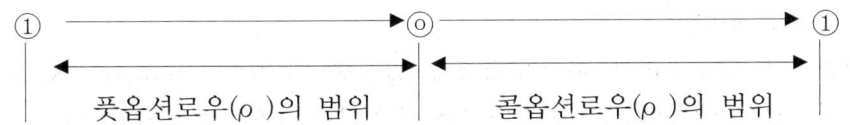

〈옵션로우(ρ)의 범위〉

127. 옵션을 응용한 금융상품

1) 이자율옵션
   ① 캡(Caps) : 금리콜옵션(call options)
   ② 플로어(Floors) : 금리풋옵션(put options)
   ③ 칼라(collars)
2) 수의상환사채(callable bond)
3) 상환청구권부사채(put table bond)
4) 전환사채(convertible bond)
5) 신주인수권부사채(bond with warrants)
6) 자기자본(보통주)
   ① 콜옵션을 이용하는 경우
   ② 풋옵션을 이용하는 경우
7) 타인자본(부채)
   ① 콜옵션을 이용하는 경우
   ② 풋옵션을 이용하는 경우
8) 은행의 지급보증, 보증회사의 보증, 보험회사의 보험계약권

128. 이자율옵션

1) 캡(Caps) : 금리콜옵션(call options)
- 캡(Caps)이란 변동금리 차입자의 입장에서 이자율 상승으로 인한 손실을 방지하기 위하여 이자율의 상한을 설정하고자 할 때 사용하는 금융상품으로서, 일정한 계약기간 중에 계약체결시 정한 이자율 수준 이상으로 이자율이 상승하는 경우 캡의 매도자가 그 일정수준이상으로 상승하는 부분만큼의 이자지급액을

캡의 매입자에게 지급하기로 약정하는 계약을 의미하며, 이자율 상승위험을 헤지(hedge)하기 위한 콜옵션(call options)의 성격을 갖는 것으로 이자율상한계약이라고도 한다.
- 일반적으로 변동금리부 자금차입자가 일정한 가격(premium)을 지불하고 캡을 매입함으로써 이자비용의 상승위험에 대처하는 수단으로 사용한다.

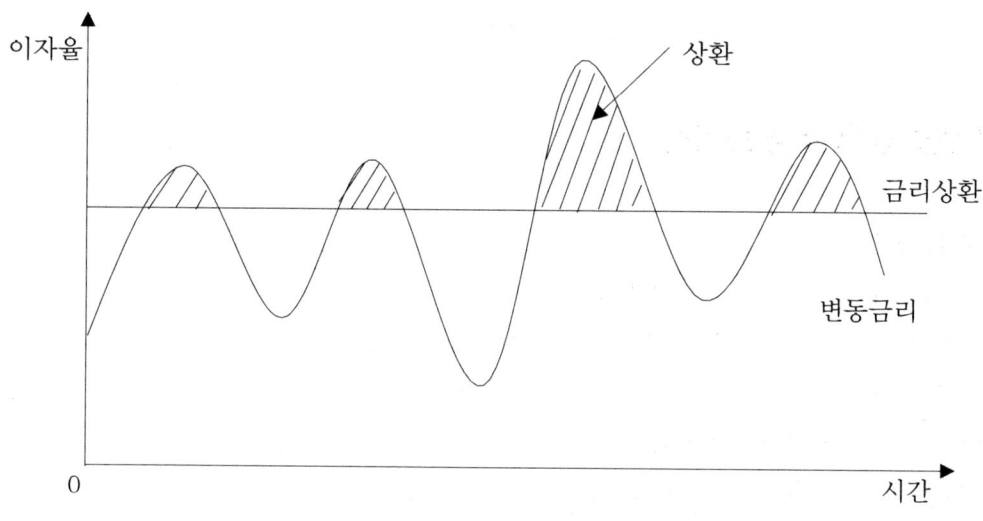

〈이자율과 금리상환계약(캡)〉

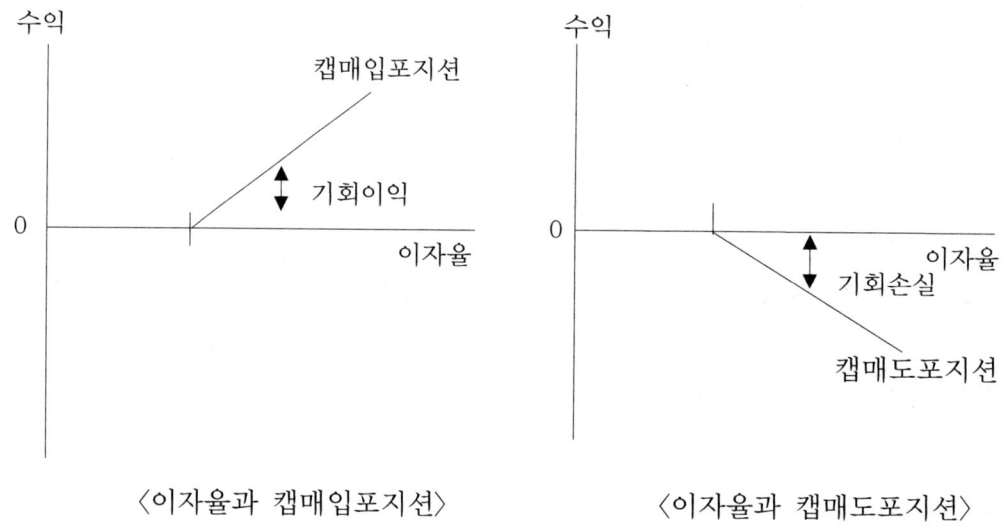

〈이자율과 캡매입포지션〉   〈이자율과 캡매도포지션〉

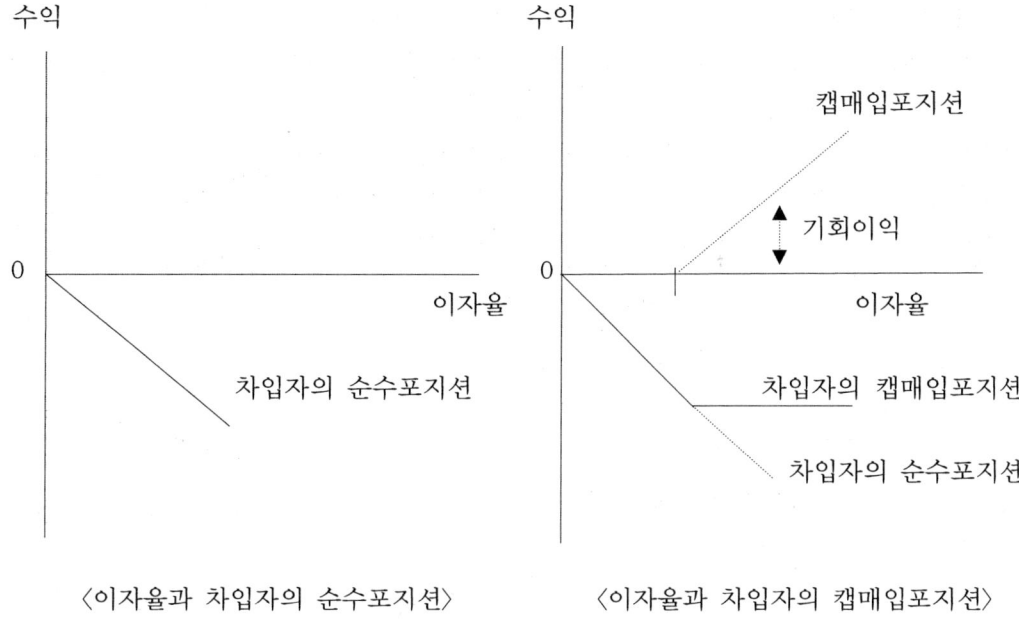

〈이자율과 차입자의 순수포지션〉   〈이자율과 차입자의 캡매입포지션〉

2) 플로어(Floors) : 금리풋옵션(put options)

- 플로어(Floors)란 변동금리 대출자의 입장에서 이자율 하락으로 인한 고정이자 수입의 감소를 방지하기 위하여 이자율의 하한을 설정하고자 할 때 사용하는 금융상품으로서, 일정한 계약기간 중에 계약체결시 정한 이자율수준 이하로 하락하는 경우 플로어의 매도자가 그 일정 수준이하로 하락하는 부분만큼의 이자금액을 플로어의 매입자에게 지급하기로 약정하는 계약을 의미하며, 이자율 하락 위험을 헤지(hedge)하기 위한 풋옵션(put options)의 성격을 갖는 것으로 이자율하한계약이라고도 한다.
- 일반적으로 변동금리부 자금대여자가 일정한 가격(premium)을 지불하고 플로어를 매입함으로써 이자수을 지불하고 플로어를 매입함으로써 이자수입의 하락 위험에 대처하는 수단으로 사용한다.

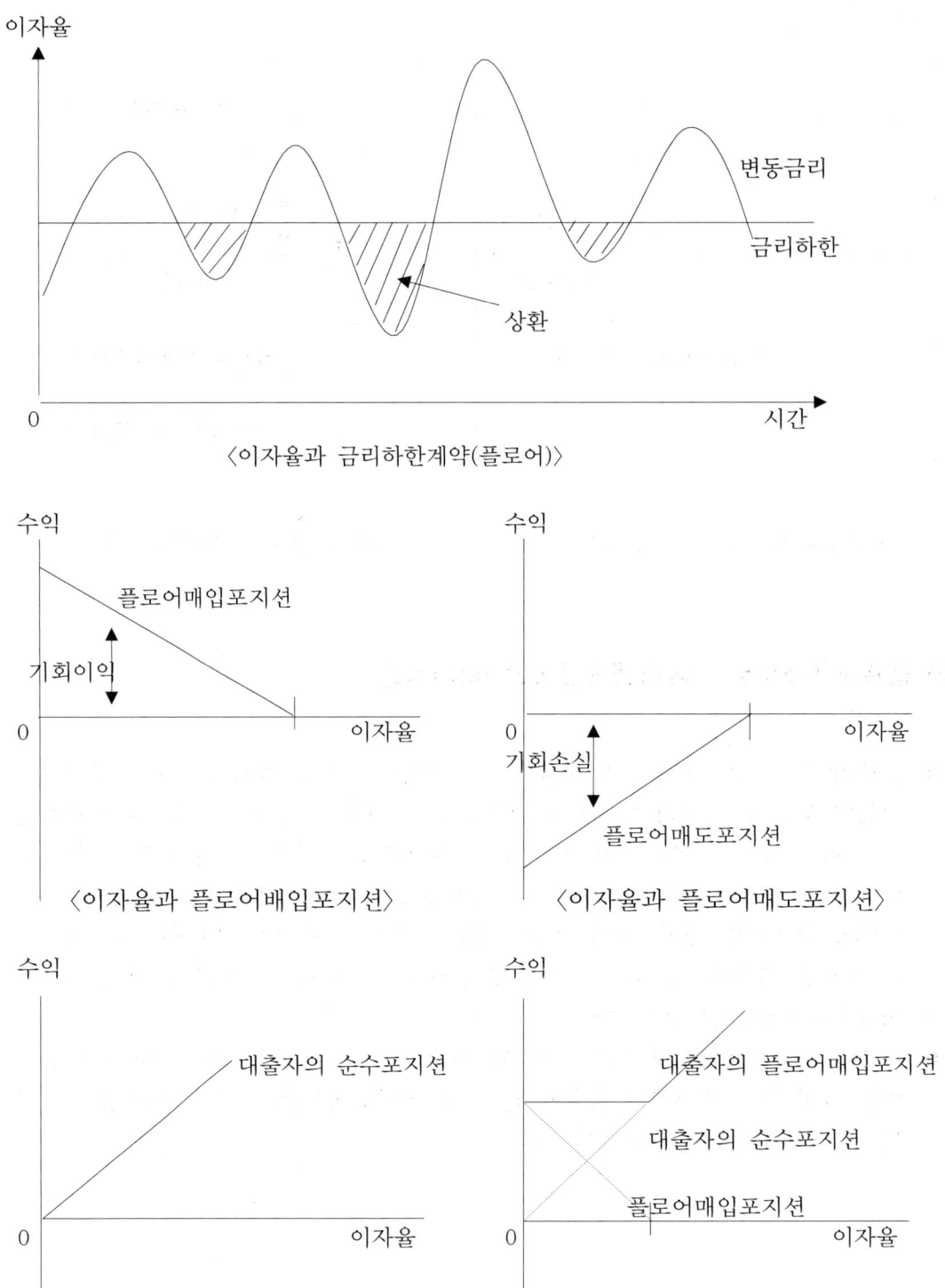

〈이자율과 금리하한계약(플로어)〉

〈이자율과 플로어매입포지션〉

〈이자율과 플로어매도포지션〉

〈이자율과 대출자의 순수포지션〉

〈이자율과 대출자의 플로어매입포지션〉

3) 칼라(collars)

● 칼라(collars)란 변동금리 차입자와 대출자의 입장에서 이자율의 변동에 관계없이 일정한 범위내에서 이자비용을 부담하거나 이자수입을 확보하기 위하여 이자율의 하한과 상한을 동시에 설정하는 것을 의미하는 것으로, 일정한 계약기간 중에 계약체결시 정한 이자율상한과 하한수준 이상으로 이자율이 상승하거나 하락하는 경우 칼라의 매도자가 그 일정수준이상으로 상승하거나 하락하는 부분만큼의 이자금액을 칼라의 매입자에게 지급하기로 약정하는 계약을 의미하며, 이자율 상승위험과 이자율 하락위험을 헤지(hedge)하기 위한 옵션의 성격을 갖는 것으로 이자율 상하한계약이라 고도 한다.

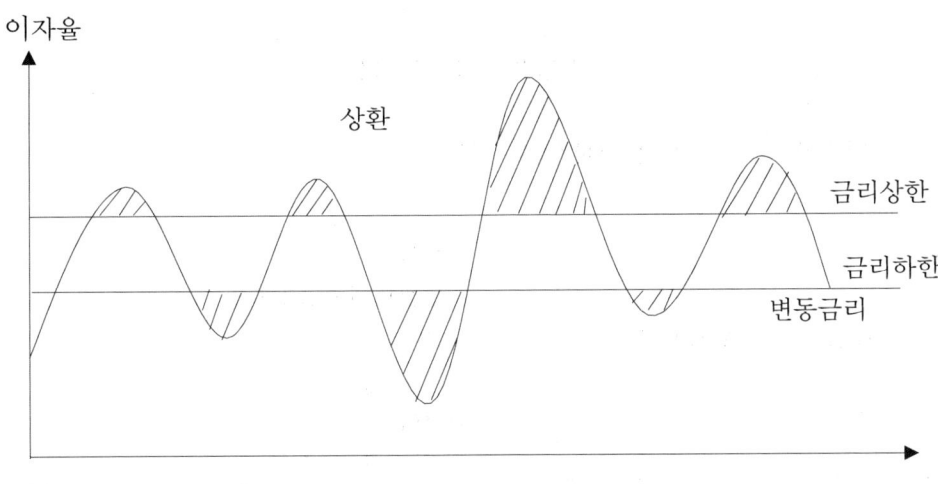

〈이자율과 금리상하한계약(칼라)〉

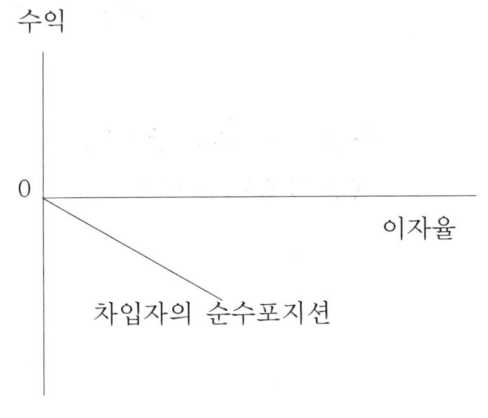

〈이자율과 차입자의 순수포지션〉

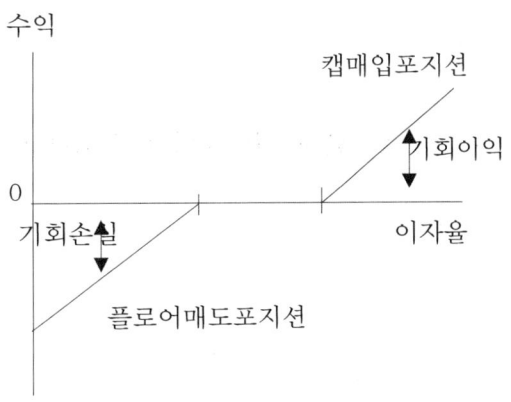

〈이자율과 칼라매입(캡매입, 플로어매도)포지션〉

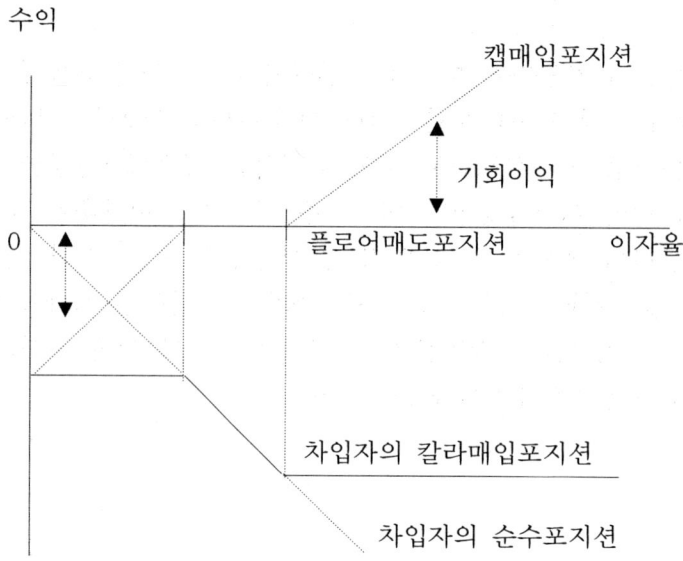

〈이자율과 차입자의 칼라매입포지션〉

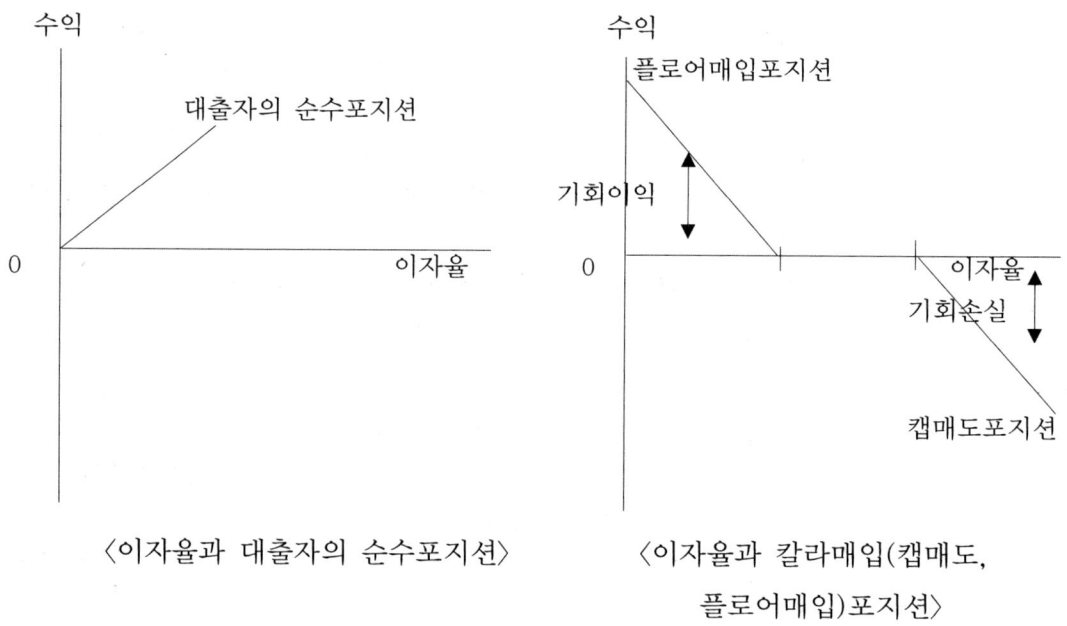

〈이자율과 대출자의 순수포지션〉   〈이자율과 칼라매입(캡매도, 플로어매입)포지션〉

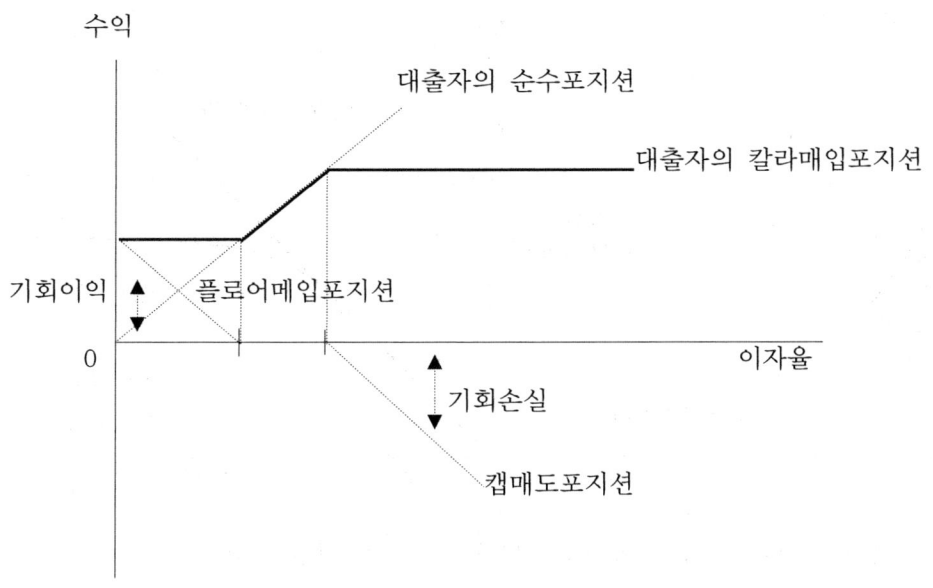

〈이자율과 대출자의 칼라매입포지션〉

129. 수의상환사채(callable bond)

● 수의상환사채는 기업이 사채를 발행한 후 해당사채를 만기 이전에 일정한 가격으로 상환할 수 있는 권리를 보유하고 있는 사채를 말한다. 따라서 수의 상환사채는 사채의 발행자인 채무자가 일반사채의 발행에 더하여 채무자가 유리할 때 해당 일반사채를 상환할 수 있는, 즉 해당 일반사채를 매입 할 수 있는 콜옵션을 매입한 것과 동일한 효과가 있으므로 다음이 성립한다.

```
수의상환사채의 발행 = 일반사채의 발행 + 콜옵션의 매입
수의상환사채의 가치 = 일반사채의 가치 - 콜옵션(수의상환권)의 가치
수의상환권의 가치 = 일반사채의 가치 - 수의상환사채의 가치
             = Max[0, 상환시의 일반사채의 가치 - 액면금액]
    단, 행사가격 = 액면금액
```

● 한편, 채권자에게 채권을 주식으로 전환할 수 있는 전환권이 주어진 수의상환사채의 가치는 일반사채의 가치에서 전환권의 가치만큼을 더하고 다시 채권의 발행자인 채무자가 권리를 갖는 수의상환권의 가치만큼을 차감하여 구할 수 있다.

　　　전환권이 있는 수의상환사채의 가치
= 일반사채의 가치 + 전환권(콜옵션)의 가치 - 수의상환권(콜옵션)의 가치

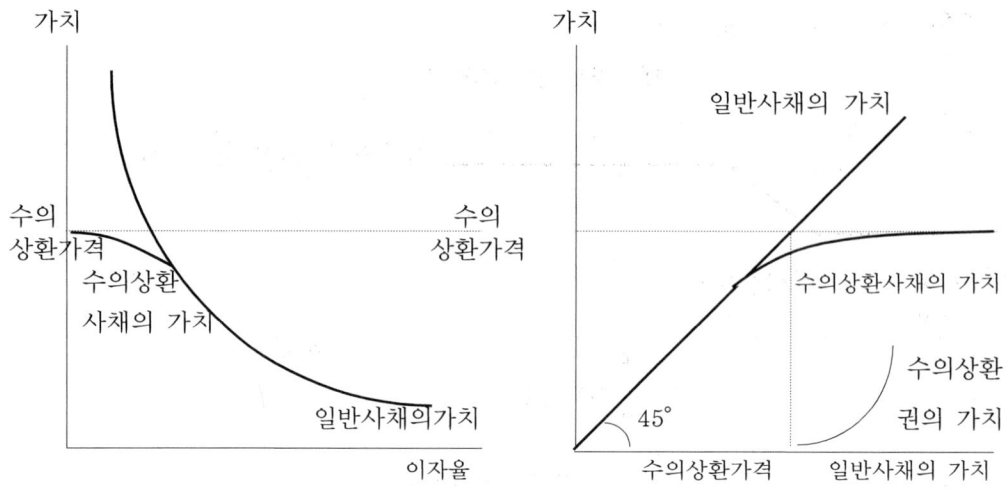

〈이자율의 변화에 따른 수의상환사채의 가치변화〉   〈수의상환사채의 가치〉

130. 상환청구권부사채(puttable bomd)

- 상환청구권부사채(puttable bond)란 채권자가 미래의 특정시점에 일정한 가격으로 채권의 상환을 채무자(채권의 발행자)에게 요구할 수 있는 권리가 부여된 사채를 말한다. 이 때 상환청구권은 일반사채의 가치를 기초자산의 가격으로 하고, 상환청구가격을 행사가격으로 하며, 상환청구일을 만기일로 하는 풋옵션이라고 할 수 있다.
- 상환청구권부사채의 발행 = 일반사채의 발행 + 풋옵션의 발행
- 상환청구권부사채의 가치 = 일반사채의 가치 + 풋옵션의 가치

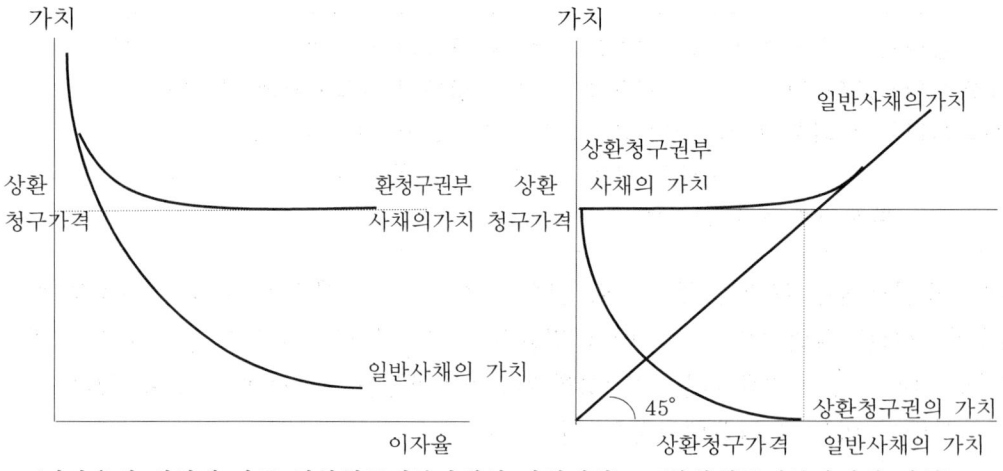

〈이자율의 변화에 따른 상환청구권부사채의 가치변화〉 〈상환청구권부사채의 가치〉

131. 전환사채(convertible bond)

- 전환사채는 미래의 특정 만기일 이전에 사채를 주식으로 전환할 수 있는 전환권이 부여된 사채를 말한다. 이 경우 전환사채는 반드시 사채와 결부되어 행사될 수 있으며, 사채의 전환권이 행사된 이후에는 사채는 없어지고 대신 주식을 보유하게 되는 것이다. 결국 전환권 단독으로는 거래가 될 수 없으며 항상 해당사채와 함께 거래가 이루어지게 된다. 전환사채의 행사가격은 특정시점에서 전환 사채가 가지는 일반사채로서의 가치가 된다.
- 전환사채의 발행은 일반사채의 발행에 채권자가 유리할 때 주식으로 전환 할 수 있는 옵션, 즉 주식을 매입할 수 있는 콜옵션을 추가적으로 발행한 것과 같은 효과가 있다.

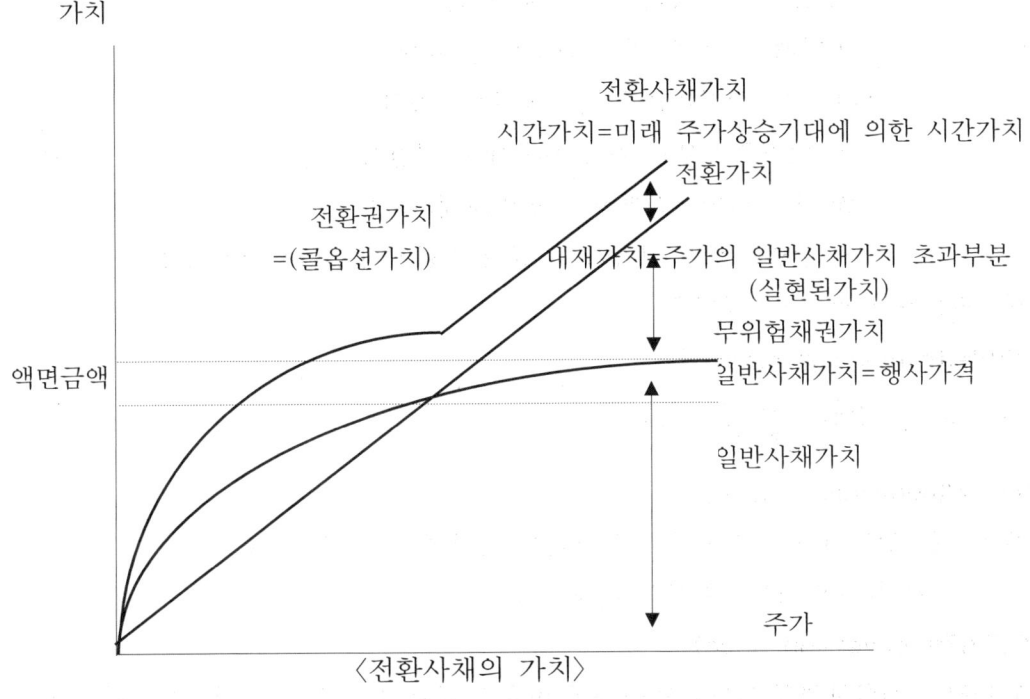

〈전환사채의 가치〉

1) 전환사채의 발행

   전환사채의 발행=일반사채의 발행+콜옵션의 매도(발행)

2) 전환사채의 가치

   전환사채의 가치=일반사채로서의 가치+콜옵션의 가치(전환권의 가치)

   =일반사채로서의 가치+주가의 일반사채가치 초과부분+미래의 주가상승가능성

에 대한 시간가치

(실현된 가치)　　　(실현 가능성에 대한 가치)
(내재가치)　　　　　(시간가치)

=Max[일반사채가치, 전환가치]+미래의 주가상승가능성에 대한 시간가치
(실현 가능성에 대한 가치)

∴ 전환사채의 가치≥Max[일반사채가치, 전환가치]

3) 전환권의 가치

전환권의 가치=콜옵션의 가치
=전환사채의 시장가치-일반사채의 시장가치
=현재시점에서 주가의 일반사채가치 초과부분(내재가치)
　+ 미래의 주가상승 가능성에 대한 시간가치
=Max[0, 전환가치-일반사채가치]
　+ 미래주가상승 가능성에 대한 시간가치
=Max[0, 주가×전환비율-일반사채가치]
　+ 미래주가상승 가능성에 대한 시간가치
=Max[0, 주가×전환비율-일반사채가치]
　+(전환사채의 시장가치-Max[전환가치,일반사채가치])

단, 전환가치=주가×전환비율

4) 전환비율(conversion ratio)

$$전환비율 = \frac{전환사채의 액면금액}{전환가격}$$

5) 전환가치(conversion value)

전환가치는 전환비율에 주식의 시장가격을 곱하여 구할 수 있다.

전환가치=전환비율×주식의 시장가격

6) 전환가격(conversion price)

전환가격은 전환사채의 액면금액을 전환비율로 나눈 값으로, 전환사채를 주식으로 전환할 때 보통주 1주를 취득하는데 소요되는 비용과 같은 개념이다.

$$전환가격 = \frac{전환사채의 액면금액}{전환비율}$$

7) 전환프리미엄(conversion premium)

전환프리미엄은 전환가격이 현재의 주식가격을 초과하는 부분의 현재주식 가격에

대한 비율을 의미한다. 즉, 현재의 주가에 대한 전환가격의 할증률을 의미한다.

$$전환프리미엄 = \frac{전환가격 - 현재의주식가격}{현재의주식가격}$$

8) 행사가격(exercise price)

전환사채의 전환권(콜옵션)의 행사가격은 전환시점에서 전환사채가 가지는 일반사채로서의 가치를 말한다.

행사가격=특정시점에서 전환사채가 가지는 일반사채로서의 가치

132. 신주인수권부사채(bond with warrants)

● 신주인수권(warrants, preemptive right)은 미래의 특정시점에 주식으로 전환할 수 있는 권리가 부여된 증권을 말하는 것으로, 신주인수권은 사채와는 독립적으로 행사가 가능될 수 있으며 권리행사 후에도 신주인수권부 사채는 그래도 존속하는 것이 일반적인 특징이다. 결국 신주인수권은 사채와 별개로 단독으로 행사될 수 있다. 신주인수권부 사채의 발행은 일반사채의 발행과 동시에 콜옵션을 매도한 것과 동일한 효과가 있다. 그러므로 신주인수권부 사채의 가치는 일반사채의 가치에 콜옵션의 가치를 더한 것과 같으 며, 역으로 신주인수권의 가치는 신주인수권부 사채의 가치에서 일반사채의 가치를 차감함으로써 구할 수 있다.

신주인수권부 사채의 발행=일반사채의 발행+콜옵션의 발행(매도)

신주인수권부 사채의 가치=일반사채의 가치+콜옵션(총신주인수권)의가치

신주인수권의 가치=신주인수권부

1) 권리락 주가

신주인수권부 사채의 경우 또는 유상증자에 의한 신주인수권이 있는 주식 경우에 이론 권리락주가는 다음과 같이 구할 수 있다.

증자후의 주식가치=증자전의 주식가치+증자액(납입액)

$$P_x(n_0 + n_w) = n_0 \cdot P_0 + n_w \cdot P_w$$

$$\therefore P_x = \frac{n_0 \cdot P_0 + n_w \cdot P_w}{(n_0 + n_w)} \frac{P_0 + P_w \cdot \frac{n_w}{n_0}}{1 + \frac{n_w}{n_0}} = \frac{기준주가 + (발행가격 \times 증자비율)}{1 + 증자비율}$$

단, P_0 = 증자전의 신주인수권부 주식가격(rights-on price)

P_x = 증자후의 권리락 주식가격(ex-rights price)

P_w = 증자에 의한 신주발행가격

n_0 = 증자전의 총발행주식수

n_1 = 증자후의 총발행주식수

n_w = 증자에 의한 신주발행수

2) 신주인수권 총가치

일반적으로 기업의 내재적 가치가 불변인 상태에서 주식을 추가적으로 발행하게 되면 주식가격은 하락하게 된다. 한편, 투자자들이 신주를 매입할수 있는 동기를 제공하기 위하여 신주의 가격을 현재의 주식가격보다 낮게 발행하게 되는 경우가 많다. 그러므로 신주를 인수할 수 있는 권리인 신주 인수권의 총가치는 다음과 같이 구할 수 있다.

$$TR_0 = n_w(P_0 - P_x)$$

단, TR_0 = 신주임수권의 총가치

P_0 = 증자전의 신주인수권부 주식가격(rights-on price)

P_x = 증자후의 권리락 주식가격(ex-rights price)

P_w = 증자에 의한 신주발행가격

n_w = 증자에 의한 신주발행수

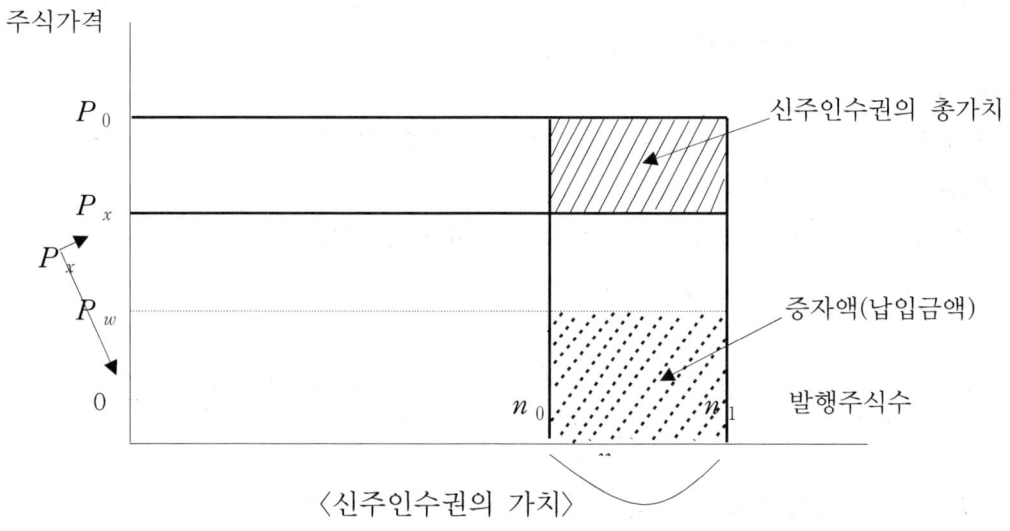

〈신주인수권의 가치〉

3) 구주 1주당 신주인수권(preemptive right)의 가치

 (=신주인수권 1단위당 신주인수권의 가치)
 : 권리락 주가 또는 총신주인권의 가치를 이용하는 방법

● 신주인수권은 콜옵션의 성격을 가지므로 신주인수권의 가치는 콜옵션의 가치와 동일한 가치를 나타낸다. 즉, 신주의 인수가격을 행사가격으로 하고 기초자산인 주식가격의 변화에 따라 신주인수권의 행사여부가 결정되는 것이다.

● 주당 신주인수권의 가치는 신주인수권을 행사하기 전의 주식가격에서 신주를 인수한 후의 권리락 가격을 차감한 값이 된다. 따라서 구주 1주당 신주 인수권의 가치는 신주인수권이 있는 주식의 가격을 이용하여 다음과 같이 구할 수 있다.

신주인수권의 가치 = 신주인수권부 주식가격(또는 기준주가) − 권리락 주가

$$R_0 = P_0 - P_x$$

$$= P_0 - \frac{n_0 \cdot P_0 + n_w \cdot P_w}{n_0 + n_w}$$

$$\frac{(n_0 + n_w)P_0 - (n_0 \cdot P_0 + n_w \cdot P_w)}{(n_0 + n_w)}$$

$$= \frac{n_w(P_0 - P_w)}{(n_0 + n_w)}$$

단, P_0 = 증자전의 신주인수권부 주식가격(rights-on price)

P_x = 증자후의 권리락 주식가격(ex-rights price)

P_w = 증자에 의한 신주발행가격

n_0 = 증자전의 총발행주식수

n_1 = 증자후의 총발행주식수 = ($n_0 + n_w$)

n_w = 증자에 의한 신주발행수

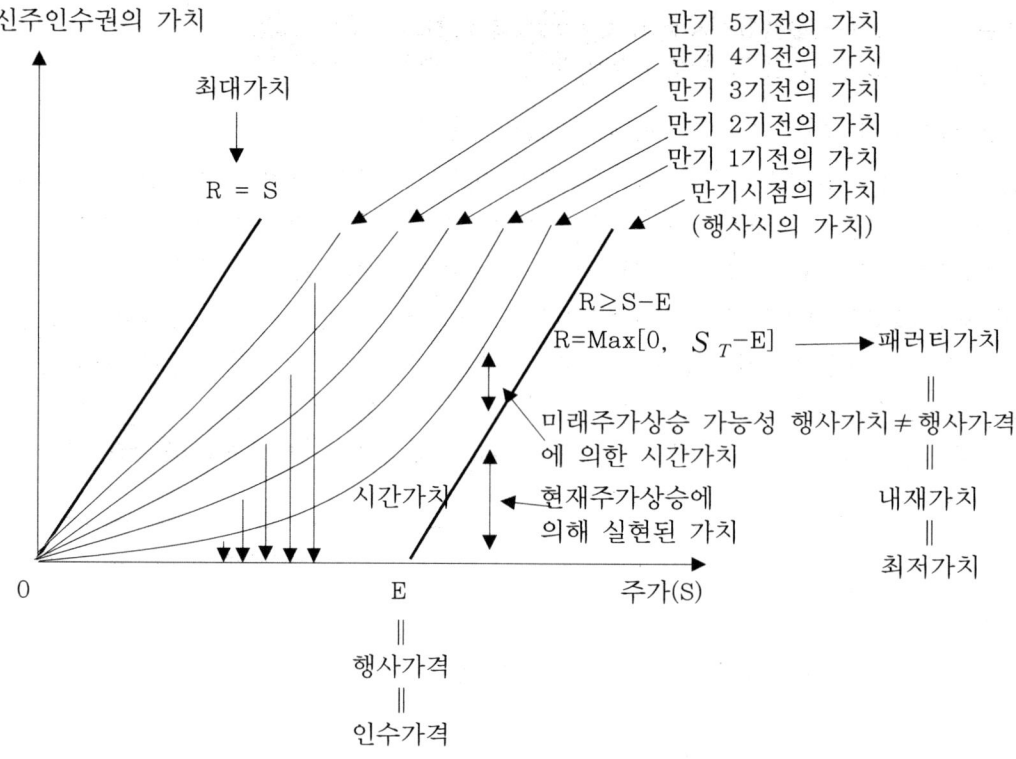

〈신주인수권(콜옵션)의 가치〉

① 신주 1주 구입에 필요한 신주인수권의 수를 이용하는 방법
- 한편, 신주인수권 1단위당 신주인수권의 가치는 증자후의 권리락주가에서 증자에 의한 신주발행
- 가격(인수가격)를 차감한 값을 신주 1주당 신주인수권의 수로 나누어 구할 수도 있다.

$$R_0 = \frac{P_x - P_w}{n_R} = \frac{(권리락주가 - 신주인수가격)}{신주1주구입에필요한신주인수권의수}$$

- 단, 신주 1주 구입에 필요산 신주인수권 수 = 구주발행 수 / 신주발행 수

② 권리락주가를 계산하지 않고 신주인수권의 가치를 계산하는 방법
- 권리락주가를 계산하지 않은 상태에서 신주인수권의 가치를 계산하는 방법은 다음과 같이, 구주의 주가에서

제3장 선물옵션 연습

1. 매일 풀러스 수익내는 방법

① 전일 인버스량의 변화를 관찰한다.
② 전일 개인과 외인수급을 관찰한다.
③ 당일 수급을 관찰한다.

당일매매시
개인수급 현물주선선물옵션을 최종옵션으로 환산한다.
기울기가 30% 기울렸을 때 반대로움직인다.
밴드가+- 10포로 숏으로는 좋은구조

전략1 레이시오+수평

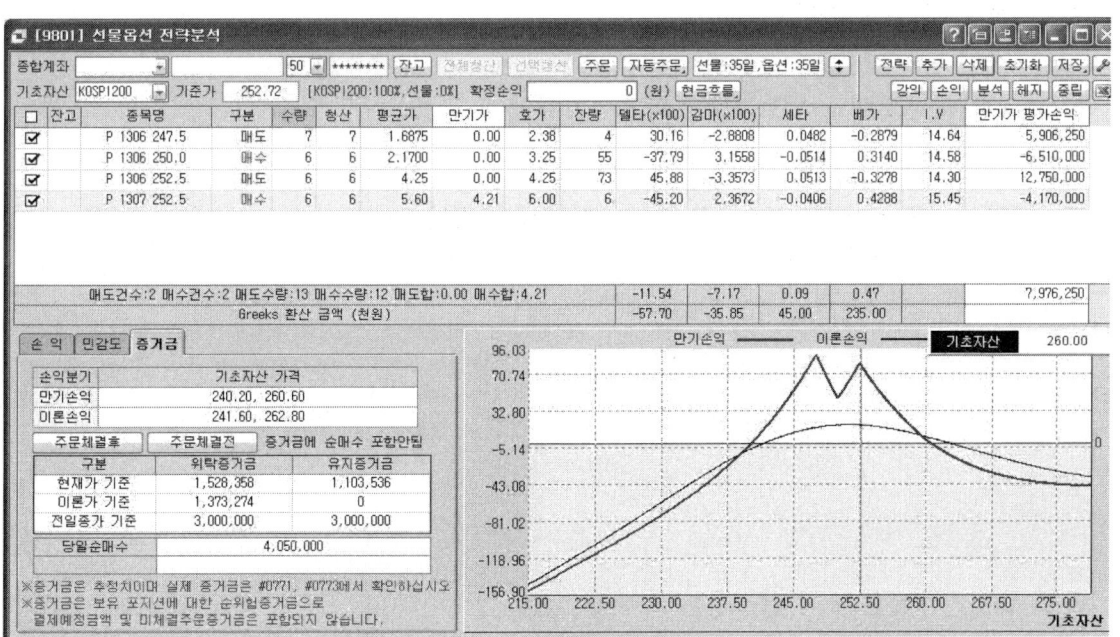

전략2 양매수+콘돌

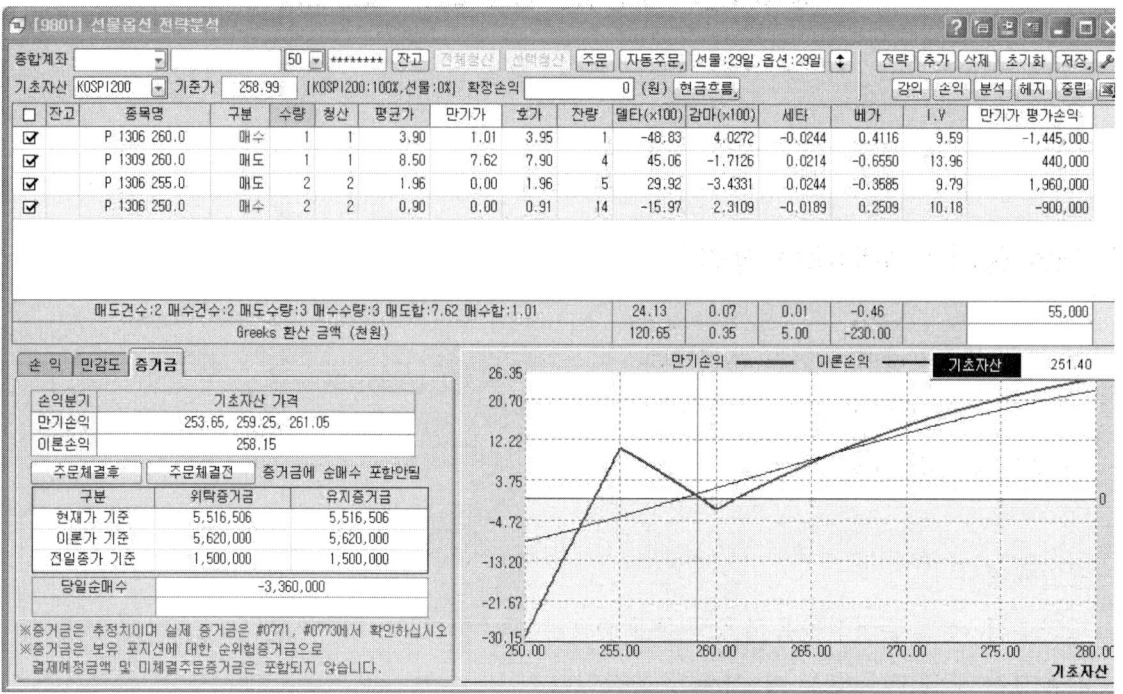

구조학적으로 등가에서 근월과 차월간격이 가장넓으므로 양매수구조가된다.
여기에다가 콘돌을 넣으면 밴드구간이 넓게 하면서 일정한쎄타를 유지하므로
양콘돌을 구사할 수 있다.

단점은 9월물매도이므로 호가스프레드위험이있다.
보완 9월물버터구조삽입
변동성에 위험이있으므로 극외가 매도수량많큼 맞춘다.

전략3   수직+값매도

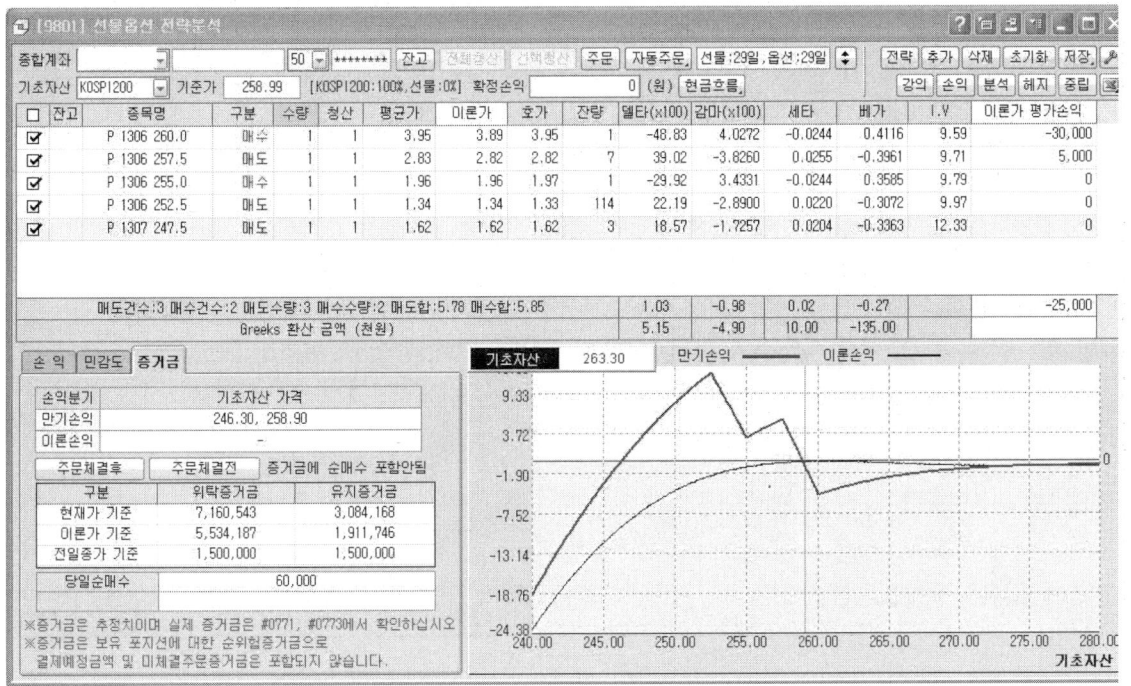

수직스프레드로팬스를 만든다음 매수와매도의차를 매도해서 균형을이룬다
값의차이만큼 매도해서 계좌를 유리한방향으로 만든다

전략4   이동식 버터를 역버터로 이동식 역버터를 버터로

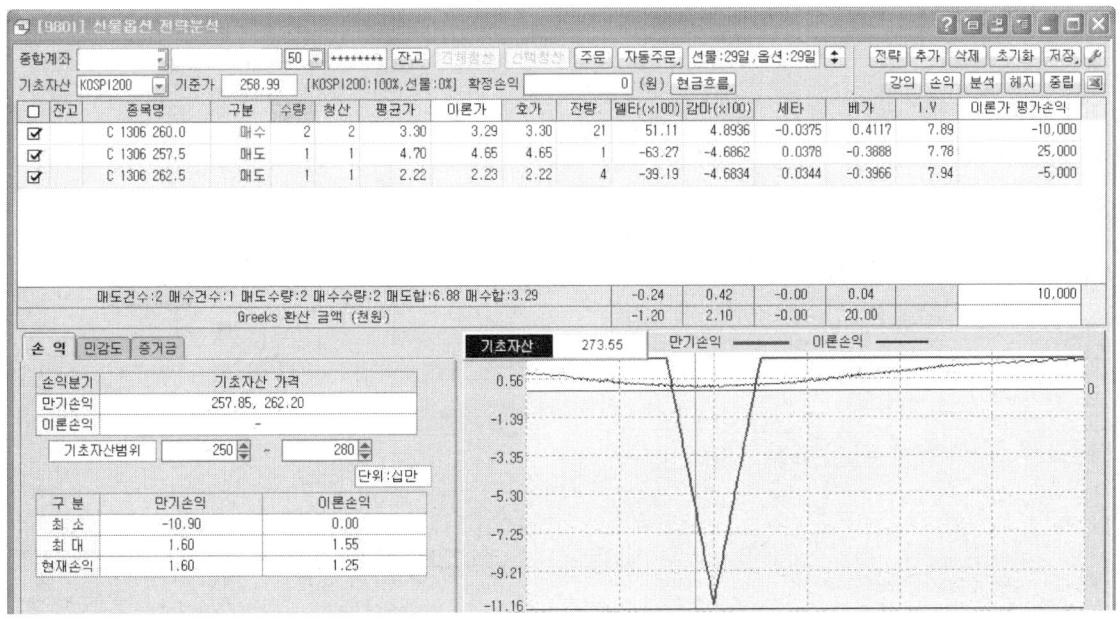

255

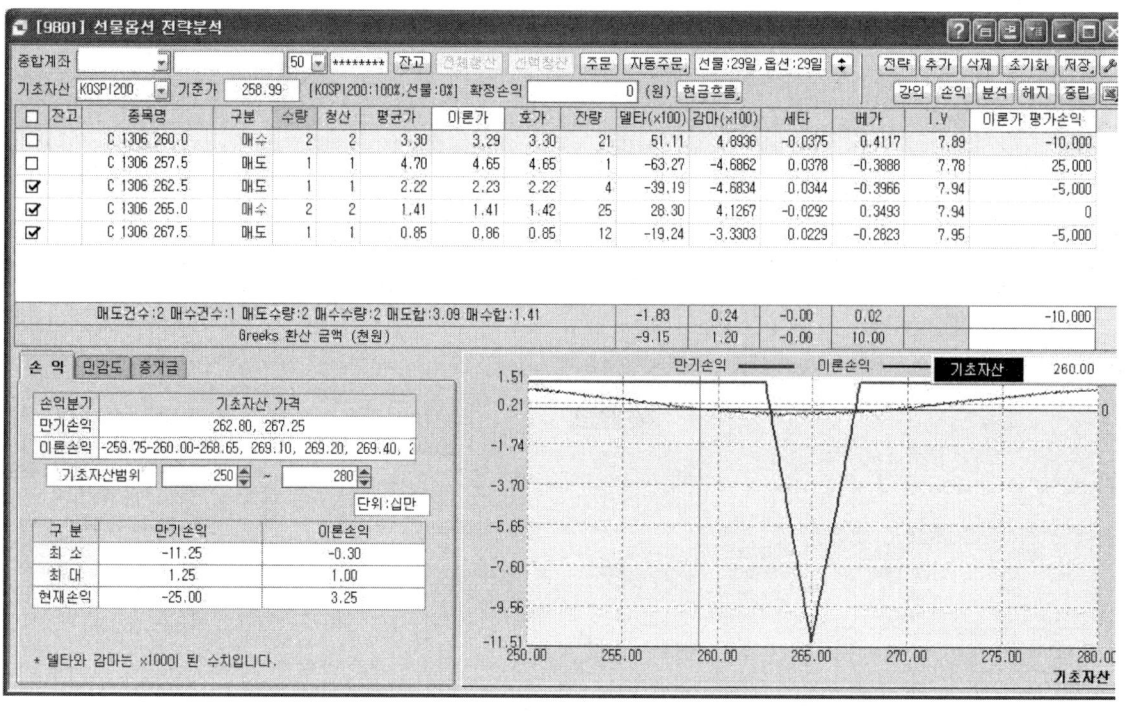

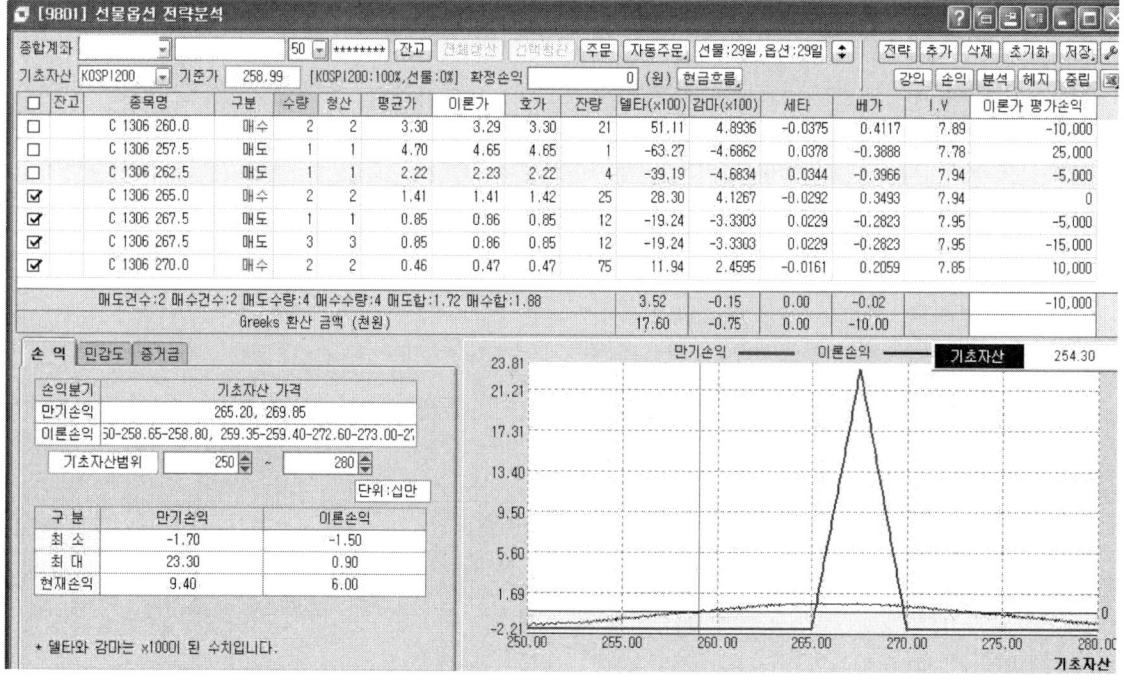

2. 즐기면서 매매하는 방법

1) 이동식 버터풀라이

버터풀라이형을 콜풋양쪽을 하고
매도를 가는 방향으로건 다음
걸리는 수량을 외가매수로 사면서
어느정도 수익이나면 버터풀라이형을 만든다.

버터풀라이형은 횡보하면서수익을 주는모델이다.
매매해서 이익이났기에 이익을 확정시킨다
향후 병동성이 있다고 판단되면 역버터형으로 만들어도 된다
2) 선물+옵션
선물매수+풋매수(시간차)
선물매도+콜매수(시간차)

3) 수도도수

기준에서 수도도수를 만든다음 맨마지막에 수를 두배로하고,
맨처음 수를 삭제하면 백스프레드형이된다.
수직스프레드가 있는 백스프레드이므로 만기익을 확정시키거나 이익을 고정시킬 때 유용하다.

4) 수직 과 네이키드손익비교

3. 분산투자의 위력

기준선+-5포 벗어나면 어떻케 대치할건가?

1) 손절하는방법

2) 상응한포지션구축방법

3) 분산투자방법

① 등가차월매수근월매도
    -기준선이 외가로 갈때
    -기준선이 내가로 갈 때
② 타임스프레드
    -콜매도값과풋매도값을 똑같이만드는작업
    -팬스로막는방법
    -하방형타임+상방팬스
    -상방형타임+하방팬스
③ 콜풋버터풀라이

4. 주요 단타 전략

1) 합성선물매수와 합성선물매도창을 띄운다.
2) 방향성으로 매수 1세트씩 매도한세트씩한다.
3) 방향성 매수1세트 하면 외가를 산다.
4) 단방향수량제한을 막고 4배정도 분산투자를 할 수 있다.

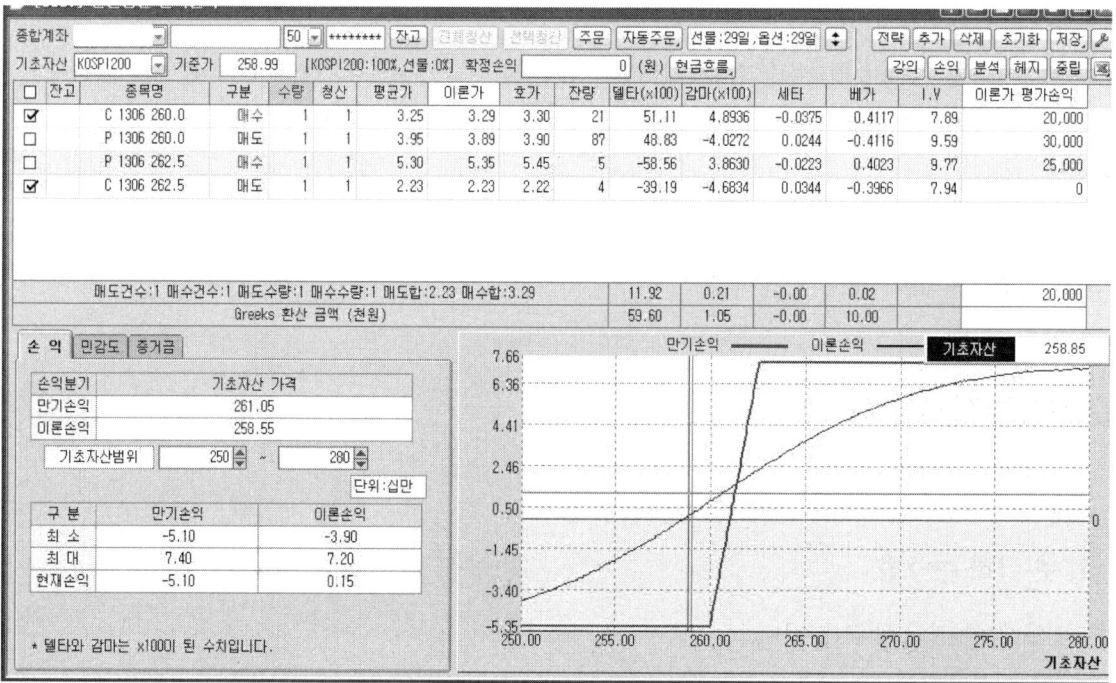

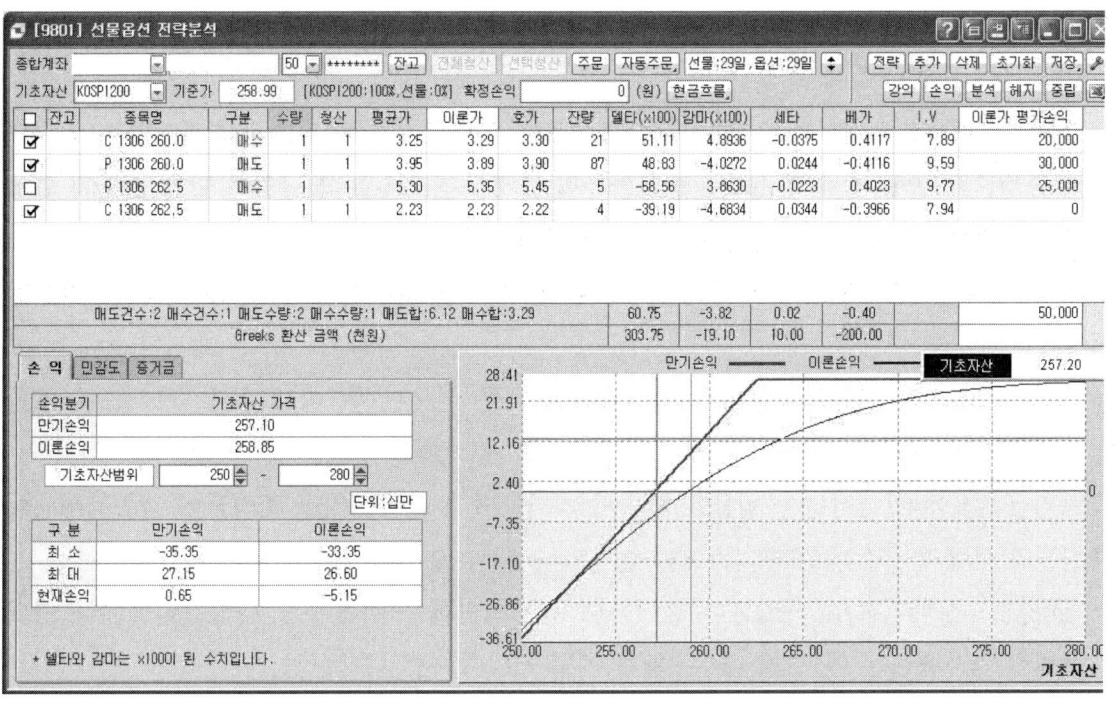

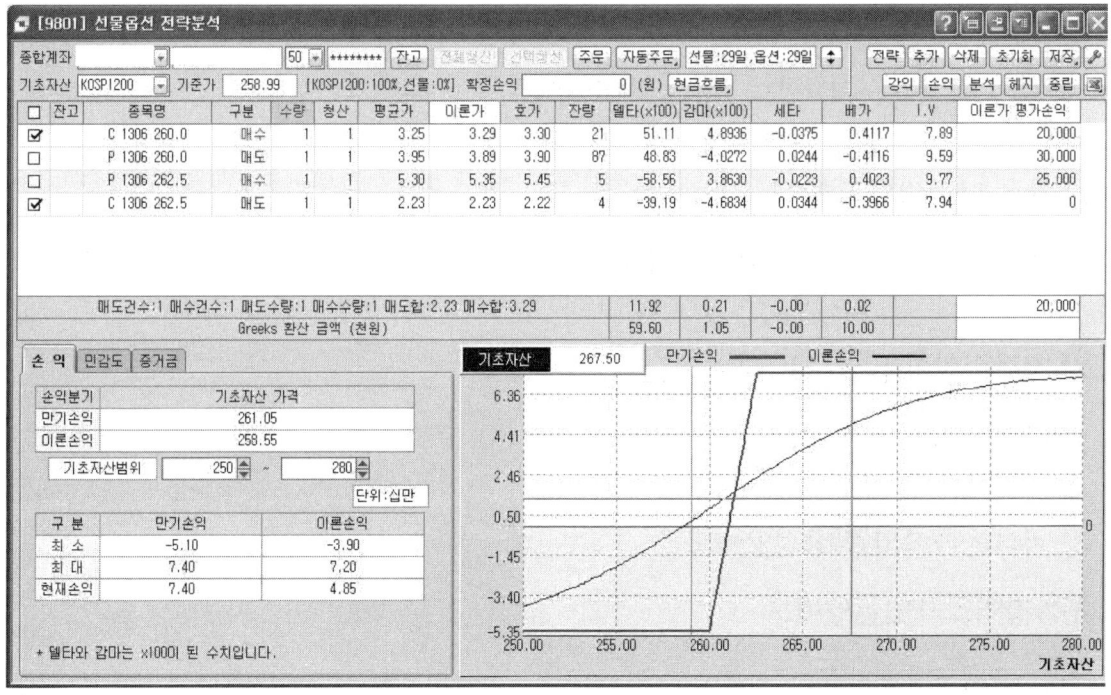

5. 수평은 불규칙 수직은 규칙적

　수평적구조 와 수직구조가 있는데 수평구조는 불규칙 수직구조는 규칙적이라는 점수평은 이종월물과의 관계 수직구조는 당월물과의 관계를 말하는데 당월은 당월 선물과 연동되지만 이종월물은 그 해당 선물과 연계된다는 점이다.

　수평구조는 이종월물간의 가격변동의 위험이 크고 당월은 당월가격변동에 국한된다는점이다.

　타임스프레드는 이종월물간의 가격변화의 구조를 이용한전략이고 수직스프레드는 해당월 수직구조와 연관된 스프레드이다.

　증거금문제에 있어서는 근월물은 만기가 가까우면서 값은적지만 증거금이 점차늘어나며 차월물과 상대적으로 매도의 리스크가 늘어난다 할 수 있겠다.

　쎄타값도 상대적으로 근월물이 늘어나며 등가라인에 가까울수록 쎄타값이늘어나 만기 임박해서 외가에서는 매도1개 매수 2개를 해도 쎄타가 +를 나타난다.

　이론곡선은 현재가의 위험을 나타내는데 장중에는 세력이 정한가격으로 거래되기 때문에 리스크를 인정하고 거래하는 방법뿐이 대안이 없는데 그문제를 풀기위해서 계약수를 줄이고 간결한 포지션을 구축하는 방법뿐이 대안이 없다.

　그월물 수직구조결합형 합성선물매수 합성선물매도 포지션은 안정성이 뛰어나 계약수확보하는데 이방법과 버터풀라이구조로 확보하는 방법 버터와 역버터결합형으로 합성선물매수와 합성선물매도로 결합하는 방법이 이상적이라 할 수 있겠다

1) 가장 안정적인 양매도

－합성선물로구축 값으로나타내는 양매도기술

2) 가장수익이 많이나는 양매도

－외가매도 내가매수

3) 버터풀라이의 방향성양매도

4)가장리스크있는양매도

－백스프레드형 양매도

-쎄타값이 늘어나 해지하는 모델

5) 10- 15포라인은 역선형 등가 5포-7.5포라인은 선형
-역선형과 선형의결합구조 차월수직과 근월콘돌의결합형

저희는 목적이 리스크없이 수익을 올리는 전략을 구사하여 시장에서 보다효율적으로 관리하면서 수익을 내는전략을 스터디한다.
그런데 수익에 저해되는 요소를 찾아보자

- 위탁증거금을 올린다
  주문가능금액이란 환매시 위탁증거금을 제외한 증거금을 사용 무리한계약으로 연결하지않아야한다.
- 적정합성포지션자금
- 근월매수 차월매도 리스크
- 차월매수근월매도리스크
- 변동성리스크위험은 근월물
- 30만원미만옵션은 호가체결위험을 줄이고 차월물시 체결의위험은 항상존재

- 실패사례
- 양매수형 수평구조를 이용하여 계약수늘린다
  쎄타-로 점진적 수익률감소
- 근월매수차월매도는 쎄타값 감소로 수익률에저해요인
- 차월매수근월매도는 스프레드위험증가
- 현재만기이익곡선을 늘리는작업
- 콘돌을 이동하는작업

- 성공사례
- 역선형라인 근월매수차월매도 이론가세우면서 쎄타늘리는구조
- 양산구조
- 풋수직 +타임

- 볼록형구조 즉 버터풀라이형
- 비율양매도
- 극외가매수 와 값의매도
- 요즘장의형태
- 타임스프레드를 손실나게만든다
- 장중에 가격변동의리스크를 촉진시켜 진입시 무조건손실나게만든다
- 스탑로스를 일정한밴드에서 걸리게 만들어 래깅을 무조건손실나게 만든다
- 만기후 기본세트를 분산투자하여 리스크를 감소시키고 당월외가로국한하여 거래 바람직

6. 단순한 전략매매

① 동시호가 등가양매수
② 수습을 보고 차이가 날 때
③ 한쪽을 손절하고 한쪽을 스탑손절한다.
  (손절반대쪽도 손절을건다 또는 부분손절)
④ 어느정도 이익이나면 청산한다.
⑤ 청산수익을 지키기위해서는 매매종료한다.

단순한전략매매 (2)
① 양쪽역마팅게일로만든다
② 수급을 보고 방향을 판단한다
③ 매수를 손절한다(손절시미청산반대쪽도손절스탑을건다)
④ 어느정도이익이나면청산한다

단순전략 (3)
① 변곡을 찾는다
② 변곡에도달하면 매수를한다
③ 0.3 0.5 0.8 익절을한다
단순전략 (4)

진입한다
이익나면청산
다시원위치로올때까지 기다린다
원위치왔을 때 청산시점수급을 검토한다
재진입한다(손절스탑을건다)

7. 억만장자선물옵션

① c+x=p+s(f)
② p 는 로그정규분포
③ dp=P(1−1/(1+CD)365D)
④ 풋콜페러티
⑤ bs
   sb
   ox이론
   유동성 시장 위험을

8. 실전핵심

1) 0 과 1의 갈등

2) 외가의 위력

3) 초보자해선상품

① 0과 1의 갈등
  선물은 현물시장 방어를 위한 보험 기능의 시장이고 옵션은 기초자산을 계량화하여 선물과 현물 해지상품으로 등가 내가 외가를 로그 정규분포화시켜 내재가치 없는 외가를 등가 기준으로 제작하여 방어 기능을 갖고 시간소멸 변동성에의 해변하는데 방향은 델타 시간소멸은 세타 변화의 정도를 변동성으로 칭하였는데 결론은 대칭의 관계로 0과 1의 갈등이기도한다

주가지수 2000 3000 4000에 따라 전략이 다르다.

필자는 올해 코로나에 따른 경제구조 개편을 점치고 식량난에 따른 농산물 선물을 12부터 바이포지션을 구매하라 했는데 어느새 18에도달 했다

화폐 양적완화가 미치는 영향으로 골드바이포션을 가지라했는데 어느새 1000에서 1600대로 즉 1계약 10만불에서 16만불로 올랐다.

1.2억에서 1.9억으로 상승하였다. 현물기초자산기준 농수산물 쌀은 100만원으로 바이포지션 1당100만원 600 + 6배의수익을 올리고 있으며 쌀선물 현재지수가 19.065 ZRN20 증거금이 1694달러 골드는 GCQ20는 1736.5 0.1이 만원 증거금이 10615달러 4000불에서 증거금 3배상승 기초자산의 10프로내외 골드는 1당 10만원, 크루드는 1당 100만원, 코스피는 1당 25만원, 쌀은 1당 1000달러, 나스닥1당 20달러, 에스엔피 1당 50달러, 미니다우 1당5달러, 기초자산이 10만불에서 20만불선임을 알 수 있다.

개인의 유동성을 노리고 마진콜을 노리기위해 증거금진입을 용이하게 한다.

② 외가의위력

밑을 0보다큰수의 0승은 1이다.

하나님께서 우주를 창조하셨다 1을 100으로 쪼갠 숫자의 1승을 압축하면 1의 100배숫자의 1승과 대칭관계이다.

0.01이 0.03으로변화하면 0.0 2가 변회되며 0.1 01, 0.02 가 같은 변화률로 했으면 0.102 가 된다.

즉 적은 수의 변화의 역수는 큰 수의 변화의 역수보다 크기에 외가가 더 큰변화율을 갖는다. 즉 적은 수의 변화의 역수는 큰 수의 변화의 역수보다 크기에 외가가 더 큰변화율을 갖는다.

외가의 변화가 크다는 증거이지만 만기 가까우면 외가의 변화가 빨리 식어 세타의 영향을 받는다.

③ 초보자 해선 상품
가. 마이크로 다우   990달러
나. 마이크로 나스닥   17600 달러
다. 마이크로 에스엔피   1210 달러

라. 마이크로유로   253 달러

증거금이 200만원 100만원 30만원으로 매우 가벼운 증거금이다.

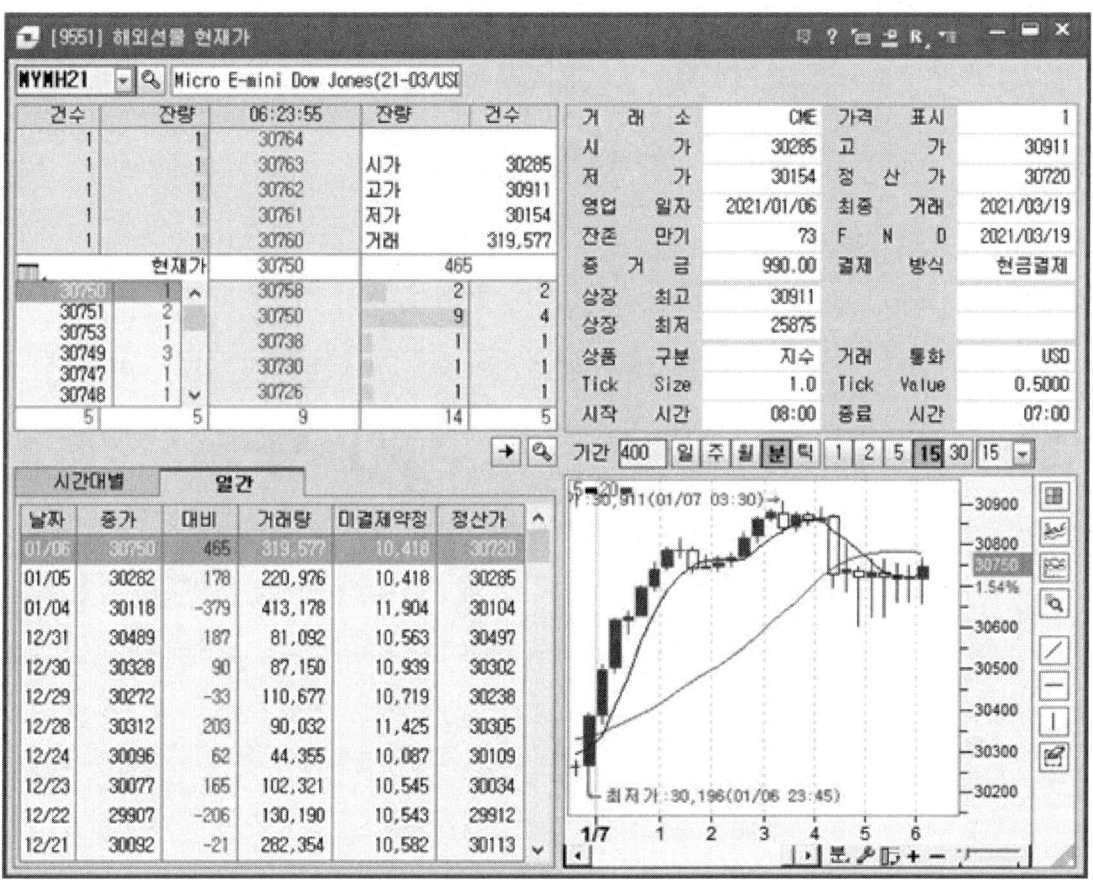

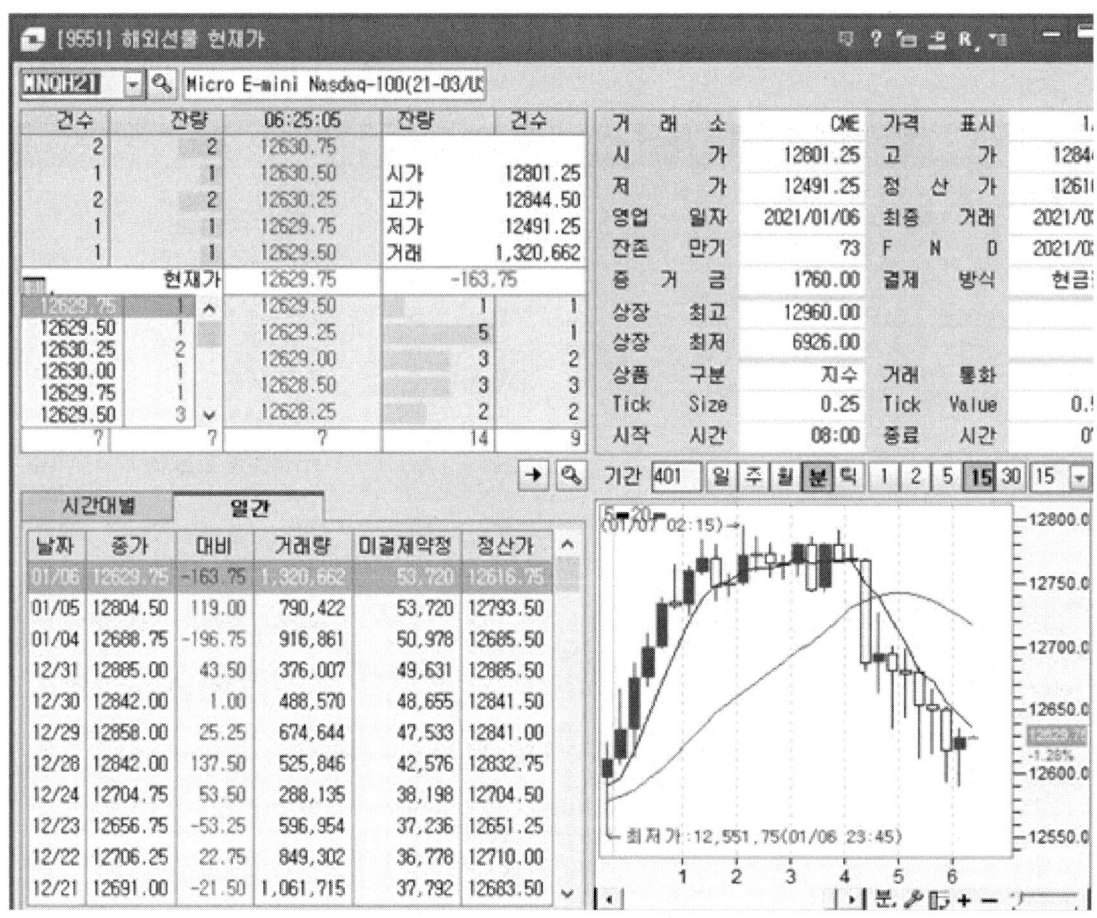

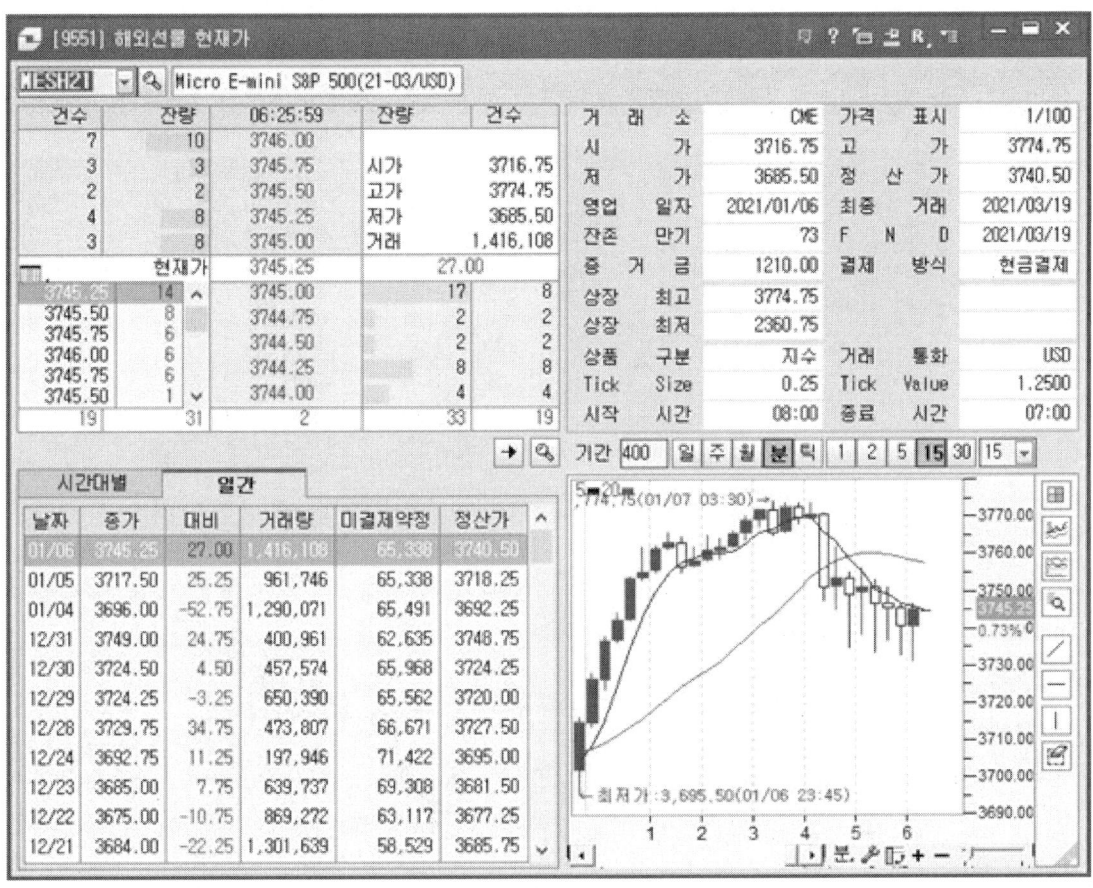

도서구매자는 무료강좌 offline 100석 예약
접수처 : gpnet@naver.com

특강 예약석 (100석)

①	②	③	④	⑤	⑥	⑦	⑧	⑨	⑩
1-1	2-1	3-1	4-1	5-1	6-1	7-1	8-1	9-1	10-1
1-2	2-2	3-2	4-2	5-2	6-2	7-2	8-2	9-2	10-2
1-3	2-3	3-3	4-3	5-3	6-3	7-3	8-3	9-3	10-3
1-4	2-4	3-4	4-4	5-4	6-4	7-4	8-4	9-4	10-4
1-5	2-5	3-5	4-5	5-5	6-5	7-5	8-5	9-5	10-5
1-6	2-6	3-6	4-6	5-6	6-6	7-6	8-6	9-6	10-6
1-7	2-7	3-7	4-7	5-7	6-7	7-7	8-7	9-7	10-7
1-8	2-8	3-8	4-8	5-8	6-8	7-8	8-8	9-8	10-8
1-9	2-9	3-9	4-9	5-9	6-9	7-9	8-9	9-9	10-9
1-10	2-10	3-10	4-10	5-10	6-10	7-10	5-10	9-10	10-10

예약			예약석			폰넘버			
	이름								

※ 도서구매 영수증 gpnet@naver.com으로 보내면 6개월간 무위험합성설계서와 설명서 보내드림 (6개월무료컨설팅비포함)

선물실습교재
억만장자옵션과 해선

초판 1쇄 인쇄 2024년 11월 24일

저　자 : 김정수

펴낸곳 : 글로벌

발행인 : 김 정 수

주　소 : 서울시 강남구 선릉로704 청담빌딩10층

전　화 : 010-8961-2867 팩스 : 0504-017-2867

ISBN 978-89-89024-32-3

정가 49,800원